"伊斯兰国"

极端组织的兴衰变化
与国际反恐联盟的重构

谢许潭 著

The Rise and Fall of
ISIS and the Reconstruction of
the Global Coalition Against ISIS

当代世界出版社
THE CONTEMPORARY WORLD PRESS

图书在版编目（CIP）数据

"伊斯兰国"极端组织的兴衰变化与国际反恐联盟的
重构／谢许潭著. -- 北京：当代世界出版社，2024.
12. -- ISBN 978-7-5090-1882-8
　　Ⅰ. D737；D815.5
　　中国国家版本馆 CIP 数据核字第 2024YZ7770 号

书　　名："伊斯兰国"极端组织的兴衰变化与国际反恐联盟的重构
作　　者：谢许潭 著
出 品 人：李双伍
策划编辑：刘娟娟
责任编辑：刘娟娟　姜松秀
出版发行：当代世界出版社
地　　址：北京市东城区地安门东大街 70-9 号
邮　　编：100009
邮　　箱：ddsjchubanshe@163.com
编务电话：(010) 83907528
　　　　　(010) 83908410 转 804
发行电话：(010) 83908410 转 812
传　　真：(010) 83908410 转 806
经　　销：新华书店
印　　刷：北京新华印刷有限公司
开　　本：710 毫米×1000 毫米　1/16
印　　张：17.75
字　　数：239 千字
版　　次：2024 年 12 月第 1 版
印　　次：2024 年 12 月第 1 次
书　　号：ISBN 978-7-5090-1882-8
定　　价：89.00 元

2016 年度国家社会科学基金青年项目——"伊斯兰国"组织的兴起与国际反恐联盟的重构研究（项目编号：16CGJ014）、广东省社会科学院 2023 年拔尖人才计划：中东安全治理转型中的中美战略博弈研究阶段性成果

目　录

绪　论

第一节　概念辨析与问题的提出

"9·11"事件是国际恐怖主义发展史上划时代的标志性事件，对国际反恐合作的研究也由此进入了新阶段。美国作为最大受害者，迅速对其国家安全战略、宗教政策和外交政策进行深刻调整。随后，在美国的号召下，全球数十个国家与多个国际组织纷纷加入打击恐怖主义的全球反恐战争。从"9·11"事件爆发至今，以美国为主导的国际反恐合作已经进行了20余年，美国与多个国家和地区之间的关系也因反恐和安全问题经历了深刻变化。可以看出，一方面，美国与其他国家或国际组织共同打击恐怖主义的行为，与北约等高度机制化的联盟合作有实质性差异；另一方面，美国在全球发动的反恐合作有着具体的原因，也涵盖了多组双边、多边关系的产生、发展甚至解体的动态演绎过程。它们彼此联系且相互影响，甚至能够产生某种意义深远的"蝴蝶效应"。从这个意义上来说，有必要借鉴传统联盟理论中联盟构建的动因、联盟形成后内部的权力关系转变、联盟的效力评估等相关内容，为理解全球和跨国反恐合作提供一种理解的思路。

已有的反恐合作研究大多聚焦于某个特定的反恐合作伙伴与美国或其他国家的"单个反恐联盟"的考察，这显然已经无法满足对20余年国际反恐合作进行系统剖析的需求。2014 年,"伊斯兰国"极端组织(ISIS)在叙利亚、伊拉克两国的突然兴起再次刷新了国际社会对反恐合作的认知,学界更是陷入了对已有研究成果的反思甚至"怀疑"和"批判"之中。

为了打击来势凶猛的以"伊斯兰国"极端组织为代表的国际极端主义,美国国务院在 2014 年 9 月 19 日发布了一份打击"伊斯兰国"国际联盟的名单,英国、法国等 54 个国家以及欧盟、北约和阿拉伯国家联盟等地区组织在列。同日,美国国务院首次详细阐述了自 2014 年 1 月以来美国和国际社会应对"伊斯兰国"极端组织的详细历程。美国国务院在声明中指出,美国打击"伊斯兰国"极端组织的过程并非孤军奋战,英国、法国等欧洲国家,埃及、卡塔尔等中东国家及多个地区组织,均愿意加入打击"伊斯兰国"极端组织的阵线。其中,英国、意大利、澳大利亚及法国已对伊拉克境内多个地点投放了人道主义物资;10 多个国家向伊拉克军方提供了武器、训练和咨询方面的援助,仅沙特的援助资金就达到了 5 亿美元;俄罗斯、土耳其、联合国、欧盟和黎巴嫩真主党等也纷纷加入打击"伊斯兰国"极端组织的斗争。

叙利亚、伊拉克反恐战场上的联合行动囊括了数目庞大、成分复杂的行为体,合作可谓规模宏大而又空前复杂:俄罗斯和美国成为主导叙利亚和伊拉克境内反恐进程的两个域外大国;土耳其带着与库尔德工人党(PKK)的恩怨纠葛投入了这场斗争;中国为反恐斗争贡献了"中国式智慧和支持";联合国和欧盟各自发挥了不同作用。多年来,沙特与伊朗各自领衔的、分别代表逊尼派和什叶派的国家已经在中东形成两大阵线。在打击"伊斯兰国"极端组织的全新语境下,受到俄罗斯、美国等世界大国干预的,在地区大国博弈的"竞技场"叙利亚和伊拉克两国领土上开启的这场斗争,一方面带着原有中东博弈格局的烙印,即长期以来两大阵线对峙的基本格局的影响;另一方面,诸多参与打击"伊斯兰国"极端组织的国家和国际组织抑或其他非国家行为体,又不得不在原有分歧的基础上进行协调。即使无法实现高度合作，也要在客观层面上达成行动方向的基本一致，即打击共同面对的巨大威胁——"伊斯兰国"极端组织，或至少对其采取敌对立场。如果将打击"伊斯兰国"极端组织的国际反恐合作视为一个庞大的联盟体系，那么身在其中的多个次级联盟频频开启的分化和重组，各种利益关系的交错则需要以"联盟"概念去理解，而不能仅仅依靠分析单个国家的政策走向去获得整体性认识。这也是采取"联盟视角"的原动力之一。

这种合作场景的高度复杂性促使我们重拾安全联盟的理论框架来探讨一系列现实问题：由多个联盟组成的立体化的反恐联盟体系是独立自发地产生，还是脱胎于中东地区已有的什叶派-逊尼派对立阵营格局？为打击"伊斯兰国"极端组织而匆忙形成的国际反恐联盟是否在中东已有的博弈格局基础上进行了关系调适甚至突破？打击"伊斯兰国"极端组织的众多联盟内、联盟之间的合作与斗争，为最终歼灭"伊斯兰国"极端组织的主体力量与铲除恐怖主义滋生的社会土壤，作出了何种贡献或制造了何种障碍？从某种程度上来说，打击"伊斯兰国"极端组织的国际反恐合作越复杂难辨，就越需要借鉴国际联盟理论来搭建基本的研究框架，从而获得一个针对该地区安全治理架构、安全联盟体系、反恐联盟效力、反恐联盟重构方向等问题的全面、综合、客观和清晰的理论认知，为未来的国际反恐合作实践提供智慧支持。

一、国际反恐联盟概念辨析："联盟"还是"合作"？

（一）国际反恐联盟：一个已出现但尚未成型的理论概念

朱利安·弗里德曼（Julian Fridman）提出，结盟现象是国际政治的主要特征。[①]对结盟行为进行理论解释并试图对未来的结盟趋势进行预判，是当前国际政治研究的重要课题。目前，国际国内学界有关国

---

① 初智勇:《俄罗斯对外结盟的目标形成及影响因素》,载《俄罗斯研究》,2015年第3期,第9页。

际反恐合作的研究成果已经非常丰富，但以"国际反恐联盟"为主题或关键词搜索得到的研究成果却非常稀少。在仅有的研究中，更是鲜少见到以传统安全或军事联盟的理论框架分析打击"伊斯兰国"极端组织的国际反恐合作动态的成果。

例如，杨荣国和张新平从斯蒂芬·沃尔特（Stephen Walt）提出的联盟形成动因，即两个或者多个国家在共同威胁的感知下建立联盟以抵御安全风险的观点出发，分析了奥巴马政府时期的国际反恐联盟的构建背景。在谈到对"伊斯兰国"极端组织进行联合打击时，他们根据威胁的 4 个要素，即综合实力、地缘毗邻程度、进攻实力、进攻意图，对"伊斯兰国"极端组织进行综合评估，并认为，该组织已经成为中东国家、美国以及欧洲盟友的重大威胁，美国是无法凭一己之力消灭该极端组织的。① 显然，这两位学者并未将北约等正式国际安全联盟的共同安全机制或安全条约作为该联盟成立的先决条件，只是从单一国家打击该组织的"不可能性"出发，给出了国际反恐联盟必须成立的现实逻辑，对美国主导的国际反恐联盟的构成条件、成员间互动模式和战略规划等，均未作出阐释。

同样地，王天华、刘德海和王雷在谈到国际反恐联盟的随机演化博弈模型时也指出，美国在"9·11"事件爆发后，利用道义和实力双重优势，以"先发制人"反恐战略为抓手，从政治、经济、外交和军事等多个方面推动了包括主要大国、北约成员国以及伊斯兰国家在内的国际社会参与反恐斗争，从而形成了国际反恐联盟。他们认为，尽管"9·11"事件后的国际反恐联盟是松散的，但却是真实存在的。因此，这种对国际反恐联盟的阐释基本上与研究反恐合作的视角一致。

国内目前提出相对比较靠近对国际反恐联盟进行定义性解释的学者是阮宗泽。他认为，国际反恐联盟是"9·11"事件后国际上政治、安全、外交关系的一次较大规模的重组与合作。他还指出，美国是世

---

① 杨荣国、张新平：《奥巴马政府国际反恐联盟评析》，载《和平与发展》，2015 年第 2 期，第 60—66 页。

界上最重视通过联盟发挥作用的国家。在"9·11"事件爆发后，建立国际反恐联盟是美国打击恐怖主义最重要的一个步骤。① 从他的定义中可以归纳出国际反恐联盟的特点：一是美国担当联盟的主导角色；二是联盟涉及的领域并非单一安全领域，而是多层次、多方面的；三是虽然国际反恐合作早已存在，但国际反恐联盟的概念是与"9·11"事件的爆发直接挂钩的。

从这些学者的探讨中还可以看出，狭义上的安全联盟的必备要素，如正式的安全防务协定和相关安全机构，并不是他们所认为的国际反恐联盟成立的必要条件；而互相提供法律与情报支持、协助建立反恐组织和各类机构、召开国际反恐合作论坛、共同参与反恐军事行动，以及为那些因反恐战争而沦为难民的人群提供各类援助等，均被视为国际反恐联盟形成和运作的充分要素；国际反恐联盟的合作基础不仅是安全治理层面的，还可能涉及重大地区安全框架的安排，各国政府的外交决策、宗教政策、难民政策，以及各国的这些决策之间的碰撞产生的现实效应等。②

另外，以"联盟"（alliance）或"联合"（coalition）作为关键词，结合"恐怖主义"（terrorism）、"反恐怖主义"（anti-terror/anti-terrorism）、"极端主义"（extremism）等词，对韦利-布莱克维尔出版社（Wiley-Blackwell）的在线期刊网和世哲出版公司（Sage）官网等进行搜索后发现，国外学者尚未从狭义上的安全联盟的角度对国际反恐合作进行

---

① 阮宗泽：《反恐联盟及其面临的挑战》，载《国际问题研究》，2002年第3期，第36—41页。与之类似的观点还出现在将一组双边或者多边关系的国际反恐合作定义为"反恐联盟"的成果中，如陆迪民：《论巴基斯坦外交中的联盟战略——以与美国反恐联盟为例》，载《南亚研究季刊》，2007年第4期，第35—40页。虽然在国内也有学者认为，"伊斯兰国"极端组织组建后美欧迅速重组了国际反恐联盟予以遏制，但也并没有就其中包含的多组复杂关系的互动进行系统性阐释。该观点的来源文献为《现代国际关系》2014年第9期刊发的关于"'伊斯兰国'崛起与国际反恐新难题"专题的专家观点汇集。

② 王天华、刘德海、王雷：《不确定环境下国际反恐联盟随机演化博弈模型》，载《系统工程理论与实践》，2019年第12期，第3140—3142页；杨荣国、张新平：《奥巴马政府国际反恐联盟评析》，载《和平与发展》，2015年第2期，第60—66页；陈乔之、郭彦：《第三只眼看"反恐"联盟》，载《暨南学报》（哲学社会科学版），2003年第3期，第22—27页；等等。

研究。尽管在国际反恐合作相关的诸多成果中出现了"盟友"（ally）这个词，但根据狭义上的"联盟"概念展开论述的成果并不多，更毋论谈及数量众多的反恐联盟体系。①

即使在使用了"联盟"或"联合"等词的海外学者的研究成果中，其定义也比狭义上的"联盟"要宽泛许多。如贾斯汀·马斯（Justin Massie）等学者在研究加拿大与美国在阿富汗联合军事行动的论文中反复使用了"联盟"一词。他们在谈到美国和加拿大在阿富汗反恐行动中的角色关系时，不仅直接使用了"联盟"、"联盟内部"（intra-alliance）和"联盟成员"（alliance member）等词，还使用了如"责任分担"（burden sharing）、"联盟承诺"（alliance commitment）和"威胁感知"（perception of threat）等与联盟理论直接相关的专业词汇。② 但全文中并没有谈及该联盟得以成立或运转的具体机制，而是将"威胁感知"（对恐怖主义危害的共同认识）、"责任分担"（共同参与反恐行动）等视为这种联盟关系存在的基本条件，即将国际反恐合作行为视为国际安全联盟的一种形式。同样地，弗雷泽·卡梅隆（Fraser Cameron）在研究成果中指出，美国在"9·11"事件爆发后建立了一个前所未有的国际联盟，但并没有根据狭义上的安全联盟概念来对其进行阐述，也没有指出美国具体和哪些国家正式建立了联盟，只是统一用"盟友"一词来定义其反恐合作伙伴，并直接将反恐联盟与多边

---

① 以这两组词汇从世哲出版公司官网检索到的研究成果大多是从某一组双边或者三边反恐联盟关系来探讨合作动态且数量较少，如：批判美国仅根据自身的安全需求提供援助的国际反恐联盟关系，参见 Andrew Boutton and David B. Carter, "Fair-Weather Allies? Terrorism and the Allocation of U. S. Foreign Aid", *Journal of Conflict Resolution*, Vol. 58, No. 7, 2014, pp. 1144-1177；认为美国利用"实力炫耀"方式无法再维系其国际反恐联盟关系，参见 Mark Beeson, "The Declining Theoretical and Practical Utility of 'Bandwagoning' American Hegemony in the Age of Terror", *The British Journal of Politics and International*, Vol. 38, No. 1, 2017, pp. 532-553；认为美国在 2001 年以来创建的国际反恐联盟体系是一种"半帝国主义"的新全球权力结构，在解决恐怖主义问题的同时也有解决其他跨国问题的潜能，参见 Amitai Etzioni, "Implication of the American Anti-Terrorism Coalition for Global Architecture", *European Journal of Political Theory*, Vol. 1, No. 1, 2002, pp. 9-30；等等。

② Justin Massie and Benjamin Zyla, "Alliance Value and Status Enhancement: Canada's Disproportionate Military Burdening Sharing in Afghanistan", *Politics & Policy*, Vol. 46, No. 2, 2018, pp. 320-344.

主义和国际合作等概念视为同义。①

　　从上述分析可以看出，国外学者这种直接将国际反恐合作等同于国际反恐联盟的做法，与国内学者非常接近。总而言之，一方面，国内外学者均没有从狭义的"联盟"视角来研究"9·11"事件爆发以来的国际反恐合作，另一方面，即使在使用"联盟"或"联合"等概念的相关成果中，也是将其与"多边主义""国际合作""伙伴关系""盟友"等直接等同起来。因此，从目前研究成果的普遍观点来看，探讨如何进行反恐合作依然是研究国际反恐联盟的主要内容。

（二）国际反恐联盟研究：迫切需要推进到系统性研究层面

　　然而，仅仅着眼于研究反恐合作的内容无法满足国际反恐斗争不断变化的现实需求。而打击"伊斯兰国"极端组织的主要阵地叙利亚和伊拉克两国，又是一些世界大国和地区大国以及跟随他们的其他中小国家进行利益博弈的"焦点地带"。仅从80多个国家参与在叙利亚、伊拉克两国打击"伊斯兰国"极端组织的行动的事实来看，一一阐释每个主体的反恐贡献显然是不现实的，只能对"伊斯兰国"极端组织崛起前后的叙利亚局势、各大力量关系组合的变化与重组、反恐动态的重大进展、世界大国与地区大国各自对该地区的战略演变等进行剖析并分析其影响，才能把握国际反恐联盟在这场史无前例的复杂的反恐斗争中的真实面貌。佛瑞德·哈利迪（Fred Halliday）在讨论如何用联盟政治理论阐释复杂的中东局势时，强调要打破传统的"理论-验证事实"的单向模式，构建一个全新的"理论-验证事实-挑战理论"的双向互动进程。这种新的研究模式既包含了"启发"（enlightening）行为，即用现有国际关系理论对现实进行阐释与验证，也包含了"挑战"（challenging）行为，即通过研究对象的"具体性"（specific case）所

---

① Fraser Cameron,"The Implications of 11 September 2001 for US Foreign Policy", *Politics*, Vol. 22, No. 2, 2002, pp. 68-75.

衍生出来的新规律、新观点和新规则，来挑战相关的国际关系理论。[①] 这种挑战既可以是对现有理论的拓展和充实，也有可能是某种否定、质疑和修正等。

遗憾的是，虽然"国际反恐联盟"这个词汇已经出现在国内外相关研究成果之中，但至今学术界尚未对其有一个准确的定义。一方面，这是因为对于"恐怖主义"这个概念，国际学界与政界尚未达成统一的共识。这种"根源性"定义的不一致也导致了学界与政界难以对国际反恐联盟下一个准确的定义。另一方面，国际反恐联盟延续的时间长于历史上任何重大战事期间联盟的时间，与战时联盟在战争结束后立刻解散的情况不同，其发展进程、合作伙伴间关系、权力结构也要复杂许多，更毋论在叙利亚、伊拉克及其周边地区这个长期演绎多方势力角斗的地带，打击"伊斯兰国"极端组织的国际反恐联盟背后所蕴含的各大联盟的碰撞、合作、重组过程，可谓瞬息万变、错综复杂。从一定程度上来说，打击"伊斯兰国"极端组织的国际反恐联盟既是诸多双边和多边联盟分化重组的结果之一，也是引发新一轮联盟分化重组的重要动因。因此，从严格意义上来说，不应简单地将打击"伊斯兰国"极端组织的国际反恐联盟视为单个的联盟，而应将其视为一个由多个联盟组成并不断变化的联盟体系或联盟网络。

（三）兼顾"联盟"与"情境"分析：国际反恐联盟研究的几大重要领域

对国际反恐联盟的定义和系统性研究的缺失，以及打击"伊斯兰国"极端组织的国际反恐联盟背后所蕴含的国际关系结构的复杂性，不代表我们可以满足于在词汇层面上笼统地使用"国际反恐联盟"，反而应成为激发对其进行深度梳理与研判的动力。事实上，自"9·11"

---

① Fred Halliday,"The Middle East and Conceptions of 'International Society'",in Barry Buzan and A. Gonzalez-Pleaze, eds. *International Society and the Middle East：English School Theory at the Regional Level*,Lodon：Palgrave Macmillan,2009,pp. 1-23.

事件爆发后，国际反恐联盟承载着世界上数十个国家的美好愿望开启合作，迄今已20余年，却未能真正遏制国际恐怖主义势力的蔓延，"伊斯兰国"极端组织更是一度挑衅现有国际秩序。将国际反恐联盟作为一个系统性命题进行深度研究，反思联盟内各次级联盟、各主要行为体间战略利益的汇合与冲突，联盟成员间合作模式的演变及其影响，地区安全框架对国际反恐联盟行动的支撑与掣肘等，均有着非常紧迫的现实意义和重要的理论价值。

具体而言，研究这场极为特殊而复杂的国际反恐斗争中各主要国际力量分化、组合、竞争与博弈的进程，需要在研究国际反恐合作的传统模式上有所拓展和创新，本书试图聚焦于以下几个版块进行分析：

第一，具体分析打击"伊斯兰国"极端组织的国际反恐联盟中重大关系组合建立的背景。显然，在叙利亚及其周边地区这个长期充斥着各国利益博弈的地带，要分析国际反恐合作与联盟关系的情况，应对合作开启与联盟建立之前的中东博弈格局进行"情景式研究"（situational analysis）。在这个情景式的背景分析中，需要囊括内外两个维度、多个问题领域的分析。从中东地区内部情况来看，叙利亚、伊拉克两国，尤其是叙利亚一直是中东地区博弈的"微型剧场"，因此有必要分析"阿拉伯之春"、阿富汗战争、伊拉克战争、叙利亚内战等重大事件对叙利亚、伊拉克两国教派冲突、族群冲突和利益博弈态势的深远影响；从外部情况来看，重点分析以美国、俄罗斯为代表的世界大国与其他地区性重要势力对叙利亚的干预情况，以及分析这两个世界大国在中东地区的战略演变和中东外交策略等。在内外两个维度的背景分析中，还要同时涉及对库尔德人自治问题及其引发的国内动荡与国际关系变动、什叶派与逊尼派教派冲突的国内表现与跨国流动、叙利亚政府与反对派博弈及其各自对国内外势力支持的争取等问题的复合型研究。

第二，要在分析背景事实的基础上，分析共同打击"伊斯兰国"极端组织的各方所采取的主要立场及其战略考量，剖析其关系模式对原有中东两大阵线格局的"变异"和"继承"。冷战期间的两极对峙格局是一种具有强大张力的均势关系。应注意的是，冷战时的两大联盟都竭力防止某些国家采取中立态度，即使在东西方冲突出现缓和的时期，两大阵营也都竭力阻止任何游离于美苏两极以外的不结盟立场。① 然而，在这场打击"伊斯兰国"极端组织过程中所形成的国际反恐联盟，却留有一定的"灰色关系"地带，即盟友与敌对国之间的关系频繁发生交叉与重叠，盟友内部也有利益分歧和冲突，国际反恐联盟的核心利益被各成员的其他利益所压制等。因此，打击"伊斯兰国"极端组织的国际反恐联盟突破了冲突和融合的二元关系。另外，在叙伊事务上多年来难以有力施加影响的欧盟，同样也在打击"伊斯兰国"极端组织的国际反恐联盟中游离到边缘地带。因此，这一联盟体系内部与冷战时期两大阵营所代表的联盟的严格对立有着显著的差异，其复杂程度也不可相提并论。

第三，在承认打击"伊斯兰国"极端组织的国际反恐联盟合作效力较为有限的前提下，探讨通过利益"折中"，而不是推动实现次级联盟之间、次级联盟内部成员之间的高度"利益融合"来实现合作。应该充分认识到，以美国和俄罗斯为首的域外大国，② 以及分别以沙特、伊朗为首的中东两大阵线，即什叶派力量和逊尼派力量的阵线对立格局，是以"一贯到底"的方式在"伊斯兰国"极端组织兴起之前、变化过程中、被击溃后3个阶段都发挥作用的，国际反恐联盟的利益协调和"折中"受到该格局的严重束缚。只有分割各自的总体利益诉求并排除其他利益分歧对反恐利益的干扰，才有可能在如此庞大的国际反恐联盟体系内推动合作。

第四，对打击"伊斯兰国"极端组织的国际反恐联盟中的权力结构变迁及其影响进行分析。联盟权力结构变化是关系到联盟效力和凝

① Anna Michalski, "Conceptualizing European Security Cooperation: Competing International Political Orders and Domestic Factors", *International Relations*, Vol. 22, No. 4, 2016, pp. 749-772.
② 闫伟:《美俄博弈下的叙利亚问题及其前景》,载《国际论坛》,2020年第4期,第60—68页。

聚力的重要变量。在打击"伊斯兰国"极端组织的国际反恐联盟中，美国自 2001 年以来维护的所谓"反恐领袖"地位是否遭到了实质性的挑战？俄罗斯与叙利亚之间的牢固关系是否也使俄罗斯在反恐合作中的影响力大幅提升？美俄权力地位的任何变动，对整体的联盟合作又带来了何种冲击？这些都是需要本课题去探讨的重要问题。

二、问题的提出

2011 年的"阿拉伯之春"让本就复杂的叙利亚局势雪上加霜。从 2011 年叙利亚内战爆发到 2014 年"伊斯兰国"极端组织正式组建，其间各大外来干预势力不断调适自己的战略利益目标和行动方向，叙利亚国内因宗派主义矛盾、种族矛盾、政治利益矛盾等而长期未决的冲突态势也愈演愈烈。这些利益与行为之间的层层纠葛、相互碰撞，不仅直接造就了该地区跨境极端主义的迅速蔓延与互联，也让各个反恐主体看上去"一致"的打击"伊斯兰国"极端组织行动，实际上充斥着巨大的不确定性。可以说，这场打击"伊斯兰国"极端组织的行动比任何一次国际反恐合作都要复杂难辨。本书需要突破以往对国际反恐合作的分析框架，就以下几个方面的问题进行思考与论证。

（一）"回首"与"前瞻"：时间轴上的"伊斯兰国"极端组织

"伊斯兰国"极端组织并没有延续其他恐怖组织从弱到强的漫长演进轨迹，而是自诞生后在短期内迅速成长为强悍的组织。剖析该组织在短期内成功实现实力集聚的性质，需要厘清以下几个问题：

1. 积累式效应

如果说"9·11"事件的爆发让基地组织（al-Qaeda）震撼了整个世界的话，"伊斯兰国"极端组织谋求建立"哈里发国"（al-Khalifah）的各种努力与随之体现出来的极为残暴的行径，则是继"9·11"事件以来，再次刷新人们对恐怖主义和极端主义认识的重要素材。在漫长的恐怖主义发展时间轴上，我们需要通过"回首"来思考和求证有关

"伊斯兰国"极端组织的两个问题:其一,以"伊斯兰国"极端组织为代表的国际圣战极端主义势力的坐大,是由于此前全球反恐合作低效甚至失败,恐怖主义势力趁机迅速扩充实力的积累式效应吗?其二,如果是,又分别是什么因素导致?

2. 突破性"变轨"

分析"伊斯兰国"极端组织的生存逻辑与现实影响,不仅需要对国际恐怖主义发展史及国际反恐合作的发展脉络予以"回首"式分析,还需要予以"前瞻"式预测,对以下两个问题进行思考:

第一,"伊斯兰国"极端组织是在基地组织发展基础之上对其行为风格的延续,还是相对于此前所有暴恐组织形式的一种"变轨"?

第二,如果是某种"变轨",那么其将会对未来的国际恐怖主义演变产生何种影响?

(二)美国在国际反恐联盟中"领导地位"的演变

美国自认为是"9·11"事件爆发后发动全球反恐战争的所谓"领袖"国家,也主导了大部分国际反恐合作的议题。而在这场针对"伊斯兰国"极端组织的联合打击行动中,美国踏入的场景显然比此前的国际反恐斗争复杂许多。面对数目众多、力量不一的"反恐合作方",需要思考一系列关于美国反恐领导角色的问题:其一,美国"领导力"是否已经式微,如果是,这种式微是因为该使命设定的错误,还是因其行使"领导地位"的方式产生了失误?其二,美国是否还有意愿承担该角色,如果有,是否还具备承担的能力?美国是否会革新其施加影响力的方式?

(三)国际反恐联盟的权力结构与该地区已有的联盟阵线格局是否一致

虽然大规模的国际反恐合作在2001年就已经正式开启,但"伊斯兰国"极端组织的兴起却在短期内遭到了美国、俄罗斯、土耳其、叙利亚等数十个国家及多个国际组织的联手打击。然而，这些看似"一致"的打击"伊斯兰国"极端组织的反恐行动，却有着比美国或俄罗斯此前经历的反恐战事要复杂得多的行为逻辑。

鉴于"伊斯兰国"极端组织兴起后国际反恐联盟聚集的时间之短、参与的行为体数量之多、利益纠葛之高度复杂，有必要对以下几个问题进行思考：其一，从 2011 年中东变局背景下的叙利亚内战爆发到 2014 年"伊斯兰国"极端组织正式组建的 3 年间，各主要势力在叙利亚、伊拉克及其周边地区的主要战略考量与竞争态势如何？其二，"伊斯兰国"极端组织兴起后，国际反恐联盟体系内的角色关系是与此前的利益博弈格局完全一致还是存在一定偏差？如果有偏差，背后的深层次因素是什么？

总而言之，在"伊斯兰国"极端组织兴起之前，无论是发动阿富汗战争还是伊拉克战争，美国的行动目标均与所谓"打击恐怖组织"或"销毁目标国的大规模杀伤性武器"直接相关；美国在巴基斯坦等多个国家的反恐行动也是直接以"美国主导+目标国受援并配合反恐"的模式展开的，合作模式较为固定和单一。如：美国对巴基斯坦等反恐"前线国家"给予了大量的军事与经济援助，而对被其列入"流氓国家"名单的伊朗则采取了强势制裁措施。具体的反恐合作与反恐主体原有的关系模式有着高度的一致性。而围绕共同打击"伊斯兰国"极端组织进行的国际反恐合作，显然要比这种关系模式复杂许多。

第二节　研究综述与理论框架

一、国内外研究综述

由于"伊斯兰国"极端组织的巨大破坏力，以及国际反恐联盟牵涉众多国家和地区及国际组织的切身利益，国内外理论界在"伊斯兰国"极端组织成立伊始，就开启了对其影响力、行为模式，以及国际反恐联盟围剿"伊斯兰国"极端组织等的分析。即使遭遇巨大溃败，该组织的破坏力仍极有可能长期存在，且国际反恐合作本就高度复杂。基于这些现实，目前已有的研究成果虽然数量众多、门类丰富，却依然无法为我们理解国际反恐联盟的演进及效力提供系统性的总结和梳理。

（一）国内研究成果的贡献与不足

1. 对"伊斯兰国"极端组织的兴起、发展和演变过程的研究

这个方面的国内研究成果主要分为以下几类：第一，对"伊斯兰国"极端组织基本情况的介绍。2014年"伊斯兰国"极端组织成立后，随即就爆发出了巨大的破坏力，引起了国内学界的广泛关注。如：牛新春等学者认为，"伊斯兰国"极端组织折射出国际政治最黑暗的一面，美国、叙利亚、伊朗、伊拉克、俄罗斯、沙特、土耳其、以色列等国家纷纷卷入其中。他在文中预测，围绕"伊斯兰国"极端组织的国际斗争将会是立体多维的，各国的多层利益目标交叉、冲突、重叠且不断变化，因此，中东地区将会长期笼罩在血淋淋的纷争阴影之中。[①] 李景然的《论"伊斯兰国"的资金链及其影响》、孙冉与唐恬波的《"伊斯兰国"极端组织的特点》分别就"伊斯兰国"极端组织媒体宣传能力、资金募集能力、网络技术与武装攻击能力等方面对该组织进行了针对性的研究。[②]

值得注意的是，针对"伊斯兰国"极端组织的意识形态的研究为理解"伊斯兰国"极端组织的发展和壮大提供了重要线索。宛程在其研究中指出，具有独特内涵的意识形态不仅催生了"伊斯兰国"极端组织，还促成了其"哈里发国"国家形式在概念上的成型。在内容上，

[①] 牛新春：《"伊斯兰国"折射出国际政治最黑暗的一面》，载《现代国际关系》，2014年第9期，第59—61页。

[②] 谢许潭：《国际反恐新战场应对伊斯兰国媒体宣传的挑战》，载《外交评论》，2016年第1期，第82—100页。

该组织汲取了此前政治伊斯兰的成果,并回归了经典的"哈里发国"国家理念;通过宣誓权力和荣耀来获得合法性基础,操控族群身份和精神认同等。国内还有其他学者也对该组织的独特意识形态进行了梳理和阐释。①

第二,对"伊斯兰国"极端组织在各个发展阶段造成的安全威胁及应对策略的分析。李伟认为,即使在军事歼灭"伊斯兰国"极端组织获得重大成功后,全球的反暴恐态势依然不容乐观。②刘中民也在"伊斯兰国"极端组织兴起之初就对其可能对中东变局产生的冲击力进行了预测。一方面,他认为,转型中的阿拉伯国家陷入动荡以来,宗教与世俗、改革与稳定之间的矛盾愈演愈烈,是这些新型极端组织产生的土壤;另一方面,他也预测,基地组织意识形态战略的深刻调整及"伊斯兰国"极端组织的突然兴起,会对中东地区格局带来严重冲击。③

由于"伊斯兰国"极端组织在军事溃败后还呈现出了"形散而神不灭"的特点,国内还有大量研究成果对后"伊斯兰国"极端组织时代的新威胁以及应对措施进行了阐释。如李光钰指出,在"伊斯兰国"极端组织遭受军事挫败后,其组织结构、运作方式、活动战术都发生了变化,形成了秘密网络恐怖活动模式,并提出了这种全新活动模式可能会对我国未来反恐工作产生的影响。④马陇平则从反恐怖主义法治的角度入手,对后"伊斯兰国"极端组织时代寻求实现普遍管辖权的契机提出了建议。他强调,中国应针对未来可能出现的大规模回流人

---

① 宛程:《"伊斯兰国"核心意识形态的渊源和实践》,载《国际安全研究》,2019 年第 4 期,第 76—107 页;刘中民、俞海杰:《"伊斯兰国"的极端主义意识形态探析》,载《西亚非洲》,2016 年第 3 期,第 41—61 页;万婧:《"伊斯兰国"的宣传》,载《新闻与传播研究》,2015 年第 10 期,第 96—110 页;吴江、张小劲:《极端宗教意识形态研究——以〈达比克〉为对象的分析》,载《政治学研究》,2016 年第 6 期,第 81—93 页;等等。

② 李伟:《"伊斯兰国"失势 国际暴恐生态如何演变》,载《世界知识》,2017 年 5 月,第 56 页。

③ 刘中民:《中东变局以来中东恐怖主义的新发展及其根源》,载《西亚非洲》,2014 年第 6 期,第 5 页。

④ 李光钰:《后"伊斯兰国"时期秘密网络恐怖活动模式研究》,载《山东警察学院学报》,2020 年第 4 期,第 109—110 页。

员设定相应的法律应对预案,同时尽快实现安全检查的法定化标准。① 任华、刘中民、赵跃晨、富育红分别对后"伊斯兰国"极端组织时代该组织在东南亚、阿富汗、非洲各国的蔓延态势作了分析和预测,并归纳了该组织在不同地区的组织形式和活动特点,并提出了相应的对策。②

2. 对伊拉克战争、阿富汗战争、叙利亚内战及"阿拉伯之春"的研究

第一,对伊拉克战争与阿富汗战争的研究。显然,"伊斯兰国"极端组织的崛起与20多年来发生在叙利亚、伊拉克、阿富汗等国家的内乱及外来势力的军事干预有着直接的联系。因此,国内在这个方面的研究也为我们理解"伊斯兰国"极端组织的兴起和发展提供了必要的知识背景。如:王雷认为,"伊斯兰国"极端组织的兴起与中东政治格局不断变迁,尤其是外来干预势力不断渗透到当地政府间的利益博弈过程中,有着高度的关联。③ 王鸣鸣分析了"伊斯兰国"极端组织对美国等国外交和安全合作政策带来的冲击。④ 张金平则指出,该组织的兴起让西亚、北非恐怖主义在活动特征和组织形式方面发生了变革。⑤ 这些研究虽然对理解"伊斯兰国"极端组织兴起后国际反恐联盟的关系格局有一定的线索性指引作用,但对于庞大的联盟体系如何运作和演变,缺乏框架性的系统阐释。

第二,对叙利亚内战的研究。"伊斯兰国"极端组织是在叙利亚内

---

① 马陇平:《后"伊斯兰国"背景下完善我国反恐怖主义法治研究》,载《兰州大学学报》(社会科学版),2019年第2期,第192—196页。

② 任华:《后"伊斯兰国"背景下东南亚反恐态势与反恐合作》,载《印度洋经济体研究》,2018年第1期,第75—82页;刘中民、赵跃晨:《"伊斯兰国"在撒哈拉以南非洲地区的渗透及其影响因素》,载《国际展望》,2018年第2期,第113—123页;富育红:《"伊斯兰国"在阿富汗的渗透及其各方的应对》,载《新疆社会科学》,2017年第5期,第95—105页;等等。

③ 王雷:《"伊斯兰国"极端组织兴起与中东政治变迁》,载《亚非纵横》,2014年第6期,第1—3页。

④ 王鸣鸣:《"伊斯兰国"对美国全球战略的影响》,载《当代世界》,2014年第11期,第58页。

⑤ 张金平:《"伊斯兰国"突起及西亚北非恐怖活动的变化》,载《国际观察》,2015年第1期,第124—126页。

战的大背景下兴起和壮大的，因此理解叙利亚内战的冲突机制、外在力量的干预态势、叙利亚国内政治斗争动态等，是研究"伊斯兰国"极端组织的重要前提。目前，国内对于该问题的研究大多集中于分析叙利亚内战中外来干预势力的情况，如：陈晖认为，美国和俄罗斯在中东地区的博弈是决定叙利亚冲突发展演变的最重要外部因素。[①] 方金英则认为，叙利亚种族、宗教认同一向倒向国家认同，阿萨德政府与反对派势力都不具备"吃掉"对方的实力，他还强调，叙利亚教派仇杀是伊斯兰圣战势力日益坐大的直接导火索，叙利亚内战中的难民危机、教派和民族冲突、地缘政治角逐等影响不断外溢。[②] 郭健等则从叙利亚内战背后的大国博弈角度分析了叙利亚内战给中国共建"一带一路"倡议带来的挑战。[③] 赵晨则以叙利亚内战为切入点，探讨了欧盟在叙利亚内战中沦为"次要角色"的多方面原因。他指出，欧盟硬实力不足导致其无法与俄罗斯和伊朗抗衡；欧盟民事外交政策工具也无法在叙利亚局势中发挥足够的效力。[④] 陶文钊则认为，俄罗斯与美国之间的利益角逐是导致叙利亚内战不断复杂化的根本原因，而"伊斯兰国"极端组织的坐大则让美国和俄罗斯暂时走向合作，但长期来看，两国的利益博弈会变得更复杂。[⑤] 这些关于叙利亚内战的研究成果，大多是就某个问题、某个国家进行研究，没有深入剖析叙利亚内战中形成的关系结构和联盟阵线，从而无法为剖析"伊斯兰国"极端组织兴起后的国际反恐联盟关系结构提供非常有价值的指引。

第三，对"阿拉伯之春"影响的研究。"阿拉伯之春"是一场涉及面广泛、影响力持久的中东地区变革，有关"阿拉伯之春"的影响

---

① 陈晖：《叙利亚内战背后的美俄博弈》，载《唯实》，2018 年第 9 期，第 90—93 页。

② 方金英：《叙利亚内战的根源及其前景》，载《现代国际关系》，2013 年第 6 期，第 58—60 页。

③ 郭健、张皓然、庄开龙：《叙利亚内战及化武危机背后的大国博弈——对我国"一带一路"倡议的机遇和挑战》，载《时代人物》，2019 年第 4 期，第 20—25 页。

④ 赵晨：《叙利亚内战中的欧盟：实力、理念与政策工具》，载《欧洲研究》，2017 年第 2 期，第 45—48 页。

⑤ 陶文钊：《美俄在叙利亚的角逐》，载《国际关系研究》，2020 年第 5 期，第 19—20 页。

及影响力辐射方式和效果、"阿拉伯之春"后主要域外大国中东战略的调整、中东地区大国和中小国家之间随之发生的关系结构变迁等的研究，都为理解叙利亚、伊拉克境内极端主义的兴起提供了重要的知识背景。如：孟君认为，"阿拉伯之春"爆发后的俄罗斯中东战略遭到了一定程度的冲击，俄罗斯与中东国家的双边关系弱化;[①] 刘中民分析了伊斯兰主义、军人干政、身份政治3个方面对中东地区的影响，从源头追溯为何中东各国会爆发"阿拉伯之春"。[②]

3. 对美国和俄罗斯的中东战略演变及其中东外交策略的研究

美国和俄罗斯是影响叙利亚和伊拉克乃至整个中东地区的最重要的两个域外大国，也是导致该地区长期战乱和冲突的"影子"力量。两国不断调整的中东战略，以及在不同战略下对中东各个国家的外交和结盟策略，是理解打击"伊斯兰国"极端组织的国际反恐联盟关系结构的重要背景知识。

第一，对美国中东战略演变和在中东地区外交策略的研究。这一类研究成果主要聚焦以下几个方面：一是按照不同政府时期来阐述美国的中东战略，分析其战略重点、主要理念和调整变化等。如：钮松认为，特朗普时期的中东政策对已有的美国国内外政治具有一定的颠覆性，在多组与中东国家之间的重大关系管理上存在一定的差序性。在持续不断渲染伊朗"威胁"的同时，特朗普的中东战略主要偏袒以色列，回归打压伊朗的态势；通过承认耶路撒冷为以色列首都等举措，努力促成以色列"国家正常化"。特朗普政府时期的中东战略对阿拉伯世界的团结及巴以和平都造成了打击。[③]

二是描述和分析美国在该地区，尤其是自"阿拉伯之春"以来的

---

① 孟君:《"阿拉伯之春"与俄罗斯的中东外交战略》,载《阿拉伯世界研究》,2021年第3期,第32—48页。

② 刘中民:《对"阿拉伯之春"与中东民主化若干问题的思考》,载《国际政治研究》,2021年第6期,第33—55页。

③ 钮松:《美国的中东和平政策及其未来走向》,载《亚太安全与海洋研究》,2021年第1期,第90—103页。

中东地区的外交策略。如：侯翔宇和李圣辉认为，俄罗斯、美国在叙利亚问题上的最新博弈格局是"俄强美弱"，拜登政府更期待将美国对叙利亚的政策拉回到奥巴马政府时期的轨道上来，从中东地区进行战略收缩依然是美国在该地区外交策略的指导思想。① 王晋则认为，美国不仅在中东地区有全新的外交策略调整，还会主动地干预和影响俄罗斯与伊朗之间的关系。② 而从伊拉克撤军后的美国与伊拉克之间的关系也是国内学者比较热衷讨论的主题，如：牛新春认为，美国在伊拉克将会维持"撤而不退"的格局等。③

第二，对俄罗斯中东战略演变和在中东地区外交策略的研究。其一，在俄罗斯的中东战略演变研究方面，大多集中于分析"阿拉伯之春"爆发后俄罗斯的战略调整。如：唐志超认为，俄罗斯在叙利亚内战中的强势干预和美国在中东的战略收缩，造就了一种"美退俄进"的新格局；④ 庞大鹏通过回顾俄罗斯自20世纪90年代以来的3次外交战略调整，总结了俄罗斯中东政策演变的3个阶段，即俄罗斯外交向西方"一边倒"时期的中东政策、20世纪90年代下半期的中东政策，以及普京时期的中东政策。⑤ 还有一些则是在"阿拉伯之春"爆发以前对俄罗斯中东战略进行评述的研究成果，如：赵伟明认为，俄罗斯在中东已经出现了明显的重塑大国形象的愿望，俄罗斯中东战略的独

---

① 侯宇翔、李圣辉：《俄美在叙利亚问题上的博弈及其新发展》，载《俄罗斯东欧中亚研究》，2021年第4期，第29—49页。

② 王晋：《美国影响下的俄罗斯与伊朗关系》，载《阿拉伯世界研究》，2021年第2期，第17—34页。

③ 牛新春：《在"后撤军时代"，美国的中东政策何处去?》，载《世界知识》，2022年第5期，第14—17页。类似观点参见唐恬波：《美国"角色转变"后，伊拉克困境会有所改变吗》，载《世界知识》，2022年第5期，第17—20页。

④ 唐志超：《俄罗斯强势重返中东及其战略影响》，载《当代世界》，2018年第3期，第21—25页。类似观点参见陈宇：《从叙利亚"凯旋"后，俄罗斯的中东战略将走向何方》，载《世界知识》，2018年第1期，第40—41页；冯绍雷：《俄罗斯的中东战略：特点、背景与前景》，载《当代世界》，2016年第3期，第8—11页；朱长生：《俄罗斯中东战略的新动向及其影响》，载《当代世界》，2020年第3期，第26—30页。

⑤ 庞大鹏：《俄罗斯外交战略中的中东》，载《俄罗斯中亚东欧研究》，2006年第1期，第74—81页。

立性和自主性极强，一度挑衅美国的主导地位。①

其二，关于俄罗斯中东外交策略的研究主要涉及俄罗斯在"阿拉伯之春"之后根据中东地区局势选择的差异化外交策略。在有关俄罗斯支持叙利亚的外交努力方面的研究中，如：马玉娟认为，在阿萨德政府经历内战至今的10余年里，俄罗斯一直支持叙利亚，两者之间"非对称联盟关系"的形成背后有着多重因素的影响，包括历史记忆、威胁因素、利益因素等；"阿拉伯之春"爆发后，俄罗斯与沙特建立了全新的"磁性协调关系"。② 还有从三边关系角度阐述俄罗斯的中东外交关系动态的成果，如：王晋阐释了俄罗斯和土耳其在叙利亚问题上"盟友"和"对手"关系不停摇摆的深层次因素，以及这种摇摆所带来的现实影响。③

总的来说，这些成果为了解俄罗斯在中东地区的战略演变和外交策略提供了基本的信息来源，但是关于俄罗斯的存在和干预对中东地区国际关系结构的"重塑"意义却还没有进行系统性的梳理和剖析。

4. 对"伊斯兰国"极端组织兴起前的国际反恐合作的梳理和归纳

潘光和王震、钮汉章和胡欣等指出了世界主要反恐国家，尤其是美国、欧盟和俄罗斯在"9·11"事件以后针对基地组织等主要恐怖主义威胁，是如何进行反恐行动的并产生了何种效应；④ 贾宁、张金平则从法律和跨境流动的角度探析了一些国家的不同做法及遇到的障碍。⑤ 值得注意的是，近年来，国内学者开始将研究焦点从以美国为唯

---

① 赵伟明：《挑战美国地位 重塑大国形象——俄罗斯对中东战略的变化与俄美关系》，载《西亚非洲》，2007年第10期，第32—37页。

② 马玉娟：《"阿拉伯之春"后叙利亚与俄罗斯非对称联盟关系研究》，大连外国语大学硕士论文，2021年5月。

③ 王晋：《盟友还是对手？俄罗斯与伊朗、土耳其在叙利亚问题上的关切与挑战》，载《俄罗斯研究》，2020年第1期，第39页。

④ 潘光、王震：《国际反恐怖合作：新态势、新发展和绩效评估》，载《社会科学》，2010年第11期，第35—37页；钮汉章、胡欣：《国际反恐合作面临的挑战》，载《中国党政干部论坛》，2003年第1期。

⑤ 贾宇、张金平：《世界各国打击"伊斯兰国"的反恐立法的焦点与困境》，载《云南师范大学学报》（哲学社会科学版），2015年第6期，第99—107页。

一反恐主体转移至阿拉伯世界,如:孙芳露和李俊达分析了阿拉伯世界公众对"伊斯兰国"极端组织的政治态度,分别从宗教认知、经济体验、政治环境和社会文化认知 4 个维度考察了阿拉伯世界对"伊斯兰国"极端组织的正面和反面情绪的原因。①

综上所述,国内目前对"伊斯兰国"极端组织兴起以来的国际反恐合作研究还仅限于对美国、俄罗斯等主要国家的研究,对"伊斯兰国"极端组织成立以来的国际反恐联盟的关系重组,还缺少系统性的梳理和总结;缺少对基地组织等国际恐怖组织与"伊斯兰国"极端组织之间互动的研究;缺少对"伊斯兰国"极端组织在不同国家和地区演绎形态的对比研究;在推动阿拉伯国家加入打击西亚、北非暴恐活动的进程方面,还缺乏系统性的对策研究。

(二)国外研究成果的贡献与不足

国外对于"伊斯兰国"极端组织崛起的新态势以及如何进行国际反恐合作的研究成果主要集中在以下几个方面:

1. 对"伊斯兰国"极端组织具体演变和崛起的历史脉络进行梳理的研究

帕特里克·科伯恩(Patrick Cockburn)所著的《"伊斯兰国"极端组织的崛起和逊尼派新革命》(*The Rise of Islamic State and the New Sunni Revolution*)以及杰西卡·斯坦恩(Jessica Stern)与 J. M. 伯格(J. M. Berger)合著的《"伊斯兰国"极端组织:恐怖国家》(*ISIS: The State of Terror*)分析了促使"伊斯兰国"极端组织崛起的政治、宗教和社会因素,认为逊尼派及其他少数群体在伊拉克和叙利亚长期处于边缘地位,共同推动了"伊斯兰国"极端组织的崛起。纳恩·吉纳(Na'eem Jeenah)则指出,"伊斯兰国"极端组织的崛起其实就是一场

---

① 孙芳露、李俊达:《谁在支持"伊斯兰国":阿拉伯世界公众对"伊斯兰国"的政治态度研究》,载《宗教与美国社会》,2021 年第 1 期,第 71—109 页。

叙利亚、伊拉克两国逊尼派在遭受长期不公平待遇后的"跨界革命"。①

另外，国外学界出现了大量对"伊斯兰国"极端组织各个方面情况的专门研究，如：丽亚兹·哈桑（Riaz Hassan）解析了"伊斯兰国"极端组织的"哈里发国"建国理想。② 国外学界还出现了剖析"伊斯兰国"极端组织媒体运用技术、品牌吸引力培育手段、招募新成员方式、军事斗争方式、财政资金获取方式等方面的专门研究。③

2. 对美国、俄罗斯、土耳其、沙特、伊朗、伊拉克、叙利亚等国在"伊斯兰国"极端组织从兴起到溃败的国际反恐合作中分别发挥了何种角色的研究

这个方面的论述着重从这些国家之间的利益博弈、战略关切等视角入手。卡耐基中心、美国进步中心、美国国防部、《华盛顿邮报》提供了分析报告。关于俄罗斯如何加大对叙利亚事务干预力度、俄罗斯在叙利亚的能源利益诉求的研究，为理解俄罗斯在打击"伊斯兰国"极端组织过程中的协调能力上升并冲击美国在国际反恐联盟中"领导

① Na'eem Jeenah,"The Rise of Islamic State:ISIS and the New Sunni Revolution",*South African Journal of International Affairs*,Vol. 22,No. 3,2015,pp. 101-121.

② Riaz Hassan,"ISIS and the Caliphate",*Australian Journal of Political Science*,Vol. 51,No. 4,2016,pp. 20-25.

③ Alexandra Sims,"From'Blood Type'to'Special Skills':The 23 Questions Asked to Prospective Jihadis upon Entrance into'Islamic State'",http://www. independent. co. uk/news/world/middle-east/from-blood-type-to-special-skillsfrom-blood-typeto-special-skills-the-23-questions-asked-to-a6921881. html;Edoardo Tolis,"Investigating the Influence of ISIS Radicalisation on the Recruitment Process:A Critical Analysis",*Journal of Policing,Intelligence and Counter Terrorism*,Vol. 14,No. 2,2019,pp. 129-146;James R. Clapper,"Opening Statement to Worldwide Threat Assessment Hearing Before the Senate Armed Services Committee",Washington,D. C.:Office of the Director of National Intelligence,February 26,2015;Mumtaz Lalani,*Still Targeted:Continued Persecution of Iraq's Minorities*,London:Minority Rights Group International,2010,pp. 20-24;Omar Abdel-Razek and Miriam Puttick,"Majorities and Minorities in Post-ISIS Iraq",*Contemporary Arab Affairs*,Vol. 9,No. 4,2016,pp. 570-573;Patrick B. Johnston,Jacob N. Shapiro and Howard J. Shatz,et al. *Foundations of The Islamic State:Management,Money,and Terror in Iraq,2005-2010*,Santa Monica:Rand,2016,p. 26;Jessica D. Lewis,"Al-Qaeda in Iraq Resurgent,The Breaking The Walls Campaign",http://www. understandingwar. org/sites/default/files/AQI-Resurgent-10Sept_0. pdf.

地位"的情况，提供了有价值的线索。①

阿卜杜拉·杰巴斯尼（Abudullah Al-Jabassini）认为，俄罗斯最初希望阿萨德政府让渡一定的控制权给反对派势力，但在 2019 年后却开始思考收回控制权，让叙利亚政府全面掌控全国局势。② 詹姆斯·匹阿扎（James Piazza）认为，要正确看待伊斯兰世界与极端恐怖组织的关系，这才是获得最多支持的一个正确方法。只有那些认为极端暴恐组织的行为方式是"民主"的人，才会加入这些组织。③ 安东尼·培拉（Antonio Perra）认为，2011 年"阿拉伯之春"爆发后，美国和俄罗斯的利益博弈引发的"新冷战"格局是导致该地区形势不断恶化并衍生出大量恐怖组织的前提。

3. 关于"9·11"事件以来美国领导的国际反恐联盟的得失及其演变的研究

克里斯托弗·赫马尔（Christopher Hemmer）则探析了 2001 年以来美国反恐政策的连续性，认为奥巴马政府并没有实现对小布什政府时期国家安全战略的根本性变革，更多的是战略继承。④ 有学者认为，是美国在叙伊问题和中东国家其他问题上采取的"双重战略"导致了俄

---

① Abudullah Al-Jabassini, "Russia Rethinks the Status' quo in Southern Syria", https://www. mei. edu/publications/russia-rethinks-status-quo-southern-syria; Haid Haid, "Keeping Syrian Refugees out Has Not Made Turkey Secure", https://www. chathamhouse. org/2016/11/keeping-syrian-refugees-out-has-not-made-turkey-secure; Mai'a K. Davis Cross, "Counter-Terrorism in the EU's External Relations", *Journal of European Integration*, Vol. 39, No. 5, 2017, pp. 610-616; Omar Abdel-Razek and Miriam Puttick, "Majorities and Minorities in Post-ISIS Iraq", *Contemporary Arab Affairs*, Vol. 9, No. 4, 2016, p. 565; "Syria Regional Refugee Response", http://data. unhcr. org/syrianrefugees/regional. php; European Commission Humanitarian Aid and Civil Protection, "Syria Crisis ECHO Factsheet", July 1, 2017, pp. 1-5; Marc Pierini, "Time for Europe to Act Strategically in the Middle East", https://carnegieeurope. eu/strategiceurope/80093.

② Abudullah Al-Jabassini, "Russia Rethinks the Status Quo in Southern Syria", https://www. mei. edu/publications/russia-rethinks-status-quo-southern-syria.

③ James Piazza, "Nondemocratic Islamists' and Support for ISIS in the Arab World", *Behavioral Sciences of Terrorism and Political Aggression*, Vol. 328, No. 1, 2020, p. 7.

④ Christopher Hemmer, "Continuity and Change in the Obama Administration's National Security Strategy", *Comparative Strategy*, Vol. 30, No. 1, 2011, pp. 121-131.

罗斯也对其采取"双重战略";① 土耳其在对待叙利亚反对派和阿萨德政府上的摇摆态度削弱了国际反恐联盟的实效;② 欧盟在国际反恐联盟中的地位遭到削弱,而且暂时没有更好的改善途径。③ 关于提高国际反恐联盟合作效果的研究主要聚焦于如何发动伊斯兰世界的力量,让他们成为未来扼杀极端圣战主义和原教旨主义的新主角。还有文章指出,虽然沙特和伊朗能够暂时突破分歧、开启谈话,但是真正的合作还远未启动,其深刻矛盾的走向将会直接决定后"伊斯兰国"极端组织时代打击暴恐势力的效果。④

4. 在"伊斯兰国"极端组织被围剿的过程中及在其有生力量被大举歼灭后,各国进行反恐合作新方向的研究

美国华盛顿研究所的长篇报告《巴黎恐袭后的反应:回答打击"伊斯兰国"极端组织的迫切问题》（*The Paris Response*：*Answering Urgent Questions in the Anti-ISIS Fight*）系统地回答了关于打击"伊斯兰国"极端组织、进行国际合作的种种问题:美国如何与俄罗斯及阿拉伯世界盟国合作打击"伊斯兰国"极端组织、土耳其如何对待叙利亚难民问题等。该报告还分析了摩洛哥和突尼斯等北非盟国在和法国合作打击"伊斯兰国"极端组织上的复杂态度,并指出这些利益分歧则是提升国际反恐联盟实效需要攻克的主要领域。⑤ 美国兰德公司的报告《"伊斯兰国"极端组织当前的选择》（*What Are ISIS Options Now*）提出了一种全新观点,即美国需要和所有的逊尼派力量合作,摆脱在反恐

---

① "Joint Statement of the United States and the Russian Federation, as Co-Chairs of the ISSG, on Cessation of Hostilities in Syria", http://www. state. gov/r/pa/prs/ps/2016/02/253115. htm.

② "ISIS or Kurdish Rebels, Who Is Turkey Really Fighting Anyway?", https://carnegieendowment. org/2015/08/12/isis-or-kurdish-rebels-who-is-turkey-really-fighting-anyway-pub-61004.

③ Marc Pierini, "In Search of an EU Role in the Syria War", https://carnegieeurope. eu/2016/08/18/in-search-of-eu-role-in-syrian-war-pub-64352.

④ Vrushal T. Ghoble, "Saudi Arabia-Iran Contention and the Role of Foreign Actors", *Strategic Analysis*, Vol. 43, No. 1, 2019, p. 42.

⑤ Mohammed Dajani, Lori Plotkin Boghardt and Sarah Feller, et al. "The Paris Response: Answering Urgent Questions in the Anti-ISIS Fight", https://www. washingtoninstitute. org/policy-analysis/paris-response-answering-urgent-questions-anti-isis-fight.

合作中的孤立地位。① 大卫·索伦森（David Sorenson）的《废墟中的叙利亚：叙利亚内战的动态发展》（*Syria in Ruins：The Dynamics of Syria's Civil War*）分析了叙利亚内战的复杂态势和各国立场，从而思考各个国家该如何克服利益分歧，更好地遏制叙利亚、伊拉克两国境内的教派冲突，并通过有效协助两国的国家重建来真正打击恐怖主义的发展。② 另外，还有一些国外学者针对欧盟在国际反恐联盟中的角色低效，尤其是在对"伊斯兰国"极端组织的国际联合围剿中失去原有职能的情况，在欧盟各国政策分裂、美国在外交上的刻意疏远与孤立等方面进行了系统的研究。③

　　总体来说，国内外对该主题的研究成果还存在较大的不足：尚未系统地对"伊斯兰国"极端组织崛起下的新恐怖主义时代特征进行深刻分析和预测；对"9·11"事件以来国际反恐合作的研究大部分集中于美国领导角色方面，关于其他重要反恐国家协作与配合的研究成果稀少；对"伊斯兰国"极端组织崛起后国际反恐合作中的问题缺乏集中的梳理和反思，因而难以对国际反恐联盟的重构提供明确的探索方向。

二、理论框架

　　正如在第一节中所讨论的，国际反恐联盟不是狭义上的战时军事安全联盟，也不是某次国际安全合作，而是涉及了安全合作多个领域，且由美国主导的、包含了双边和多边关系的多层次联盟与合作关系的复杂互动过程。从国际反恐联盟的成员关系来看，较具有解释力的理

---

① Brian Michael Jekins，"What Are ISIS's Options Now?"，https：//www. rand. org/blog/2014/10/what-are-isiss-options-now. html.

② David S. Sorenson，*Syria in Ruins：The Dynamics of the Syrian Civil War*，California：Praeger，2016，pp. 20-55.

③ Christian Kaunert，"Conclusion：Assessing the External Dimension of EU Counter-terrorism Ten Years on"，*European Security*，Vol. 21，No. 4，2017，pp. 586-590；Judy Dempsey，"Macron's Call for European Boots"，https：//carnegieeurope. eu/strategiceurope/77703.

论框架是有关安全联盟形成、运作、发展、破裂和黏合等。涉及安全联盟的研究成果非常繁多，仅从其形成的动因来看就可以根据自由制度主义、建构主义、现实主义的不同视角产生几大类理论观点；但从本书的研究对象"伊斯兰国"极端组织来看，又涉及与宗教相关的理论框架，如身份认同理论、宗教功能主义理论等；从反恐合作的具体行为模式来看，又可以从安全化和去安全化、"威胁感知"等多个理论中寻求理论指引。

（一）安全联盟理论

根据沃尔特的定义，联盟是"在两个或者两个以上的主权国家之间建立的正式或者非正式的安全合作关系"①，而与国际安全合作有最密切理论关联的则是安全联盟、"威胁感知"和安全困境等理论。

1. 安全联盟的形成

关于联盟建立的动力，目前大致有"均势论""威胁论""利益论"等不同看法。根据一些传统的联盟理论，联盟是国际体系中各行为体之间希望实现力量均势而达成的结果。推动联盟成立的一个前提是"结盟意识"，即反对和抗衡某个势力集团、国家或者群体以保持联盟成员的安全和稳定的共识。国际力量的均势在各方力量"经济地"（economically）建构起一个联盟后得以实现，即参与者们都全面考虑了建立该联盟的潜在成本与可能收益。② 联盟的大小也不会超过联盟成员成功实现各种需要的实力规模。有专家认为，参与联盟的各国之所以能够达成一致，是因为他们所期待的收益将会超过风险与成本。③ 当然，也有很多联盟理论研究者指出，形成联盟的收益有一定的局限性，

---

① Stephen M. Walt, *The Origins of Alliances*, Ithaca: Cornell University Press, 1987, p. 1.

② William H. Ricker, *The Theory of Political Coalition*, New Haven: Yale University Press, 1972, p. 182; George Liska, *Nations in Alliance: The Limits of Interdependence*, Baltimore: Johns Hopkins University Press, 1962, pp. 160–166.

③ Michael F. Altfeld and Bruce Bueno de Mesquita, "Choosing Side in War", *International Studies Quarterly*, Vol. 23, No. 1, 1979, pp. 87–92.

甚至在某些情况下这种局限性比较显著。

而推动联盟建立的"威胁论"则认为，联盟是集体决定对抗某种威胁的反应。沃尔特在解释这些威胁时认为，它们是能力和意志的结合体。其中的能力指的是拥有的各种硬实力与软实力，而意志指的是各种感受和动机。另外，邻近的地理位置和挑衅性的权力也是这些威胁的组成部分。国家在一起形成联盟来对抗威胁，其意义远远大于普通的"虚张声势"。沃尔特还指出，联盟成员所面临的威胁越重大，联盟成员之间就越不需要拥有共同的意识形态和文化价值观，即强调威胁在联盟形成过程中的核心角色。① 同样地，"利益论"是强调因共同的利益需求而结成合作关系的行为。

2. 安全联盟的演变

从竞争角度来说，实力的差距会导致联盟内部的恐惧情绪和安全困境。然而，在富有战略性布局的联盟内部，能力的差距能够创造出一种多层次的不对称关系，微妙地覆盖决策进程中各种涉及平等权利的问题。例如，北约这一跨大西洋联盟关系的发展，远远超过了"为实现均势而建立联盟"的主张。在二战末期，美国之所以能够与一些欧洲国家结盟，更多是出于共同的价值观和对安全威胁的一致认识。在这种跨大西洋的联盟关系中，软实力通过建立共同价值观的方式得到运用，成为建立联盟关系的首要驱动力。正如莫顿·卡普兰（Morton Kaplan）所言："松散的两极体系，需要形成不同的势力集团得以维持，而这种势力集团则建立在对长期利益的共同认识的基础上。集团内部成员价值观越趋近，势力集团的稳定性就越强。"②

根据卡普兰的"系统论"观点，联盟内部的均势体系是建立在具有弹性的、有限的利益基础上的，而且是在这些利益的短暂融合基础

---

① Stephen M. Walt, *The Origins of Alliances*, Ithaca, NY: Cornell University Press, 1987, pp. 49－100.

② Morton Kaplan, *Great Issues of International Politics*, Chicago: Aldine Publishing, 1970, p. 197.

上。因此，今天的敌人也可能会变成明天的盟友。[1] 任何联盟内部的权力结构都不是静止不变的，而是处于一种"波动的平衡"（punctuated equilibrium）之中，即经历若干个时期的停滞，再发生体系结构的变化，最后又回归平静，如此循环不止。而成员间权力结构的变化是导致联盟体系发生改变的重要原因之一。在三边甚至更多数量行为体的关系互动变化的同时，这种联盟的演变还具有对外开放的特点，即联盟还会受到每个成员的"外部双边"（extra-dyadic）关系网络的冲击。另外，每个成员承担着的不同义务会产生累积效应，彼此影响，产生某种网络效应。为了预防和抵制其他势力加入自己的联盟，某些成员不得不承诺承担更多责任。如成员不能承担已有责任或更多责任，该联盟可能面临瓦解或者重构的风险。

3. 安全联盟的机制化程度与成员间互动

狭义上的安全联盟概念将机制化视为联盟成立的必要条件之一，其演绎场景大多也是置于重大军事冲突或战争之中，因此，联盟是否具备一套稳定且具有可操作性的安全机制，决定了盟友们共同军事行动的结果。[2] 诚然，战场局势瞬息万变，联盟的确需要建立起快速、透明、高效的军事信息沟通机制来及时应对。正是因为人员组织能力与信息分享速度对于最终取胜极为关键，所以战时联盟需要主导国作出"权力去中心化"（decentralization of power）的让步，通过较为完备的机构设置来下达统一作战命令和进行联合军事演习等。[3]

根据这种联盟机制化程度的高低，有学者把安全联盟划分为"多元联盟"（pluralistic alliance）如北约，和"单一化联盟"（monolithic alliance）如华约。但这种划分并不能充分地在现实中得到验证。即使在多元化的、权力结构的垂直权威程度低于华约的北约组织中，美国

---

[1] Morton Kaplan, *Great Issues of International Politics*, Chicago: Aldine Publishing, 1970, p. 199.

[2] Brett Ashley Leeds, "Alliance Institutionalization and Alliance Performance", *International Interactions*, Vol. 3, No. 3, 2005, pp. 183–202.

[3] David A. Lake, "Beyond Anarchy: The Importance of Security Institutions", *International Security*, Vol. 26, No. 1, 2001, pp. 129–150.

作为"领导者"也可以通过威慑和社会化机制来影响其盟友的军事战略。因此，片面地认为机制化程度决定了联盟主导国影响力尤其是对盟友军事行动影响力的看法，是有失偏颇的。① 更甚的是，机制化程度对于联盟运作的影响在具体实践中并非一成不变，而是处于动态变化之中。

鉴于根据机制化程度来预判合作效果的方法具有明显的局限性，丹·雷特（Dan Reite）和柯蒂斯·米克（Curtis Meek）提出，应该建立一套多元变量系统而不是仅依靠某一个因素，来更为精准地评估联盟内部互动。他们提出，可将操控、民主、工业化水平、直接作战经验等多元变量构建成一个体系，来分析和预测不同成员国的行为。具体而言，操控指的是主导国是否会采用操控或威慑战略，民主指的是主导国实行的是民主还是威权政治体制，工业化水平指的是以钢铁生产为主的工业化进程的持续周期和规模，直接作战经验指的是是否会从过去 25 年内的参战行动中吸取经验。②

4. 安全联盟演变会产生的影响

虽然安全联盟是为了对抗共同的安全威胁而建立，但其不一定能够起到平息冲突与战争的效果。相反，不合理地使用联盟关系，反而可能触发新的战争。虽然联盟所产生的力量聚集效应能够为联盟内比较弱小的国家带来超过其自身实力的"威慑力"，但这种"实惠"也并非来得全无代价。某些时候，为了获取这种联盟带来的利益，一些成员国不得不牺牲或让渡一定的行动自由或主权等，甚至被迫参与新的战争。从这种角度上来说，联盟是可能引发和扩散战争的力量之一。③ 正如查尔斯·代兰（Charles Doran）反复强调的，即使合理地执

---

① David A. Lake, "Beyond Anarchy The Importance of Security Institutions", *International Security*, Vol. 26, No. 1, 2001, pp. 129-130.

② Dan Reiter and Curtis Meek, "Determinants of Military Strategy, 1903-1994: A Quantitative Empirical Test", *International Studies Quarterly*, Vol. 43, No. 2, 1999, pp. 363-387.

③ Skyler J. Cranmer and Bruce A. Desmarais, "Toward a Network Theory of Alliance Formation", *International Interactions*, Vol. 38, No. 3, 2012, p. 300.

行联盟的各项规定，仅凭均势状态也不足以阻止战争爆发。联盟对于短期内阻止进攻确实有效，但是对于阻止国家的兴衰交替却无能为力。联盟往往试图协助弱势国家，同时遏制更强大的国家的崛起。这种均势逻辑本身就和保持国际体系均衡的逻辑产生矛盾，忽略了国际体系的自动调适能力。①

(二) 宗教功能主义、本原主义、建构主义和身份认同理论

1. 宗教功能主义的主要内涵

宗教作为意识形态的一种重要形式，不仅在极端暴恐势力的形成和行动中发挥重要功能，也是众多伊斯兰国家处理教派冲突和维护社会秩序的重要工具之一。因此，了解宗教的社会功能不仅对理解极端主义的形成有参考意义，也对理解各国的反激进主义、反恐怖主义战略，以及处理宗派矛盾具有一定的启发作用。在各类暴力冲突中，宗教扮演和发挥何种角色和功能，以及通过何种方式发挥这些功能，是被长期广泛讨论的学术问题。宗教功能主义的逻辑基础是一个根本认识，即认为宗教能够成为其信徒们行动的最重要的驱动力。② 因此，与此相关的研究成果对于深入理解宗教在"伊斯兰国"极端组织的成立和壮大中的意识形态功能，穆斯林群体占据相当比重的国家如何处理伊斯兰教什叶派和逊尼派的宗派冲突问题，各国党派争斗中如何利用宗教进行社会动员和政治博弈，进而侵蚀社会的宗教宽容并引发日益频繁的教派冲突，都具有一定的理论启示意义。

宗教功能主义主要用于研究和探析穆斯林群体占据人口相当比例的国家，如印尼、叙利亚、黎巴嫩等，其政治主体和社会精英集团如何利用宗教身份和意识形态来实现自身的政治目标。例如，历史上印

---

① Charles F. Doran, "Systemic Disequilibrium, Foreign Policy Role, and the Power Cycle", *Journal of Conflict Resolution*, Vol. 33, No. 1, 1989, pp. 371−390.

② Francisco Gutiérrez Sanín and Elisabeth Jean Wood, "Ideology in Civil War: Instrumental Adoption and Beyond", *Journal of Peace Research*, Vol. 51, No. 2, 2014, pp. 213−226.

尼的伊斯兰组织为了确保自身的生存和持续发展，动员更多人参与政治斗争或军事冲突，积累物质和人力资源等，积极在某个宗教信仰网络中寻求各种力量，通过操纵宗教信仰、话语和修辞体系，来获得击败对手的竞争优势。① 这种通过操控宗教身份认同和意识形态体系来建立政治战略机制的行为，曾经在斯里兰卡政府与"泰米尔猛虎组织"的激烈战斗中、② 20 世纪 90 年代俄罗斯政府与车臣分离主义战争中，③ 以及 1979 年伊朗伊斯兰革命后的国内各类冲突中出现过。④

2. 重叠与分歧：建构主义、本原主义与宗教功能主义的内涵辨析

同样作为认可宗教对于个人和团体身份认同具有巨大塑造功能的理论学派，建构主义、本原主义与宗教功能主义之间有着不同层次的内涵重叠与差异。这对我们理解当代伊斯兰教派冲突的发生和演变，以及各国政府处理宗派冲突的内政外交政策的决策过程，有重要的启示作用。

首先，在承认宗教的强大功能的问题上，建构主义、本原主义及宗教功能主义是一致的，但对于宗教发挥效力的时间点、是否可以被其他事物取代、是否具有生产与再生产的能力、以个人还是以社会组织或机构的方式来执行等问题，却有着分歧和差异。例如，从种族身份认同的建构来看，建构主义认为，每个个体都有着多层次的身份认同，宗教方面的认同是其中的一种。每个人的身份认同是多样且不断变动的，会因社会动荡、政治变局或其他个人行为的影响而发生改变，这就给宗教身份认同带来了合作与斗争的两种可能性。与建构主义相比，本原主义和宗教功能主义则彻底否决了宗教身份认同冲突能够得

① Reyko Huang, "Religious Institutionalism in Violent Conflict", *Ethnopolitics*, Vol. 19, No. 2, 2020, pp. 150-161.

② Stanley Jeyaraja Tambiah, *Buddhism Betrayed? Religion, Politics, and Violence in Sri Lanka*, Chicago: The University of Chicago Press, 1992, pp. 48-100.

③ Julie Wilhelmsen, "Between a Rock and a Hard place: The Islamisation of the Chechen Separatist Movement", *Europe-Asia Studies*, Vol. 57, No. 1, 2005, pp. 35-59.

④ Barbara F. Walter, "The Extremist's Advantage in Civil Wars", *International Security*, Vol. 42, No. 2, 2017, pp. 7-39.

到缓和，甚至转变为和平共处或合作的任何可能性。这两种理论均认为，不同宗教派别之间的矛盾和敌意是不可调和的。建构主义不断质疑宗教信徒组织的内生性特征的稳定性，而宗教功能主义和本原主义则不断强调分歧的"天然性"和"不可逆转性"。[1]

总之，建构主义通常将宗教的功能与其他因素的作用放在平等的位置上看待，意识形态和身份认同并不具有很高的例外性，而只注重其"可利用性"。[2] 与此形成鲜明反差的是，宗教功能主义与本原主义将宗教视为至高无上的影响因素。

（三）安全化理论

1. 内涵

哥本哈根批判安全理论（Critical Security Theory）主要强调的是话语行为，即一种"解释主义"（Interpretivist）的理论体系。它重点关注的既不是客观存在的真实安全威胁，也不是安全威胁引发的主观感受，而是这种"叙述安全"（speaking security）的行为本身在一个政治实体内可能产生的"主体间表现"（intersubjective performance）。[3] 根据这种理论上的预设，哥本哈根批判安全理论对一个安全化或者去安全化行动是否成功的判断，取决于安全化主体是否能向有价值的目标受众进行描述和宣传，并让受众认识到这是一种实际存在的威胁，使其能同意并支持对此采取紧急或额外措施。

然而，近年来，随着传统安全化理论在阐释相关事实时的局限性越来越明显，也有学者们开始建议，安全化的条件需要在哥本哈根批判安全理论的基础上进一步拓展，以便更好地理解其实践过程。为了

---

[1] Reyko Huang, "Religious Institutionalism in Violent Conflict", *Ethnopolitics*, Vol. 19, No. 2, 2020, p. 151.

[2] John F. McCauley, *The Logic of Ethnic and Religious Conflict in Africa*, Cambridge: Cambridge University Press, 2017, pp. 50-58.

[3] Stefano Guzzini, "Securitization as a Casual Mechanism", *Security Dialogue*, Vol. 42. No. 4/5, 2011, pp. 68-88.

进一步体现安全化进程的实操性，史提法诺·古齐尼（Stefano Guzzini）等学者建议，在已有的安全化理论强调"叙事"的基础上，将安全化进程当作社会机制的运行来看待，需要在该理论体系中增加一些"实证"的成分。① 显然，对安全化理论的最新拓展更加强调的是安全化执行过程的"情境"因素，涵盖了更为广泛的社会和政治因素等变量。

也有学者强调了这种"情境"与安全化的互动关系，与传统安全化理论的"从以安全化行动作为先导再到受众接受并配合执行"的顺序有着一定的差异，即如果"情境"因素的推动力不足，则无法跨入真正的安全化进程。如巴里·布赞（Barry Buzan）认为，任何安全问题和行动都可以通过行为体参与政治行动的程度高低来进行区分，即非政治化、政治化和安全化。② 这可以被视为安全化发端、启动到实现的全过程，也可以被视为3个独立的进程。但是，这3个方面的割裂关系仅存在于非政治化与后面两个过程之间，政治化和安全化之间并非对立关系，而是极有可能产生时间上的递进关系，即足够成熟的政治化才能成就真正的安全化行动。因此，对安全化的阐释又进一步拓展为以下几个方面内容：一是特定的"安全叙事语法"（grammar of security），即对安全威胁的描述；二是有一定政治权威和资源调度能力的社会机制，即安全化主体在面对话语受众时需要具备一定的社会资本和政治权威；三是所描述的安全威胁能够被较为便捷地用于安全化宣传和加工。乔恩·埃尔斯特（Jon Elster）进一步认为，在推动实现安全化的各种重大因素中，社会机制是一个可解析的变量，也是一个不断发生变化的、容易被识别的、较为随意的操作模式。这种模式兼具普适性和特殊性，因而很容易在突发事件或不确定性因素的影响下

---

① Stefano Guzzini,"Securitization as a Casual Mechanism", *Security Dialogue*, Vol. 42. No. 4/5, 2011,pp. 68-75.

② Barry Buzan,Ole Wæver and Jaap de Wilde, *Security: A New Framework for Analysis*, Boulder: Lynne Rienner Publishers,1998,pp. 55-89.

被激发出来。①

2. 安全化与去安全化双重视角下的对外军事干预行动

安全化举措本身就有天然的模糊性和矛盾性，对安全化主体和受众双方的状态均有着较高的要求。对外军事干预行动一般以"稳定行动""维和行动""输出安全"等名义启动，旨在对某种特定的安全威胁作出积极的回应。在安全化进程开启之前，对于从事该项事务的社会精英和政界人士来说，最难的一点是对"输出安全"的行为进行合法化宣传。如果这种宣传得不到应有的效果，那么民众对于对外军事干预行动本身高昂的经济代价以及该行为可能侵犯目标国主权等后果的预期，可能会让对外军事干预行动计划破产。事实上，大部分对外军事干预行动在开启之前就会招致激烈的争论。该行为不仅很难被视为带来安全的积极举措，反而常常被视为造成目标国局势更为动荡的因素之一。即使在对外军事干预行动的执行过程中，也常常因为某些特定突发事件，如实施军事干预的部队遭受严重的人员伤亡或发生严重的丑闻事件、发起干预的国家突然遭受严重恐袭等，而不得不调整计划甚至中止行动。如2004年的马德里爆炸恐袭事件发生后，西班牙政府作出了从伊拉克撤军的决定。②

因此，虽然对外军事干预行动是在将各种威胁作安全化处理后才得以启动，但其最终成败却依赖于其组织者是否能将安全化措施进行"非特殊化处理"。这种"非特殊化处理"指的是对各种干预行动进行"常规化"（routinization）宣传和设计。然而，在哥本哈根学派最早关于安全化的理论阐释中，安全化的受众群体只是安全议题相关话语的

---

① Jon Elster,"A Plea for Mechanism", in Peter Hedström and Richard Swedberg, *Social Mechanism: An Analytical Approach to Social Theory*, New York: Cambridge University Press, 1998, pp. 45-60.

② Hubert Zimmermann, "Exporting Security: Success and Failure in the Securitization and De-Securitization of Foreign Military Interventions", *Journal of Intervention and State-Building*, Vol. 11, No. 2, 2017, p. 226.

接受者。① 忽略安全话语受众群体主观能动性会导致他们无法接受各种安全化措施，尤其反对对外军事干预行动。② 因此，充分重视受众并成功获得受众支持，使受众相信安全化举措是现有安全机制中的一部分，③ 且无须额外地对其举措进行合法化处理，④ 才是安全化行动尤其是对外军事干预行动成功的标志。鉴于安全化和去安全化之间的这种紧密联系，安全化进程概念得到了拓展，在原来的两个阶段——"界定安全问题"（identification）和"动员受众"（mobilization）基础上延伸出"机制化进程"（institutionalization），即避免为安全问题产生多余政治争论和额外立法的过程。⑤ 当然，这种全新理念的拓展并没有否认安全化主体和受众双方状态的不可预测性和脆弱性。

---

① Adam Cote, "Agents Without Agency: Assessing the Role of the Audience in Securitization Theory", *Security Dialogue*, Vol. 47, No. 6, 2016, pp. 541-558.

② Mark Salter, "When Securitization Fails", in Thierry Balzacq, ed. *Securitization Theory: How Security Problems Emerge and Dissolve*, Milton Park: Routledge, 2011, pp. 50-65.

③ Faye Donnelly, *Securitization and the Iraq War: The Rules of Engagement in World Politics*, London: Routledge, 2013, pp. 15-32.

④ Scott Watson, *The Securitization of Humanitarian Migration: Digging Moats and Sinking Boats*, London: Routledge, 2009, pp. 11-15.

⑤ Aglaya Snetkov, *Russia's Security Policy under Putin: A Critical Perspective*, London: Routledge, 2014, pp. 58-65.

第一章　国际反恐联盟形成的背景：中东的联盟阵线与博弈格局

　　围绕打击叙伊两国境内"伊斯兰国"极端组织而组建的国际反恐联盟的内部关系结构直接脱胎于此前的中东博弈格局。多年来，叙利亚与伊拉克频频上演了各大势力之间战略博弈、利益竞合等场景。这些关系的组合变化，以及彼此利益的交错影响，构建了一张多层次、多领域、多维度的权力关系网，围绕教派和族群、意识形态、地缘政治经济利益的互动极为复杂，而叙伊两国是中东地区各大联盟阵线分化组合的"缩影"，堪称"世界小国中的大国"。[①]

　　诚然，打击"伊斯兰国"极端组织的国际反恐联盟参与行为体众多，无法一一阐释它们各自的具体贡献和行为动机，但梳理在"伊斯兰国"极端组织成立之前就参与国际反恐合作的行为体之间的关系格局，对于理解国际反恐联盟的形成与运作至关重要。与诸如"9·11"事件爆发后美国与巴基斯坦的反恐合作关系不同，打击"伊斯兰国"极端组织的国际反恐联盟的关系结构早已存在于叙伊两国及其周边地区甚至整个中东地区，但又发生了诸多调整甚至"变异"。从一定程度上来说，叙利亚与伊拉克反恐战场上的各种利益博弈是中东地区多个

---

①　郭振雪：《欧盟在叙利亚危机中的制裁行为分析》，载《和平与发展》，2013 年第 1 期，第 83—88 页。

联盟内部、联盟之间分化、重组及竞合关系的"缩影"。把握这些"敌友关系"分化、组合、变化背后的战略指引、利益驱动力和具体的行为调适等，有利于为理解国际反恐联盟的形成与运作建构一个深度情景化的基础。

第一节　美国的中东战略演变和联盟策略变迁

作为代理人战争最为频繁的地区之一，中东地区的国家间双边与多边关系互动展现出较强联动性。美国作为影响中东重大事务的重要变量，虽然无法协调中东各国矛盾、彻底平息地区冲突和斗争，但对美国行为路径的判断和预测却一直是各国建构敌友关系时的重要考量因素。从发挥效力的过程来看，美国的中东战略直接影响了该地区国家或非国家行为体之间的互动模式，这种互动随即又与中东地区重大事务的演绎形成一股新的合力，反过来作用于美国的中东战略，促使其不断地进行调整与变革。

一、奥巴马政府时期的美国中东战略及外交走势

（一）奥巴马政府时期的美国中东战略

冷战结束以来，美国的中东战略的"基石"依然比较牢固，表现为捍卫美国在中东地区的安全利益，在巴以问题上掌握主导权，遏制伊朗，以及保证美国在中东地区其他重要事务的进展等。当然，随着每一届政府对各类安全威胁、战略利益、地区热点的判断不同，其中东战略框架中的重点设置与规划设计也有所不同。

奥巴马入主白宫后，美国对外战略的第一要务为解决金融危机，中东问题在其对外战略中的地位有所下降。鉴于小布什政府时期"先发制人"原则和单边主义做法让美国声誉受损，引发并加剧了伊斯兰世界与美国等西方国家的对抗，奥巴马政府"革新"中东战略的意愿

较为强烈。执政之初，奥巴马就提出要终止使用"反恐战争"一词，强调要与伊斯兰世界积极沟通；美国政府要更多地用外交手段来解决中东问题，并吸引地区一些国家与美国开展安全合作，建立更为稳定的中东地区安全架构。具体而言，美国政府需要尽快解决从伊拉克撤军的问题；伊朗依然是美国的潜在战略威胁，但是对伊朗的接触政策应更有弹性；尽力消除伊斯兰世界的反美情绪等。①

2013 年 10 月，美国总统国家安全顾问赖斯（Susan Rice）率领其团队在研究 3 个月后，重新为美国中东政策定调，声称"除非美国及其盟友遭遇军事袭击、石油供应中断、恐袭或者大规模杀伤性武器失控等危机，美国将会尽可能地避免在中东动武"②。虽然奥巴马在其第二个任期内明显加大了对中东国家的外交力度，但"底线思维"大大遏制了美国对中东各国进行强势干预的热情，推行美国式民主也不再是美国政府在中东地区的核心目标。对于埃及、也门、利比亚等国家的政治改革和社会转型，美国也表明，只会提供"非常有限的支持"。③

（二）奥巴马政府时期对中东主要国家的外交动向

1. 在伊朗与沙特之间强化"对抗性联盟"

奥巴马政府时期相当具有"颠覆性"的外交抉择是美国与沙特关系的疏远及与伊朗的频频接近。这两对关系具有对抗性特征，即美国与伊朗关系的缓和直接影响了美国与沙特的友好关系，出现一种此起彼伏式的"对抗性联盟"现象。纵观冷战结束以来的美国中东外交政策框架，奥巴马政府所奉行的全新的对伊朗政策可谓美国中东战略中的一个"新亮点"。

---

① 华黎明:《奥巴马的中东政策初见端倪》,载《阿拉伯世界研究》,2009 年第 2 期,第 35 页。

② Mark Landler, "Rice Offers a More Modest Strategy for Mideast", *The New York Times*, October 26, 2013.

③ 龚正:《"伊斯兰国"冲击美国中东战略》,载《现代国际关系》,2014 年第 9 期,第 62—64 页。

2009 年 6 月 4 日，奥巴马首次访问中东，在埃及开罗大学发表了被称为与伊斯兰文明"和解"的演讲，罕见地对伊朗释放善意。此次演讲，一是承认了美国需对美伊关系的恶化承担责任，二是表达了推进两国交流的强烈意愿；三是表示伊朗有权和平利用核能。2013 年，美伊两国关系缓和再向前推进了一步。4 月初，美国和伊朗就核问题达成了框架协议；月底，美国国务卿和伊朗外交部长在纽约举行会谈。9 月，在纽约召开的联席会议上，奥巴马再次表示，不会谋求改变伊朗现有的政治制度，尊重其和平利用核能的权利。

这一系列信号的释放让伊朗的"宿敌"沙特感觉到了威胁的气息。奥巴马的开罗演说结束后，沙特《麦地那日报》仍对美国和伊朗关系的新走向保持了较为克制的态度，只是表示奥巴马在"构建中东新秩序"①。到 2013 年的联合国大会召开后，沙特开始公开表示对伊朗的敌对态度，如在 2015 年《伊朗核问题全面协议》（以下简称《伊朗核协议》）签署后，伊朗马上收到了来自沙特的警告，提醒其不得将放松制裁视为借机作乱的资本。②

然而，奥巴马政府不仅开始转向"包容"伊朗，还对沙特进行了抨击，导致美沙关系急转直下。2016 年 3 月，奥巴马在一次专访中呼吁沙特应该与伊朗"共享"中东，并停止在伊拉克、叙利亚和也门进行的代理人战争；沙特不应该向伊斯兰国家不断灌输"瓦哈比主义"思想，这会让中东地区陷入更严重的教派矛盾之中。③ 对于这种公然的指责，前沙特驻美国大使费萨尔亲王撰文回击，质疑美国"转向伊朗"。总而言之，奥巴马政府时期的美国试图修补在小布什政府时期"搞糟"的与伊斯兰世界的关系，但是在此过程中美国将其"包容"

---

① 于毅：《阿拉伯国家对奥巴马讲话反响不一》，载《光明日报》，2011 年 5 月 21 日，第 8 版。

② 马晓霖：《伊核谈判：收官热闹中的冷思考》，https://www.chinanews.com.cn/gj/2015/07-18/7413045.shtml。

③ 马晓霖：《奥巴马时代美国与沙特关系缘何渐行渐远?》，载《西亚非洲》，2016 年第 6 期，第 4—10 页。

对象扩展到了伊朗，直接引发了沙特的强烈不满。①

2. 努力将与土耳其关系打造为美国与伊斯兰世界关系的"样板"

虽然美土两国曾经因为伊拉克战争期间土耳其拒绝美军过境开辟"北方战线"而关系恶化，但双方的传统盟友关系基础并没有遭到实质性的破坏。奥巴马就职之初就表达了要与土耳其缓和关系的意愿。

奥巴马多次表示，土耳其的支持对于美国维持在中东、中亚和高加索地区的利益非常重要，并愿意与土耳其分享这些利益。2009年4月7日，奥巴马结束了对土耳其为期两天的访问，这是奥巴马上任后出访的第一个伊斯兰国家。奥巴马一再向土耳其表示，美国非常重视与土耳其的盟友关系，支持土耳其加入欧盟。这被广泛认为是美国接近伊斯兰世界的重要一步。奥巴马还将土耳其视为打击恐怖主义的重要伙伴，同时也是打击活跃在伊拉克北部的库尔德工人党武装的伙伴。② 2017年1月4日，美国白宫发言人欧内斯特（Josh Earnest）表示，奥巴马总统与埃尔多安总统已经就共同打击"伊斯兰国"极端组织的问题达成了一致。在奥巴马向伊斯兰世界传递橄榄枝的过程中，土耳其被视为与伊斯兰世界沟通的桥梁，美土关系成为塑造与伊斯兰国家关系的"样板"。③

3. 在巴以问题上依然偏袒以色列

在对待伊斯兰世界的问题上，奥巴马政府虽然与美国历史上其他政府尤其是小布什执政时期有所不同，但在巴以问题上，奥巴马政府依然站在以色列一边。2013年3月19日，奥巴马访问以色列、巴勒斯坦和约旦。此举被视为美国试图修复此前受挫的美以关系。在与内塔尼亚胡的会谈中，奥巴马明确要求以色列不要对伊朗发出军事威胁，还批评以色列定居点计划对巴以和平进程无益。内塔尼亚胡表示，他

① 马晓霖：《奥巴马时代美国与沙特关系缘何渐行渐远?》，载《西亚非洲》，2016年第6期，第3—20页。
② 《奥巴马访问土耳其的多重考量》，新华网安卡拉2009年4月7日电。
③ 《白宫：奥巴马与土总统商定深化合作以打击IS》，https://world. huanqiu. com/article/9CaKrnJZxT0。

感谢美国通过外交和制裁手段阻止伊朗获取核武器的能力，但"这些工具必须由武力威慑来加强"。① 用外交手段来解决伊朗核问题。巴勒斯坦方面则对美国在此次访问中的立场感到不满。

奥巴马政府在巴以问题上摇摆不定，最终走向了偏袒以色列的立场。奥巴马曾表示，美国支持在"两国方案"基础上建立具有完整主权的独立的巴勒斯坦，但是，该立场很快发生了变化。2015 年 1 月 12 日，美国白宫新闻局消息称，奥巴马在与内塔尼亚胡会谈时表态，"巴勒斯坦暂时不是主权国家"，因此"巴勒斯坦加入国际刑事法庭不会成为建设性的前进步骤"。② 但到奥巴马执政的最后时期，奥巴马政府又在 2017 年 1 月向巴勒斯坦提供了 2.12 亿美元的援助。

二、特朗普政府时期的美国中东战略及外交走势

（一）特朗普政府时期的美国中东战略

特朗普政府时期的美国中东战略总体可以归纳为"一轴三径"。具体而言，即以"联合以色列、修复与沙特关系、依靠各种同盟"作为"主轴"，致力于打破美国在中东的被动局面，同时又在全面遏制伊朗、反恐安全事务以及推出巴以问题"世纪协议"3 条路径上发力。特朗普的中东战略是美国在中东地区战略收缩、延续亲以色列和反对伊朗的外交政策的直接体现。③

特朗普政府时期出台的《国家安全报告》指出，美国在中东事务中的影响力是有限的。该报告指出："美国在中东地区的行动目标是避免让中东成为伊斯兰极端恐怖分子的庇护所和天堂，以及避免美国的敌对势力有机会在该地区获得统治权。美国还要为该地区成为全球稳

---

① 《奥巴马访问以色列生怕"友谊秀"没做足》，https://www.chinanews.com/gj/2013/03-22/4665946.shtml。

② 《奥巴马：美国不承认巴勒斯坦是主权国家》，https://world.huanqiu.com/article/9CaKrnJGEnM。

③ 王锦：《特朗普的中东政策及其前景》，载《现代国际关系》，2018 年第 8 期，第 34—39 页。

定能源市场而努力,但是美国也认识到,无论是推动中东国家实现民主转型还是脱离中东,都无法使美国从乱局中轻松脱身。"①

(二) 特朗普政府时期对中东主要国家的外交政策

1. 修复与沙特、以色列的关系

沙特在美国中东战略中的地位随着特朗普政府新的中东战略的出台而迅速提升,在奥巴马政府时期恶化的美沙关系得到了修复。2017年5月,特朗普首次出访沙特,并签署了总价超过1100亿美元的武器装备销售合同。2018年3月,沙特王储穆罕默德 (Mohammed Bin Salman) 访问美国,与美国政界、商界等多个领域的人士广泛接触,表达了寻求美国支持的意愿,获得了特朗普的积极回应。特朗普表示,将继续支持沙特的 "2030愿景",并表示美沙关系处于 "历史上的最好水平,而且会变得更好"。② 另外,尽管遭到了国际社会和联合国的批评,美国还是对沙特干预也门内战的行为表达了支持。③

在巴以问题上,特朗普政府选择了彻底偏袒以色列的立场,同时也认为巴以冲突在中东乱局中的重要性有所下降。2017年5月,特朗普访问以色列,他戴着犹太教帽子 "基帕" 在哭墙前静思,成为首位在任职期间访问哭墙的美国总统,此举表达了美国对以色列的支持。同年12月,特朗普宣布承认耶路撒冷为以色列首都,并着手推进美国驻以色列使馆的搬迁计划。2018年3月,内塔尼亚胡访问美国,双方围绕《伊朗核协议》和巴以和谈等核心问题进行了沟通。此次访问被称为 "史上最佳" 的美以关系状态。特朗普还不断强调,伊朗影响力

---

① "National Security Strategy of the United States of America", https://www. whitehouse. gov/wp-content/uploads/2017/12/NSS-Final-12-18-2017-0905. pdf.

② "Remarks by President Trump and Crown Prince Mohammed Bin Salman of the Kingdom of Saudi Arabia Before Bilateral Meeting", https://www. whitehouse. gov/briefings-statements/remarks-president-trump-crown-prince-mohammed-bin-salman-kingdom-saudi-arabia-bilateral-meeting/.

③ Tamara Qiblawi, "Trump Says Saudi King Wouldn't Last 'Two Weeks' Without U. S. Support", https://edition. cnn. com/2018/10/03/politics/trump-saudi-king-intl/index. html.

不断扩张和以"伊斯兰国"极端组织为代表的极端主义势力才是目前中东和美国的最可怕威胁。[①]

2. 回归对伊朗的强力打压政策

特朗普政府的中东外交政策较奥巴马政府时期的最大改变是回归对伊朗的强力打压立场。2017年起，特朗普政府不断指责伊朗是"输出暴力、血腥和混乱的头号恐怖国家"，并对伊朗等中东7国实施了"禁穆令"等措施。2018年5月8日，特朗普批评《伊朗核协议》是"最糟糕、灾难性的协议"，并宣布美国单方面退出该协议。对此，《纽约时报》等美国主流媒体评论称，退出《伊朗核协议》是特朗普上任15个月来作出的"最影响国家安全的决定"。同年11月5日起，美国重新启动2003年至2015年间的对伊制裁措施，制裁重点是伊朗的石油出口。2019年5月2日，美国宣布不再给予任何进口国豁免，即任何进口伊朗石油的国家或地区都将受到美国的制裁；次日，美国国务院又宣布对伊朗实施新的制裁措施，如禁止向伊朗布什尔核电站提供支持，禁止伊朗将重水运往国外和进一步从事铀浓缩活动等。[②]

使美国和伊朗关系进一步陷入尖锐矛盾的，莫过于特朗普下令刺杀苏莱曼尼（Qasem Soleimani）事件。2020年1月3日，伊拉克巴格达机场道路发生爆炸，伊朗伊斯兰革命卫队"圣城旅"司令苏莱曼尼在此次爆炸中丧生。在打击"伊斯兰国"极端组织期间，苏莱曼尼曾经指挥什叶派民兵帮助伊拉克夺回了多个城镇的控制权，其个人威望与其领导下的跨国什叶派军事联盟的影响力迅速提升。在苏莱曼尼的运作下，"圣城旅"规模迅速扩张，短期内招募到了1.5万名成员，军事力量遍布中东地区。因此，美国对此产生了强烈的仇视情绪和高度警惕。被称为"伊朗军神"的苏莱曼尼去世的消息传开后，伊朗国民

---

① "Remarks by President Trump and Crown Prince Mohammed Bin Salman of the Kingdom of Saudi Arabia Before Bilateral Meeting", https://www.whitehouse.gov/briefings-statements/remarks-president-trump-crown-prince-mohammed-bin-salman-kingdom-saudi-arabia-bilateral-meeting/.

② 《美国宣布将对伊朗实施新制裁》，https://tv.cctv.com/2019/05/04/VIDExaKyLKIaxjDsIC5bx0Bi190504.shtml.

对美国的激愤情绪被迅速点燃，伊朗最高领袖哈梅内伊发表声明，称赞苏莱曼尼是为国牺牲的烈士，并表示要对美国实施"强烈的报复"。此次事件被认为是美国对2019年12月27日其在伊拉克的军事基地遇袭的报复行为。① 苏莱曼尼被刺杀一事引发了美国各界对美伊两国关系进一步陷入僵局、进而可能导致地区大规模冲突的担忧。美国《纽约时报》称，此次事件是特朗普政府"极限施压"伊朗政策的重大升级，即从单纯的经济制裁走向军事打击。②

另外，特朗普在利雅德的讲话中，还把伊朗同全球恐怖主义的泛滥联系在一起，表示："从黎巴嫩到伊拉克，再到也门，伊朗资助和训练恐怖分子、民兵和其他的极端主义组织。"因此，特朗普呼吁所有的"良知国家"共同努力，孤立伊朗现有的政权，剥夺伊朗资助恐怖主义的资金，此举意在将伊朗视为全球极端主义和恐怖主义的组织者和煽动者。③

3. 试图推动与阿拉伯国家的合作走向机制化

特朗普政府还不断说服阿拉伯国家，声称"伊斯兰国"极端组织和伊朗影响力的不断扩大这两个问题的重要性远远大于巴勒斯坦问题。特朗普政府在2018年7月恢复了对埃及的1.95亿美元军事援助，以修复美埃关系。另外，特朗普政府还试图将美国与盟友之间的合作推向机制化。沙特和以色列向美国提出，美国和6个逊尼派穆斯林的阿拉伯国家即巴林、科威特、阿曼、沙特、卡塔尔和阿联酋，再加上埃及和约旦，共同组建类似北约的"中东战略联盟"（MESA）。他们对"中东战略联盟"的构想是成员国就联合军事演习和训练、反恐、导弹

---

① Azhar Al - Rubaie, "Iraqi Protesters on the Killing of Qassem Soleimani: The Protests Will Continue", https://www. washingtoninstitute. org/policy - analysis/iraqi - protesters - killing - qassem - soleimani-protests-will-continue.

② 同①。

③ 扎基·沙洛姆、科比·米迦勒、程晓雪:《从奥巴马到特朗普:在中东政策上的连续性与变化》,载《国外社会科学文摘》,2018年第1期,第35页。

防御等多个方面加强合作，同时开展经济和外交上的协调。① 至此，"美国-以色列-沙特"为轴心的联盟和"俄罗斯-土耳其-伊朗"的联盟在中东基本形成。

4. 对倒向俄罗斯的土耳其进行制裁和打压

在特朗普执政时期，美国与土耳其的关系走势直接受到了土耳其与俄罗斯的关系的影响，俄土两国的不断走近让美土关系随之恶化。2018 年 4 月 3 日，俄罗斯总统普京访问土耳其，与埃尔多安一起观看了俄方承建的土耳其阿库尤核电站开工仪式，该核电站共建项目也被视为土耳其"2023 愿景"的重要组成部分，旨在减轻土耳其对能源进口的依赖。双方会晤后决定将继续推进防务领域的合作，俄方将向土耳其交付俄制 S-400 防空导弹系统。S-400 防空导弹系统无法与北约防空系统兼容，因而招致了美国等西方国家的强烈反对。土耳其则指出，正是因为北约拒绝了土耳其购买导弹防御系统的要求，土耳其才转而向俄罗斯购买 S-400 防空导弹系统。②

2019 年 10 月，土耳其控制叙利亚北部第二座城市后，特朗普政府对土耳其的行为极为不满。10 月 14 日下午，美国副总统彭斯和财政部长姆努钦宣布，特朗普签署行政命令，正式对土耳其实施制裁，包括：对相关土耳其官员实施制裁；对土耳其的钢材关税率提高到 50%，回到 5 月减税前的水平；立刻停止与土耳其方面关于 1000 亿美元的贸易协议谈判等。该行政命令涉及的范围包括"土耳其在美国的所有财产和权益"。③

---

① Yasmine Farouk, "The Middle East Strategic Alliance Has a Long Way to Go", https://carnegieendowment. org/2019/02/08/middle-east-strategic-alliance-has-long-way-to-go-pub-78317.

② Marc Pierini, "Turkey's All-out Diplomacy", https://carnegieeurope. eu/strategiceurope/77557.

③ 《特朗普签署行政命令正式对土耳其实行制裁》, https://www. guancha. cn/internation/2019_10_15_521293. shtml。

三、拜登政府时期的美国中东战略与外交走势

(一) 拜登政府时期的中东战略

2021年拜登政府上台后,将结束"无休止的战争"、重返《伊朗核协议》和推行价值观外交作为其中东战略的三大优先任务,其政策目标主要是遏制中国、俄罗斯和伊朗,体现出了强烈的重新掌握对中东事务主导权的意愿。总体而言,拜登政府的中东战略主要涵盖以下几个方面。

一是确保掌控中东能源和海湾通道。美国将会继续防止伊朗和其他国家控制霍尔木兹海峡、曼德海峡和苏伊士运河等自然资源通道,避免其落入竞争对手手中。二是恢复《伊朗核协议》和确保地区核不扩散。2021年12月17日,美国政府官员在白宫的发言中表达了对退出《伊朗核协议》的严重担忧,认为这不仅会导致伊朗核计划危险升级,还会威胁美国盟友沙特和以色列的安全。三是要继续管控地区冲突。在伊朗、以色列、土耳其和沙特等"核心国家"之间,还存在着一个由伊拉克、叙利亚、巴勒斯坦、黎巴嫩、也门和利比亚组成的"中间地带",是域外大国和地区强国利用代理人进行利益博弈的关键场所。这种安全格局的"碎片化"趋势将会延续。美国将继续通过经济和军事援助以及外交支持等手段协助以色列发展安全治理能力,继续通过推动以色列与阿拉伯国家的和解来管控巴以冲突。四是联合中东盟友遏制中国与俄罗斯的地区影响力。美国将努力阻止海湾国家和以色列与俄罗斯或中国走近。①

(二) 拜登政府时期对中东主要国家的外交策略

2021年3月3日,拜登政府发布了《过渡时期国家安全战略指

---

① Leonardo Jacopo Maria Mazzucco and Kristian Alexander, "Growing Pains: The Promise and Reality of Biden's Middle East Policy", https://www.washingtoninstitute.org/policy-analysis/growing-pains-promise-and-reality-bidens-middle-east-policy.

南》，初步概述了新一届政府的外交和安全优先事项。同日，美国国务卿布林肯发表讲话，详细解释并扩展了该战略指南中谈到的一些具体问题，意在与特朗普时代的安全和外交战略作出决裂。拜登政府承诺：将会"重振"美国的联盟体系并推动其现代化，该联盟体系囊括了北约、美洲、印太和非洲的重要伙伴国家；恢复美国在国际组织中的"领导地位"；强调在应对中东地区挑战时，应该首先考虑外交手段而不是动用武力和军事手段。该文件还提出了"美国在全世界应该做什么才能提高综合国力？应该在国内做些什么才能在世界上变得更为强大？"等问题，更加强调美国国内政治与美国综合国力对维护其"全球领导地位"的重要意义。在这份文件中，拜登政府还指出："美国的头号敌人是那些满怀敌意的专权国家。"[①]

1. 因能源和安全问题与沙特关系再度陷入紧张

拜登政府时期的美国与沙特关系再次面临着诸多挑战。首先，与特朗普政府时期有所不同的是，在拜登还是总统候选人时，就曾经将沙特人称为"贱民"（pariah）。其次，在沙特看来，美国忽略了伊朗核问题带来的威胁，美国还拒绝对也门胡塞武装采取行动，没有履行其军事盟友的职责。沙特对美国的印象因此大打折扣。

而俄乌冲突引发的油价迅速攀升，则是导致沙特与美国关系再次交恶的一个重要导火索。当油价攀升到将近每桶 140 美元时，美国和英国等西方国家为如何控制油价和摆脱对俄罗斯的能源依赖而慌乱不已。为了稳定石油价格，美国敦促沙特和阿联酋增加石油产量，但遭到了沙特与阿联酋的拒绝。对此，2022 年 3 月 24 日，美国《外交政策》杂志以《沙特王储穆罕默德·本·萨勒曼对拜登有影响力，并且正在利用它》为题发表评论文章称，能源危机让沙特看到了报复美国的机会。该文章还指出，这是一个重大的政治决定，沙特等国家选择

---

① Leonardo Jacopo Maria Mazzucco and Kristian Alexander, "Growing Pains: The Promise and Reality of Biden's Middle East Policy", https://www. washingtoninstitute. org/policy－analysis/growing－pains-promise-and-reality-bidens-middle-east-policy.

放任石油价格上涨表明，海湾国家不再认为有必要继续和美国站在一起，而是应该与志同道合的国家建立新联盟。[1]

2．与土耳其的关系继续受到俄土关系的制约

在拜登政府时期，尤其在美国与俄罗斯两国关系因俄乌冲突而急剧恶化时，土耳其却并没有倒入西方世界的怀抱并与俄罗斯对抗。虽然有观点认为，在西方世界对俄罗斯执行严厉制裁后，土耳其可能会采取中立态度，抑或土耳其会加入西方世界共同反对俄罗斯的联盟当中，[2]但事实证明，土耳其对俄乌冲突的态度显示出了其既不愿意冒犯俄罗斯，也不愿意令美国十分不快的复杂立场。一方面，2022年2月25日，土耳其国防部长阿卡尔（Hulusi Akar）与乌克兰国防部长列兹尼科夫（Oleksiy Reznikov）讨论了对乌克兰提供人道主义援助的问题，并于随后通过波兰将援助送到了乌克兰境内。另一方面，土耳其决定限制俄罗斯战舰出入黑海的自由。这些行动似乎表明，土耳其的立场更倾向于支持其北约盟友。然而，在很多专家看来，土耳其这些行为只是出于一种便利的考虑，而并非能够表明美国和土耳其的关系真正开始缓和。[3]另外，在拜登政府时期，美国在叙利亚东北部地区的政策是导致两国关系继续交恶的又一个重要因素。在美国看来，土耳其在某种程度上与俄罗斯有一定的相似之处，土耳其虽然在军事整体实力方面不占优势，但却有着开疆拓土的野心。

3．与伊朗的敌对关系难以扭转和改善

从特朗普政府时期的美国与伊朗的紧张关系来看，拜登政府时期很难在此基础上实现突破。双方一直在伊朗核问题和伊朗在伊斯兰世界影响力不断扩张等问题上存在分歧。2021年8月27日，拜登会见了以色列总理贝内特。在会晤中，贝内特介绍了针对伊朗的"凌迟"战

---

[1] 《美媒：这次，沙特王储看到了报复美国的机会》，https://baijiahao. baidu. com/s？id = 1728441123020755113&wfr=spider&for=pc。

[2] Hasim Tekines, "Turkey's Clumsy Juggling Between the United States and Russia", https://www. washingtoninstitute. org/policy-analysis/turkeys-clumsy-juggling-between-united-states-and-russia.

[3] 同[2]。

略，在军事、外交和经济等多个领域采取强硬行动，用"组合拳"来打击伊朗；贝内特还表示，以色列和伊朗的对峙如同冷战时期的苏联和美国；他请求美国政府不要从伊拉克和叙利亚撤军，要长期警惕伊朗在伊斯兰世界的影响力。而拜登则在会晤中表示，如果以外交途径解决伊朗核问题失败，美国会采用其他方式。

2021 年 8 月 28 日，伊朗最高领袖哈梅内伊在会见莱西政府内阁成员时批判美国，称美国外交是"一匹等着掠食的狼和一只狡猾的狐狸"，同时强调，拜登政府与特朗普政府没有任何区别。美以双方共同对伊朗采取的警惕、防范和打压的立场，让伊朗对美国的仇视情绪进一步升级。

4. 与以色列关系的热度较特朗普政府时期有所下降

在拜登即将就任美国总统之际，以色列就开始担忧拜登政府会放弃对伊朗施压的态度。2021 年 1 月，在拜登刚刚就职总统之后，以色列就开始修改与伊朗可能发生冲突的军事方案，同时还在决策上作出调整，以适应可能与拜登政府在伊朗核问题政策上出现的分歧。① 后来的事实也表明与特朗普政府相比，拜登政府在巴以问题上缺乏主导事态发展的信心。与特朗普强势倒向以色列的立场相比，拜登政府更多地显示出了"力不从心"的迷茫感。

然而，拜登政府并没有改变美国长期以来偏袒以色列的政策基调。2021 年 5 月，巴以双方再次爆发军事冲突。截至 5 月 16 日晚，哈马斯从加沙地带向以色列发射了超过 3000 枚火箭弹，以色列也进行了报复，对加沙地带发动大规模空袭，共造成近 200 名巴勒斯坦人死亡。5 月 17 日，有关人士向《华盛顿邮报》透露，拜登政府已经批准向以色列出售价值 7.35 亿美元的精确制导武器，其主要部分是联合直接攻击

---

① 包小龙:《如狼似虎！伊朗最高领袖哈梅内伊批美外交:拜登政府和特朗普政府没有不同》,载《环球时报》,2021 年 8 月 30 日。

炸弹（JADM）。① 以色列曾经从美国购买大量此类武器用于对巴勒斯坦的军事打击行动。

当然，无论美国政府如何调适和改变其中东战略、中东外交措施、中东政策重点，美国中东战略和在中东利益诉求的底线是不变的。根据曾经深度参与美国中东战略制定的美国布鲁金斯学会萨班中东政策中心研究员波拉克（Kenneth Pollack）的观点，美国在中东最重要的利益涵盖4个方面：稳固的亲美阿拉伯国家联盟体系，长期支持以色列；核不扩散；中东地区的安全与基本稳定；中东石油安全稳定输出等。②

第二节　俄罗斯的中东战略演变和联盟策略变迁

俄罗斯是冷战后美国在中东地区进行利益博弈最大的对手，双方都制定了不同的中东战略，采取了不同风格的结盟策略，试图最大限度地扩充自己的势力范围。

一、俄罗斯中东战略的演变

1999年12月31日，普京接替叶利钦开始掌管俄罗斯国家事务，试图在极为匮乏的外交资源基础上打开新的局面。普京不断摒弃苏联在冷战时期的外交手段和指导原则，紧密贴合俄罗斯现实利益去实施新的外交战略。2013年起，俄罗斯中东战略进入了积极扩张时期，开始利用外交、军事、经济等多种手段，扩张在中东地区的利益范围。普京试图打破"西方中心主义"，重塑俄罗斯的世界影响力。2015年9月28日，普京在联合国大会上发表演讲称："大家都知道，自从冷战结束以来，整个世界的主导权掌握在一个绝对强国手中。它站在金字

---

① 《拜登政府批准向以色列出售武器》，https://baijiahao.baidu.com/s？id=17000534 25987493351&wfr=spider&for=pc。

② Kenneth M. Pollack, *A Path out of the Desert：A Grand Strategy for America in the Middle East*, New York：Random House, 2008, pp. 37−82.

塔的顶部，所以无须顾虑联合国的任何决定。"① 俄罗斯还谴责了北约于 2011 年出兵干预利比亚内战的行为。

（一）中东地区对俄罗斯的战略价值

具体而言，俄罗斯不断加大对中东地区的介入力度是出于对历史和现实多方面利益因素的考量：

首先，从历史上来看，中东地区一直是俄罗斯发挥影响力的重要地区。俄罗斯与西方世界的重大利益斗争，有相当一部分发生在中东地区。例如：在 19 世纪末到 20 世纪初，沙俄与欧洲列强酿成的"东方问题"最终引发了第一次世界大战，并导致了奥斯曼帝国的覆灭；沙俄与英国在伊朗建立了势力范围。冷战时期，中东地区是苏联与美国进行利益博弈的重要战场。苏联南部紧邻中东各国，其国家安全很大程度上受到中东地区局势的影响；中东还是苏联控制地中海的必经通道，是和美国进行力量博弈的重要支撑点。②

其次，中东地区是俄罗斯抵抗西方世界压力的重要缓冲地带。冷战结束后，北约不断东扩，甚至延伸至俄罗斯边境地区；美国采取多种制裁措施并号召其他西方国家加入制裁俄罗斯的行列，对俄罗斯经济社会发展造成冲击。2014 年的乌克兰危机，让俄罗斯与西方世界的政治沟通更为艰难。在这种情况下，中东地区对俄罗斯的价值进一步凸显。在中东开辟新的利益增长点以缓和国内因各种矛盾而造成的危机，转移西方国家制裁带来的负面影响，成为俄罗斯对抗西方世界的希望。

再次，中东地区的安全态势直接波及俄罗斯的国家安全。无论是"颜色革命"还是"阿拉伯之春"以及后来的"伊斯兰国"极端组织，

---

① "70th Session of the UN General Assembly", http://en. kremlin. ru/events/president/news/50385.

② 朱长生：《俄罗斯中东战略的新动向及其影响》, 载《当代世界》, 2020 年第 6 期, 第 35—38 页。

都是中东地区安全局势恶化的典型表征。叙利亚、黎巴嫩和也门等国政局动荡,反对派与政府之间纷争不断,国际极端主义和恐怖主义趁机坐大,逊尼派与什叶派为争夺势力范围向外求助大国势力支持,暴力动荡成为多个中东国家的"常态",这些都给俄罗斯和独联体国家的政权稳定和社会安全带来了冲击。俄罗斯从维护自身和盟友安全的角度出发,必须对中东地区的重大安全事务拥有一定的影响力。

最后,中东地区是俄罗斯在经济贸易、武器装备和能源等多个领域开展合作的重要场所,是为俄罗斯经济不断"输血"的重要基地。俄罗斯与中东国家的石油储量和产量分别占据全球总量的60%和50%,天然气储量和产量也分别占据全球总量的63%和40%,可谓世界最丰富的能源地带。[①] 因此,牢牢把握对中东地区能源生产的影响力,以及保持与相关国家缔结能源协议的主动地位,是俄罗斯长期高度重视的战略任务。

(二)俄罗斯中东战略的演变

普京在2000年开始执政后,首先抛弃了苏联在冷战时期的意识形态工具,推出了以维护本国利益为最高宗旨的务实的外交策略。该时期的俄罗斯根据中东国家的不同类型制定了不同的策略,如将叙利亚定义为重要战略盟友等共计5种外交策略。[②] 在这一时期,俄罗斯在中东地区成功地拉拢了一批睦邻友好国家,大大改善了苏联在冷战时期遗留下的相对不利的外部环境。

随着时间的推移,中东地区陷入了愈加严重的动荡之中。但从某种程度上来说,这在客观上为俄罗斯在该地区拓展战略空间和提高国际影响力等提供了机会。而美国在中东逐步进行战略收缩、将战略关注转移至亚太地区的新动态,则为俄罗斯进一步提升在中东地区的影

---

① 朱长生:《俄罗斯中东战略的新动向及其影响》,载《当代世界》,2020年第6期,第35—38页。
② 邵丽英:《以内政为轴心的外交——普京时期俄罗斯对中东外交政策评析》,载《西亚非洲》,2007年第1期,第43页。

响力创造了条件。2011 年"阿拉伯之春"和叙利亚内战等事件的爆发，更是被俄罗斯视为回归中东舞台的重要契机。在对世界局势与所面临的外部环境作出判断后，俄罗斯结合本国实际利益需求和综合实力水平，采取了灵活且务实的战略手段介入中东事务。俄罗斯外交部公布的《俄罗斯外交战略报告（2015—2020）》强调，俄罗斯的对外战略要为维护国家安全和拓展经济利益服务。而中东地区是俄罗斯构建大周边稳定安全环境、打击恐怖主义和预防西方世界政治打压和控制的主战场。① 总体而言，俄罗斯的中东战略包含了以下几个方面的核心理念。

首先，俄罗斯强调，要利用差异化外交策略，以实现资源使用价值最大化。俄罗斯首先从外交资源的利用上作出了具体的分析，强调对不同价值的外交目标采取不同的外交策略，以实现外交效果的最优化。在与俄罗斯利益关联度较高的地区如东地中海沿岸，俄罗斯维护与加强和传统盟友如叙利亚、埃及的合作关系，以建立起俄罗斯在中东地区的完整利益保护链。

其次，用最低的资源成本实现在中东地区最大的利益目标，是俄罗斯对中东地区战略的核心指导原则。虽然在普京执政的不同时期，俄罗斯对中东地区的战略侧重点有所不同，但自普京接手俄罗斯国家事务后，特别强调要优先考虑能否满足俄罗斯国家利益，以及坚决避免用高昂代价去换取不匹配的利益的冷战外交思维。2000 年，《俄罗斯外交政策构想》提出，"俄罗斯外交方针至高无上的目标是保护个人、社会和国家的利益"，同时强调确保国家安全、捍卫主权和领土完整排在国家利益的首位。② 2004 年，他再次重申了该原则。普京还指出，应该彻底放弃过去那种动辄以武力威胁、事实上又可能无法真正

---

① Póti László, "Russian Policies Towards the MENA Region", https://www.iai.it/sites/default/files/menara_wp_9.pdf.

② 《从新版俄罗斯外交政策构想看俄罗斯外交方向》，http://www.chinaru.info/News/shizhengyaowen/18475.shtml。

执行到底的外交策略，这会削弱俄罗斯行动的"可信度"。避免用对抗性的手段来解决外交问题，尤其要避免为那些与国家安全和主权完整无关的国家利益而卷入不必要的冲突。

最后，俄罗斯利用其在中东的战略支点挑战美国在中东的地位，试图实现对美国的"战略逆袭"。2011年叙利亚内战爆发，使叙利亚与俄罗斯的传统盟友关系得到了发挥机会。随后，俄罗斯在2015年介入叙利亚打击"伊斯兰国"极端组织的行动中，联合叙利亚、伊朗、伊拉克建立国际联合情报中心，还和叙利亚反对派进行了有效接触。2015年11月3日，据俄罗斯军方称，俄罗斯军机当天在叙利亚反对派的协助下，对叙利亚境内的24处"伊斯兰国"极端组织目标实施轰炸，摧毁了恐怖分子的一处指挥所、一座弹药库和12处炮兵和火箭炮阵地。这也是同年9月30日俄罗斯空军开始轰炸叙境内"伊斯兰国"极端组织目标以来，俄方首次宣布与叙利亚反对派展开合作。俄罗斯外交部副部长博格丹诺夫（Mikhail Bogdanov）还称，无论在打击恐怖主义还是推动叙利亚政治和解进程方面，俄罗斯与叙利亚反对派的接触都"有益有效"。[1] 这一系列动作打击了美国在中东地区的传统优势地位，俄罗斯在中东地区的影响力得到了迅速的提升。显然，俄罗斯从被动转为主动，与其早期对中东地区形势的正确分析有很大的关系。早在普京的第一届总统任期内，他领导的外交智囊团就判断，当前的国际形势是一个"多层次、快速变化的国际和国家间体系"，中东地区诸国在未来的国际关系体系中必将发挥重要作用，俄罗斯应该对这一前景作出充分的准备，做到未雨绸缪。[2]

---

[1] 《俄军首次与叙利亚反对派合作 轰炸24处IS目标》，http://www.xinhuanet.com/world/2015-11/05/c_128393642.htm。

[2] 俄罗斯外交与国防政策委员会：《俄罗斯战略：总统的议事日程》，北京：新华出版社，2003年版，第59页。

二、俄罗斯在中东地区的积极结盟策略

在美国和俄罗斯各自中东战略演变和相互作用下，以俄罗斯为主要域外大国、伊朗为什叶派主要领导国家、叙利亚为重要战略支点的一方联盟阵线开始逐步成型，以对抗以美国为主要域外大国、沙特为逊尼派主要领导国家、囊括以色列等国的另一方联盟阵线。尽管土耳其出现摇摆姿态，但也一直是俄罗斯争取的联盟对象之一。

（一）将叙利亚视为俄罗斯在中东地区重要战略支点

叙利亚是俄罗斯在中东地区的重要盟友，两国友好关系从苏联时期就已经开启，叙利亚复兴党一直奉行对俄罗斯友好政策。俄罗斯在中东唯一的海外军事基地设置在叙利亚。叙利亚也是俄罗斯重要的贸易伙伴，俄罗斯对叙利亚总投资在 2019 年年底已经达到了 200 亿美元。叙利亚还是俄罗斯借以影响土耳其、黎巴嫩、约旦、伊朗、埃及和利比亚等国家的重要支点，[①] 是俄罗斯借以恢复大国地位的重要基地，也是证明自己有能力在中东地区事务上与美国竞争的"试验田"。

值得注意的是，由于俄罗斯在叙利亚事务上具有重要影响力，黎巴嫩也成了俄罗斯扩展影响力的地区。在俄罗斯看来，叙利亚和黎巴嫩在安全和经济方面是"密不可分的"（interrelated），即任何一方的动荡马上会冲击另外一方的安全。由于俄罗斯在叙利亚派驻了军队，很容易通过黎叙边境进入黎巴嫩。近年来，俄罗斯方面与黎巴嫩境内各派势力，如逊尼派、什叶派、德鲁兹人以及基督教社区等均保持着密切沟通。而陷入经济危机和政治僵局的黎巴嫩也迫切希望能从俄罗斯获得支持。[②] 在这种背景下，俄黎双方的互动日益频繁。2020 年 8 月 13 日，俄罗斯外交部发言人扎哈罗娃（Maria Zakharova）在谈到黎

---

① 余建华：《俄罗斯中东战略"四两拨千斤"：不仅化解叙危机，还把国旗插到了美军废弃基地上》，https://wenhui.whb.cn/third/baidu/201912/31/311532.html。

② Daniel Rakov and Orna Mizrahi, "Enhanced Russian Involvement in Lebanon?", https://www.researchgate.net/publication/351824632_Enhanced_Russian_Involvement_in_Lebanon。

巴嫩首都贝鲁特港口在当月 4 日发生爆炸的事件时表示，俄罗斯希望黎巴嫩各方团结一致，共同缓解国内紧张局势。① 2022 年 3 月 5 日，黎巴嫩总统俄罗斯事务顾问扎伊德（Amal Abu Zaid）在首都贝鲁特会见了来访的俄罗斯总统中东和非洲国家事务特别代表、外交部副部长博格丹诺夫，双方就俄乌冲突以及中东局势交换了意见。② 显然，俄罗斯有意愿扩大在黎巴嫩的影响力，并将这种联系视为确保俄罗斯在叙利亚以及地中海东部地区利益的重要支撑，黎巴嫩则认为，获得俄罗斯的支持能够更有利于拓展外交空间，使其获得更多的支持和援助。③

（二）沙特成为俄罗斯在中东全方位外交中的争取对象

普京自 2000 年执政后就将沙特视为俄罗斯在中东进行全方位外交的重要目标之一，"9·11"事件成为双方关系缓和的契机。2003 年 9 月，沙特王储阿卜杜拉（Abdullah Bin Abdulaziz Al Saud）访问俄罗斯，极大地推动了双边关系的改善。在此次访问中，沙特承认车臣问题是俄罗斯的内政并支持俄罗斯在车臣的反恐行动；在宗教关系上，阿卜杜拉表达了尊重俄罗斯宗教多样性的立场；在经贸关系上，两国签署了多项合作协议。沙特媒体将此次访问赞誉为"开辟了沙特与俄罗斯关系的新纪元"。④ 2007 年 2 月，普京对沙特进行回访，两国关系再次升温。

然而，在 2011 年叙利亚内战爆发后，沙特和俄罗斯在对叙利亚政府的立场上发生分歧，关系再次疏远。2011 年 11 月，在沙特的干预下，阿拉伯国家联盟终止了叙利亚的成员国资格；2012 年 3 月，沙特

---

① 《俄罗斯呼吁黎巴嫩各方团结一致化解危机》，https://world. huanqiu. com/article/3zSbS6Z Hkhv。

② 《俄罗斯中东问题特使访问黎巴嫩》，https://i. ifeng. com/c/8E7kvvjI2Ai。

③ Daniel Rakov and Orna Mizrahi, "Enhanced Russian Involvement in Lebanon?", https://www. researchgate. net/publication/351824632_Enhanced_Russian_Involvement_in_Lebanon。

④ 吴大辉、阿扎马特：《非敌非友：俄罗斯与沙特的"非常伙伴"关系》，载《世界知识》，2017 年第 22 期，第 43—44 页。

宣布与叙利亚中断外交关系。2015 年俄罗斯出兵叙利亚后，沙特指责俄罗斯是以打击"伊斯兰国"极端组织的名义来打击叙利亚反对派；10 月 1 日，沙特常驻联合国代表穆阿利米（Abdallah Y. Al-Mouallimi）再次指责俄罗斯的空袭造成了大量平民的伤亡，必须马上停止。① 总之，在"伊斯兰国"极端组织于叙伊两国兴起壮大之前，俄罗斯与沙特分属中东两大对立阵线，尤其在伊朗核问题等关键问题上，两国立场分歧尤为明显。但两国依然尝试过寻找双方利益的最大公约数，如对抗来自美国的压力、处理伊朗核问题、维护共同的原油出口、管控中东的地区冲突等。

（三）俄罗斯与土耳其和以色列关系灵活协调

1. 与土耳其的关系演变

在苏联时期，由于土耳其是北约成员国，土耳其和苏联的关系非常紧张。20 世纪 80 年代，土耳其和苏联签署了石油购买协议。在叶利钦执政时期，俄罗斯和土耳其的矛盾焦点在于双方都希望在高加索和中亚地区争夺更大的影响力，因为该地区居住着几百万土耳其族人。1997 年，俄罗斯与土耳其签署了天然气管道协议，双方决定在黑海共同建造天然气管道，并向土方出售大量天然气。普京上台后，俄土关系得到了明显改善。2000 年 10 月，俄土两国签署了一系列合作协议。② 随后的 15 年里，俄土关系升温，双边旅游和经贸往来加强。尽管两国关系在该时期也出现了一些波折，但双方的经贸关系持续增强。③ 2015 年 11 月 24 日，土耳其击落了一架飞入其领空的俄罗斯飞机，俄土关系再度紧张，两国的旅游和农产品贸易受到影响，另外，在如何对待叙利亚库尔德武装和库尔德民主联合党（PYD）上双方也

① 《困境与前景：俄罗斯与沙特战略关系述评》，https://www.sohu.com/a/208799791_610290。

② Robert O. Freedman, "Russian Policy Toward the Middle East Since the Collapse of the Soviet Union: The Yeltsin Legacy and the Putin Challenge", *Middle East Journal*, Vol. 55, No. 1, 2001, pp. 58-90.

③ Robert O. Freedman, "From Khrushchev and Brezhnev to Putin: Has Moscow's Policy in the Middle East Come Full Circle?", *Contemporary Review of the Middle East*, Vol. 5, No. 2, 2018, pp. 102-115.

存在一定分歧。早在 2012 年年末，叙利亚政府军和反政府武装在库尔德人居住的艾因（Ras al-Ayn）发生冲突，库尔德人趁机占领了当地政府机构和安全设施，叙利亚反对派随后攻击库尔德人在艾因地区的一个检查站，并打死了一名库尔德民主联合党成员，库尔德人从此卷入叙利亚内战之中。叙利亚库尔德武装一方面成功抵挡住了反对派武装的攻击，另一方面也先后在美国和俄罗斯的支持下将大量"伊斯兰国"极端组织恐怖分子驱逐出叙利亚，对土叙边境地区具备了一定的控制能力。2016—2018 年，土耳其发动了两次针对叙利亚库尔德武装的越境军事行动，攻占了阿芙林（Afrin）地区和北部其他地区，但为了避免与美军发生直接冲突，土耳其军队保持克制，并未跨过幼发拉底河。①

然而，埃尔多安在 2016 年的一次公开讲话中表示，土耳其的外交政策让整个国家陷入孤立当中，与俄罗斯、埃及、以色列和伊朗的关系都开始恶化。为了修复与俄罗斯的关系，土耳其在同年 6 月 28 日就击落俄罗斯飞机事件正式道歉。2017 年 1 月，土耳其还与俄罗斯和伊朗共同发起了叙利亚问题阿斯塔纳会谈，以推动叙利亚境内政府军与反对派武装实现停火，并合作打击恐怖组织，同时促成叙利亚问题各方达成广泛共识以寻求危机解决方案。2021 年 2 月 17 日，土耳其与俄罗斯和伊朗一起参加了第 15 轮叙利亚问题阿斯塔纳会谈，并共同以阿斯塔纳进程担保国的身份宣布支持叙利亚主权、独立、统一与领土完整。②

2. 与以色列的关系演变

俄罗斯与以色列的关系并没有因为俄罗斯和伊朗的盟友关系而遭到破坏或挤压，无论是从族裔、宗教还是从能源利益或军火贸易来说，

---

① 《对美国失望 叙利亚库尔德武装或求助俄罗斯》，http://www.xinhuanet.com/world/2018-12/29/c_1210026598.htm。

② 《新一轮叙利亚问题阿斯塔纳会谈支持叙人民主导政治对话》，http://www.xinhuanet.com/world/2021-02/18/c_1127108260.htm。

以色列都是俄罗斯关切的对象。有大量俄罗斯裔的犹太人生活在以色列，两国在民族记忆、语言文化和精神诉求方面有较强的历史关联度；俄罗斯东正教在以色列也得到了长期的保护；以色列是俄罗斯影响美国犹太院外集团的桥梁，在协调美国和俄罗斯关系过程中，一定程度上扮演了沟通角色。因此，在巴以冲突的处理上，俄罗斯也选择承认以色列的地区大国地位。

叙利亚是影响俄以关系的一个重要因素。一方面，叙利亚是俄罗斯在中东地区的长期盟友。另一方面，为了遏制伊朗影响力的持续扩张，以色列也长期忌惮阿萨德政府与伊朗的友好关系以及伊朗在叙利亚的驻军。同时，以色列也希望能够尽可能地削弱俄罗斯在叙利亚事务上的影响力。此外，以色列还期待能够完全掌控叙利亚南部的戈兰高地，从而防止叙以交界区域成为逊尼派活跃地带。①

近年来，以色列的各种"复仇"行为也使俄以关系陷入紧张状态。2023 年 10 月 7 日新一轮巴以冲突爆发后，俄罗斯选择支持巴勒斯坦，谴责以色列的行为。在冲突爆发一周后，普京在吉尔吉斯斯坦的一次演讲中表示，尽管以色列有权进行自我防卫，但对加沙地带的"屠杀行为"无比残酷，几乎可与纳粹对列宁格勒的进攻相提并论。② 2024 年 4 月 1 日，以色列从戈兰高地方向对叙利亚首都大马士革的伊朗驻叙利亚大使馆发射了 6 枚导弹。俄罗斯马上强烈地抨击了此次行动，认为此举"违反了国际法，是完全无法接受的，必须马上停止"，并要求联合国安理会就此事马上召开会议，谴责这次"侵犯行为"。③

（四）俄罗斯与伊朗关系的双轨波动

俄罗斯与伊朗的关系呈现出双重特征，双方既有共同的利益诉求，

---

①　"Russia Says Israeli Attack on Iranian Consulate is 'Act of Aggression', Requests UNSC Meeting", https://www. jpost. com/breaking-news/article-794880.

②　Arkady Mil-Man and Bat Chen Feldman, "Russia-Hamas Relations and the Israel-Hamas War", https://www. jstor. org/stable/resrep54535.

③　同①。

又存在分歧。从与美国对立的方面来看，俄罗斯与伊朗具有一致性。无论是美国不断对俄罗斯施加政治、经济和军事上的压力，还是美国长期严厉制裁伊朗，以及将伊朗的中东盟友哈马斯、伊拉克什叶派人民动员力量（PMF）、黎巴嫩真主党等列为打击的对象，俄罗斯和伊朗都感受到了来自美国的敌意。另外，在叙利亚问题上，伊朗和俄罗斯对打击"伊斯兰国"极端组织和支持叙利亚阿萨德政府的态度基本一致。2012年普京在联邦会议演讲中提出要"向东看"，即以面向东方作为外交的新方向。2014年乌克兰危机后，俄罗斯进一步渴望得到东方国家的支持，伊朗由此也水到渠成地成为俄罗斯争取的对象。①

伊朗选择和俄罗斯走近有减轻来自美国制裁压力的现实考虑，但与俄罗斯也在某些方面存在矛盾。伊朗于2015年7月与美国、英国等国家签署了《伊朗核协议》后，俄罗斯方面表示："伊朗是在我们的帮助下才解除制裁的，他们竟然又购买了美国波音和空客的飞机。"② 另外，虽然俄罗斯和伊朗都支持打击"伊斯兰国"极端组织和阿萨德政府，但在叙利亚问题的具体处理上却存在分歧。伊朗赋予了叙利亚事务一定的意识形态和宗教色彩。2011年叙利亚内战爆发后，伊朗协调了黎巴嫩、伊拉克和阿富汗的什叶派民兵进入叙利亚。对于叙利亚战事进展，伊朗表现出了极为重视的态度，认为这场战争"只能胜利，不能失败，因为失败会给中东所有的什叶派带来灭顶之灾"。③ 同时，让伊朗感到不满的是，俄罗斯在与其保持友好合作关系的同时，也与以色列和沙特发展双边关系，这与伊朗的利益诉求在很大程度上是相悖的。

---

① 王晋：《美国影响下的俄罗斯与伊朗关系》，载《阿拉伯世界研究》，2021年第2期，第17—27页。

② Hamed Mousavi and Amin Naeni, "Iran and Russia Pivot to the East: Was It U. S. Pressure?", *Strategic Analysis*, Vol. 40, No. 6, 2016, p. 113.

③ Ali Hasherm, "In Syria, Iran Sees Necessary War", https://www.al-monitor.com/pulse/originals/2017/03/iran-syria-intervention-hamedani-quds-force-memoir.html.

（五）俄罗斯与伊拉克关系的改善

2003 年伊拉克战争爆发后，俄罗斯努力改善与伊拉克的关系，通过军事、政治和安全事务以外的领域，有效地提升了与伊拉克的双边关系，并打造了一个友善的形象。

俄罗斯从能源和经贸等领域入手，寻找俄伊合作的新空间。俄罗斯在伊拉克的能源投资额不断攀升。到 2020 年 2 月 11 日，俄罗斯联邦委员会经济政策委员会第一副主席费奥多罗夫（Yury Fyodorov）宣布，俄罗斯的石油和天然气公司将会增加在伊拉克的投资，增加到 3 倍左右，即增加 200 亿美元。[①] 2008 年 2 月，俄罗斯免除了伊拉克在苏联时期欠下的 129 亿美元的债务，签署了 40 亿美元的原油合同，该合同规定俄罗斯有权开采西古尔奈 2 号油田（West Qurna-2），该油田是世界第二大油田。2012 年，卢克石油公司（Lukoil）和俄罗斯天然气工业股份公司（Gazprom Neft）都进入了伊拉克库尔德人控制的能源市场。[②] 2017 年 6 月 6 日，俄罗斯石油巨头俄罗斯石油公司（Rosneft）和伊拉克库尔德地区政府（KRG）签署了一系列合作协议。根据协议，双方将会在油气勘探和生产、商业和物流领域进行合作，并同意货币化伊拉克库尔德地区的出口石油管道，根据产量进行分成。[③] 2018 年 12 月以来，俄罗斯在巴格达重新开放俄伊文化中心，该中心曾在 2003 年被迫关闭。[④]

2019 年，俄罗斯外交部长拉夫罗夫（Sergei Lavrov）会见伊拉克外交部长阿拉金姆（Mohamed Ali Al-Hakim）时指出："我们对于提升两

---

① 《俄石油和天然气公司计划再向伊拉克能源产业投资 200 亿美元》，https://www.thepaper. cn/newsDetail_forward_5918422。

② 《俄罗斯卢克石油欲觅中国伙伴开发伊拉克油田》，https://www.cppei.org.cn/hyzx/detail. asp?categoryId=1813&articleId=82296。

③ 《俄油和库尔德地区政府扩大油气勘探和生产领域合作》，http://www.oilsns.com/article/ 226374。

④ Anna Borshchevskaya, "The Geopolitical Stakes in Iraq", https://www.washingtoninstitute.org/ policy-analysis/geopolitical-stakes-iraq.

国的贸易、经济和投资合作关系非常感兴趣。"他还强调，俄罗斯与伊拉克对叙利亚的立场是一致的。① 随后，伊拉克驻俄罗斯大使曼哈迪（Haidar Mansour Hadi）指出，很高兴看到俄罗斯对提升双边关系有了更大的主动性，而且致力于解决本地区的安全问题。经济、贸易、文化等非军事方面的交流拉近了俄罗斯与伊拉克的距离，将会成为两国关系缓和的支撑。

第三节　中东博弈的"竞技场"：
"伊斯兰国"极端组织兴起前叙利亚与伊拉克的基本形势

多年来，叙利亚和伊拉克与也门和黎巴嫩等国家一起，被视为中东地区最常见的"代理人"国家，它们长期在域外大国如美国与俄罗斯，地区大国沙特、伊朗、以色列等国家组成的两大对抗阵线上，扮演了"竞技场"的角色。

一、叙利亚基本形势（2011—2014 年）

2011 年 3 月，叙利亚民众举行大规模示威游行，被政府镇压，反对派与政府之间的矛盾愈加尖锐，叙利亚内战爆发。2012 年 4 月 15日，联合国特派团先遣队抵达叙利亚。联合国秘书长潘基文呼吁叙利亚确保联合国特派团在叙利亚全境能够"自由"行动，还要求欧盟为联合国提供直升机，以增强特派团的机动能力。17 日，安南与阿拉伯国家联盟成员国高级官员会面，随后阿拉伯国家联盟委员会发表声明，敦促叙利亚各方结束武装活动和侵犯人权的行为，确保人道主义援助能够无障碍地交付给需要的群体。②显然，在"伊斯兰国"极端组织兴

---

① Anna Borshchevskaya, "The Geopolitical Stakes in Iraq", https://www.washingtoninstitute.org/policy-analysis/geopolitical-stakes-iraq.
② 《联合国先遣队走出大马士革 潘基文称暴力零星》，https://news.cntv.cn/world/20120419/107067.shtml。

起之前，叙伊两国局势已经非常令人担忧，从伊拉克战争到叙利亚内战再到"伊斯兰国"极端组织正式组建，叙利亚和伊拉克已经"上演"了国内外各派势力的各种矛盾与纷争。

（一）外部势力在叙利亚的互动效应

叙利亚内战爆发后，美国、俄罗斯、土耳其、沙特、以色列和伊朗等国家纷纷根据本国对叙利亚局势的判断及各自立场采取了不同的措施。

1. 支持叙利亚政府反对派的外部势力

首先，以美国为首的、包含了以色列和沙特在内的联盟阵线，选择了支持叙利亚反对派的立场，并采取了对叙利亚政府接连实施制裁的策略。这几个国家都将叙利亚视为伊朗扩大对什叶派影响力的重要平台，以色列还认为叙利亚可能会成为巴以冲突中倒向不利于以色列方向的重要因素。而土耳其在未能说服阿萨德政府进行政治变革后，转而和美国一起支持叙利亚的反对派势力。

其次，欧盟出于和美国类似的目的，从叙利亚内战爆发之初就出台了一连串的制裁措施。早在1995年3月，欧洲委员会就通过了"巴塞罗那进程"，即欧盟和地中海沿岸国家建立合作关系的方案，叙利亚成为其中一员。但是叙利亚随后多年的表现，如与伊朗保持密切关系，长期支持巴勒斯坦的哈马斯组织与黎巴嫩真主党等，让欧盟大失所望。法国与叙利亚关系的交恶也让欧盟加快了制裁叙利亚的步伐。2011年5月9日，叙利亚内战爆发不到2个月，欧盟就宣布对叙利亚实施首轮制裁，拉开了制裁的序幕。到2012年10月16日，欧盟对叙利亚进行了19轮制裁，制裁的个人对象达到181人，制裁的经济实体为54个。制裁的内容基本围绕金融制裁、贸易制裁和旅行制裁。金融制裁范围包括冻结基金或经济资源、禁止金融交易、限制出口信贷或投资；贸易制裁涵盖了军火禁运和石油禁运，制裁的对象包括总统阿萨德家族、政府高官和一些经济实体。① 可以说，欧盟是叙利亚内战爆发后对叙利亚制裁最为严厉的国际组织。

再次，土耳其在未能成功说服阿萨德政府进行政治变革后，转而与美国一起支持叙利亚的反对派势力。2011 年后，土耳其正发党政府的外交理念开始发生转变，对叙利亚的军事干预力度不断加大。2002—2011 年间，土耳其与叙利亚的外交互动对提升土耳其的软实力发挥了重要作用，双边贸易不断扩大，致力于解决冲突的双边合作与外交协调逐渐增加。但在 2012 年后，土耳其更多地对叙利亚采取包括军事手段在内的多种形式的干预，反而削弱了土耳其在中东地区的整体影响力。② 另外，在 2014 年前就出现过土耳其为打击库尔德工人党而对叙利亚发动军事打击的情况。事实上，土耳其对叙利亚和伊拉克事务的关注很大程度上是由其与库尔德人之间的对峙所驱动的。库尔德工人党与土耳其政府的矛盾由来已久，可以追溯到 20 世纪 80 年代。1984 年，叙利亚库尔德人聚集区要求成立独立国家。尽管后来库尔德工人党降低了其政治目标，只追求一定的自治权利，但土耳其政府仍然认为它是重大威胁，双方不断爆发冲突。2012 年，土耳其以介入叙利亚内战为由，发动地面部队对库尔德工人党的势力范围进行强势打击，库尔德工人党不得不在 2013 年与之签署停火协定。③

2. 支持叙利亚政府的外部势力

叙利亚长期以来是伊朗在中东地区的重要盟友。1979 年伊斯兰革命后，伊朗与阿拉伯邻国之间的关系一直比较紧张。在 1980—1988 年的两伊战争期间，除了叙利亚以外的几乎所有阿拉伯国家都支持伊拉

---

① 郭振雪：《欧盟在叙利亚危机中的制裁行为分析》，载《和平与发展》，2013 年第 1 期，第 83—88 页。

② Aysegul Ssever, "Regional Power Role and Intervention: The Turkish Case over Syria in the 2000s", *Contemporary Review of the Middle East*, Vol. 7, No. 2, 2020, pp. 143-154.

③ Lina Knatib, "ISIS or Kurdish Rebels: Who Is Turkey Really Fighting Anyway?", https://carnegieendowment.org/2015/08/12/isis-or-kurdish-rebels-who-is-turkey-really-fighting-anyway-pub-61004.

克。在两伊战争之后的 20 余年中，叙利亚依然是伊朗在该地区的重要盟友。2011 年叙利亚内战爆发后，伊朗马上援助叙利亚政府，伊朗革命卫队和常规军事力量共同参与了对叙利亚的全面军事干预。虽然随后伊朗部队大部分离开了叙利亚，但是还在叙利亚保留了许多军事指挥官和特工。在伊朗看来，叙利亚是"抵抗轴心"的中流砥柱，也是向黎巴嫩真主党转移武器和设备的重要途径。叙利亚内战爆发后，伊朗一直坚定地支持阿萨德政府，并鼓励叙利亚与黎巴嫩真主党保持盟友关系。另外，在伊朗的影响下，黎巴嫩真主党、巴勒斯坦的哈马斯等都愿意对叙利亚政府提供支持。

从俄罗斯方面来看，除了在 2015 年出兵叙利亚打击"伊斯兰国"极端组织外，普京还提出了要在叙利亚执行一个类似"马歇尔计划"的重建计划，涉及范围遍布中东战后地区，尤其是叙利亚这样长期陷入战乱的国家。[1] 当然，俄罗斯支持叙利亚也是因为其在叙利亚有着较大的能源利益诉求。在叙利亚内战爆发后不久的 2011 年 7 月 25 日，叙利亚、伊朗和伊拉克三国签署协议，计划投资 100 亿美元共同建造一条跨境天然气管道线路，也被称为"伊斯兰天然气管道线"（The Islamic Pipeline）。该线路从靠近伊朗南帕尔斯天然气田（South Pars Gasfield）的阿萨罗港（Port Asaluoyeh）出发，先经伊拉克境内，再从东到西跨越叙利亚的代尔祖尔（Dieir ez-Zor）、霍姆斯（Homs）和塔尔图斯（Tartus），全长 5600 千米。[2] 该协议的签署被认为是叙利亚对卡塔尔在 2009 年提出的一个天然气建设项目的竞争，也是叙利亚维护盟友俄罗斯能源利益的重要举措。卡塔尔曾经提出要建设一条跨境天然气管道线，从卡塔尔北部天然气田（North Field）出发，途径叙利亚再到土耳其境内，从而能够更加便利地向欧盟出口天然气。[3]

---

① 游涵、王然：《俄罗斯与叙利亚国家重建》，载《现代国际关系》，2022 年第 1 期，第 25 页。

② David Maher and Moritz Pieper, "Russian Intervention in Syria Exploring the Nexus Between Regime Consolidation and Energy Transnationalisation", *Political Studies*, Vol. 7, No. 2, 2020, p. 5.

③ David Butter, "Russia's Syria Intervention Is Not All About Gas", https://carnegieendowment. org/sada/62036.

但要注意的是,虽然俄罗斯与伊朗在支持叙利亚政府上立场一致,但是并不能由此认为俄罗斯与美国在叙利亚问题上是完全对立的关系。在叙利亚内战爆发后,美俄两国也曾一度表态要在叙利亚问题上加强合作。

(二) 叙利亚政府与库尔德势力及其他反对派之间的互动

1. 叙利亚反对派的主要构成

叙利亚反对派是叙利亚逊尼派及其他反对阿萨德政府的力量的统称,主要包括叙利亚全国民主变革力量民族协调机构、叙利亚境外全国委员会、叙利亚地方协调委员会、自由叙利亚军(FSA)等。这些组织虽然也有温和派和激进派之分,但是总体来说立场比较一致。反对派势力派系众多,人力充裕,但在决策上缺乏连贯性,缺乏作出长远战略规划和部署的能力。因此,叙利亚反对派力量无法为叙利亚民众争取到应有的权益,也因为长期缺乏合法性而严重依赖外来援助,无法真正参与到国家政治改革进程中来。[①] 叙利亚反对派势力的主要组成具体如下。

一是叙利亚全国民主变革力量民族协调机构。2011 年 6 月 30 日,叙利亚阿拉伯社会民主联盟总书记、叙利亚全国民主联盟发言人阿济姆(Hassan Abdul Azeem)宣布,全国民主联盟所属的 5 个党派以及库尔德 5 个党派、左派联盟党派和叙利亚境内外的反对派独立人士组成叙利亚全国民主变革力量民族协调机构,是代表叙利亚境内外反对派的联合组织,也是势力最强大的反对派组织。他还强调,叙利亚全国民主变革力量民族协调机构拒绝外部势力干涉其内部事务,召开全国民族对话大会才是解决叙利亚危机的唯一出路。[②] 该组织最初倡议建设

---

① Ufuk Ulutas, "The Syrian Political Opposition: What Went Wrong?", *Insight Turkey*, Vol. 18, No. 2, 2016, pp. 31-38.

② 《叙利亚反对派组成全国民主变革力量民族协调机构》, https://news. ifeng. com/c/7fZvc 7iOj2s。

一个民主、多党联合执政的现代世俗国家，后来转而采取了反对阿萨德政府的立场。二是叙利亚境外全国委员会。2011 年 9 月 15 日，叙利亚境外全国委员会成立，是叙利亚境外反对派力量联合起来的组织，加利温（Burhan Ghalioun）担任该委员会主席。该委员会的主要目标是推翻阿萨德政府，向叙利亚境内的反对派提供资金和武器支持以"更好地保护叙利亚人民"。该组织先后得到了美国、欧盟和一些海湾国家的支持，并为谋求争取自身的合法性。三是叙利亚地方协调委员会。该委员会与境外全国委员会同属激进反对派，是在 2011 年 3 月内战爆发后成立的。该委员会的主要目标是记录和宣传反对派的抗议活动，并组织抗议活动。四是自由叙利亚军。2011 年 7 月 29 日，政府军哗变军官和普通士兵及寻求推翻阿萨德政府的年轻人组建了自由叙利亚军，成为代表世俗派的反对派武装。11 月 16 日，自由叙利亚军成立了临时军事委员会，该组织头目是艾斯阿德（Yard Al-Asad）。①

2. 叙利亚库尔德势力与叙利亚政府和反对派的复杂关系

值得注意的是，叙利亚库尔德势力与国内的叙利亚政府和其他反对派，以及与外来势力如美国和俄罗斯的关系出现了变幻不定的复杂局面。一方面，叙利亚库尔德势力希望获得"自治"地位，在一定程度上摆脱阿萨德政府的控制。在库尔德民主联合党与叙利亚人民保卫军（YPG）共同接管了叙利亚北部真空地带后，以阿芙林为起点、途径曼比季（Manbij）、科巴尼（Kobani），直到叙利亚和伊拉克接壤的边境地带的区域已经在很大程度上脱离了阿萨德政府的控制。2014 年 1 月，叙利亚北部地区的阿芙林等地共同发布了《北叙利亚民主联邦宪法》，在承认"北叙利亚民主联邦"是叙利亚不可分割的一部分的前提下，宣称要把该地区打造成"自治样板"。②

另一方面，叙利亚库尔德势力也时常与其他反对派发生冲突，同

---

① 《叙利亚主要反对派及反对派联盟盘点》，https://world. huanqiu. com/article/9CaKrnJCUZK。

② "The Constitution of Rojava Cantos", https://civiroglu. net/the-constitution-of-the-rojava-cantons.

时与叙利亚政府的关系不断发生敌友转化。这种双重角色也决定了叙利亚库尔德势力与外部势力的复杂互动，先后得到了美国与俄罗斯这一对立场冲突的国家的支持。在打击"伊斯兰国"极端组织的斗争开启之初，由于美国秉持逼迫阿萨德政府下台的立场，美国在叙利亚的反恐行动大多依靠战力出众的叙利亚库尔德武装和相关政治势力。2014年10月19日，美国向叙利亚库尔德武装提供首批武器装备后，还多次向叙利亚库尔德武装的行动提供大规模军事支持。对美国的此类行为，长期受"库尔德焦虑症"困扰的土耳其表达了严重不满，斥责美国是在"依靠恐怖分子反恐"。随着"伊斯兰国"极端组织在2017年遭受重大溃败，美国开始考虑刻意"疏远"叙利亚武装，以示对其北约盟友土耳其立场的尊重。2017年11月24日，美国总统特朗普向埃尔多安确认，美国已经停止向叙利亚库尔德武装提供武器装备，美土之间因库尔德人引发的矛盾有所缓解。① 2019年10月9日，土耳其宣布对叙利亚北部的库尔德武装发动代号为"和平之泉"（Operation Peace Spring）的军事行动，而此前美国政府要从叙利亚撤军的计划更是让叙库尔德武装倍感压力。同月13日，库尔德武装宣布已经和叙利亚政府军达成合作协议。为了共同对抗土耳其，叙利亚政府军将会把军队部署到叙利亚北部地区与库尔德武装并肩作战。②

3. 叙利亚政府与叙利亚反对派的军事对峙情况（2014—2015年）

叙利亚反对派政治集团都有一定的武装力量作为支撑。这些武装力量按照理念可以分为世俗派、伊斯兰派、极端圣战派和库尔德派。③ 世俗派主要是自由叙利亚军，综合实力相对较弱。伊斯兰派主要由"胜利战线"、"利维坦自由人民伊斯兰运动"和"伊斯兰国"极端组织构成。其中，"利维坦自由人民伊斯兰运动"的立场相对中立，而

① 《叙库尔德"自治梦"如何照进现实》，http://www.xinhuanet.com/mil/2018-01/08/c_129785450.htm。
② 《库尔德武装与叙利亚政府达成协议 共同对抗土耳其进攻》，https://news.haiwainet.cn/n/2019/1014/c3541093-31644611.html。
③ 龚正：《叙利亚反对派武装组织》，载《国际研究参考》，2014年第10期，第21—27页。

"伊斯兰国"极端组织则主张建立起极端的"哈里发国"。"伊斯兰国"极端组织在全球都有可以联络的据点，属于战斗力最强的一支势力。①

2011年叙利亚内战爆发后，自由叙利亚军一度占据主导地位，在拉斯坦战役和萨巴达尼战役中取得了不俗的战绩，②并成立了叙利亚最高军事指挥委员会，组织能力大大提升。2013年，自由叙利亚军又组建了叙利亚革命阵线，但由于外来援助不够充分，其战斗力很快被其他反对派武装超越。自由叙利亚军在2012—2014年间陆续在伊德利卜（Idlib）和德拉获（Dara）得胜利。在2013年4月势力转弱后，自由叙利亚军与伊斯兰派武装力量之间开始出现摩擦，后者不愿意再接受自由叙利亚军的指挥。2014年7月，"胜利阵线"发动了反对阿萨德政府的"去除腐败战斗"。到2014年10月，"胜利阵线"在战场上获得更多胜利，控制了多个村镇，并联合其他伊斯兰派武装势力如"阿克萨战士"和"利维坦自由人民伊斯兰运动"等伊斯兰组织形成了"征服军大联盟"。③

总体来看，叙利亚内战爆发后仅一年左右，反对派势力和库尔德民兵武装力量便基本控制了叙利亚北部地区。长期受到土耳其支持的自由叙利亚军控制了大量的西北部边境城镇，如阿芙林、阿尔巴布（al-Bab）、杰拉布鲁斯（Jarabulus）和金德雷斯（Jindires）等。④2012年11月11日，叙利亚反对派武装在美国、卡塔尔、土耳其和阿拉伯国家联盟的共同支持和参与下，成立了叙利亚反对派和革命力量全国联盟。第二天，海湾六国（沙特、巴林、阿联酋、阿曼、卡塔尔和科威特）、北约、阿拉伯国家联盟、美国、欧盟国家陆续承认并表态

---

① 周亦奇:《内战反对派武装的联盟构建与内部冲突——以叙利亚内战为例》,载《国际安全研究》,2017年第2期,第127—128页。

② "Syrian Forces Pound Western City in Battle Against Defectors", https://editiion. cnn. com/2011/09/28/world/mest/syria-unrest/.

③ 周亦奇:《内战反对派武装的联盟构建与内部冲突——以叙利亚内战为例》,载《国际安全研究》,2017年第2期,第128—130页。

④ "30 Rebel Groups Merge Under Interim Govt's Banner, Form 'The National Army'", https://en. zamanalwsl. net/news/article/31991.

支持叙利亚反对派和革命力量全国联盟。

在 2015 年俄罗斯正式出兵叙利亚之前，叙利亚政府军在和反对派的较量中处于劣势。反对派与恐怖组织形成巨大合力，叙利亚政府军亟须外来援助以获得休养喘息的机会。相比于反对派武装拥有的一支由 1.4 万多人组成的，有着丰富作战经验且训练有素、纪律严明的外国雇佣军，叙利亚政府军的武器装备则落后很多。除外国雇佣军外，非法武装还包括 11 000 多名政府军逃兵，另外，叙利亚境内还有 7—8 万名极端分子和恐怖分子，2015 年自由叙利亚军的人数也在 1—3 万人之间。这一时期，叙利亚政府控制的地区仅占全国领土的五分之一，仅对以大马士革（Damascus）到霍姆斯公路为轴的叙利亚中部地区和拉塔基亚（Lattakia）的沿海地区等拥有控制权。①

二、伊拉克基本形势（2003—2014 年）

（一）伊拉克战争后的政权更迭

在发动伊拉克战争推翻萨达姆政府后，美国干预导致伊拉克社会分裂日益加剧。2003 年以来，美国一直试图在伊拉克利用教派冲突来维护自身的利益，从而导致伊拉克境内逊尼派、什叶派和库尔德人等多个势力集团之间的矛盾进一步加剧。以萨达姆为首的伊拉克复兴党被推翻后，伊拉克开始实行联邦制，即中央政府和地方政府分权管理国家。同时，美国驻伊拉克行政长官布雷默（Paul Bremer）宣布解散伊拉克军队，这也意味着伊拉克花费 90 年时间建立起来的囊括了逊尼派、什叶派、雅兹迪人、库尔德人和基督教徒的国家结构分崩离析。在军队解散后，备感绝望的军人们决定加入各种极端恐怖组织。

2008 年，美国与伊拉克正式签署战略框架协议，确认了驻伊拉克美军的合法性。随着美国在伊拉克付出的人员和经济代价日益增加，

---

① 朱长生：《俄罗斯在叙利亚反恐军事行动评析》，载《俄罗斯东欧中亚研究》，2017 年第 5 期，第 19—21 页。

美国国际形象也大大受损，美国开始考虑调整战略，减少干预成为其新的行动方向。2010 年 3 月，伊拉克开启了新一届国民议会选举。"伊拉克名单""法治国家联盟""伊拉克国家联盟"展开势力角逐，为争夺组阁权力激烈斗争。最终，库尔德斯坦爱国联盟主席塔拉巴尼（Jalal Talabani）继续担任总统，而政府的 29 位部长则由什叶派、逊尼派和库尔德人担任。① 2011 年年底，大部分美军从伊拉克撤离，仅有少量人员留在大使馆。

　　然而，联邦制下的伊拉克并没有恢复和平和稳定，局势反而更加动荡。一方面是围绕民族和宗派矛盾的纷争加剧；另一方面是库尔德势力在中央放权、地方自治的框架下逐步增强，库尔德人的独立意识随之增强。各派势力围绕 2014 年 4 月的伊拉克大选开启了新一轮的明争暗斗。虽然马利基（Nouri Mohammed Al-Maliki）领导的"法治国家联盟"赢得了 2014 年的国民议会选举，但随后围绕新总理人选的问题，伊拉克政局再次陷入紧张局面。包括"法治国家联盟"在内的、由多个什叶派党团组成的大党团"全国联盟"提名阿巴迪（Haider Al-Abadi）担任伊拉克新总理；在库尔德人议员马苏姆（Fuad Masum）被选举为总统后，他提名阿巴迪为新总理，这引发了马利基的强烈不满。② 对此，奥巴马政府却表示支持阿巴迪成为伊拉克新总理，沙特、伊朗等国家也纷纷表态支持阿巴迪。9 月 8 日，阿巴迪宣誓就任伊拉克新总理。在随后的一系列重要职位的任命中，阿巴迪通过把什叶派、逊尼派、库尔德人纳入联合政府体系内，承诺要努力弥合各种教派分歧以共同应对"伊斯兰国"极端组织的巨大威胁。③

---

① 马学清：《伊拉克战争后伊拉克政党政治的重建及发展》，载《当代世界》，2014 年第 4 期，第 74 页。

② 于杰飞：《总理将总统告上法庭》，载《光明日报》，2014 年 8 月 13 日，第 8 版。

③ 《伊拉克新总理内阁名单获通过 马利基任副总统》，https://www.guancha.cn/Third-World/2014_09_10_265583.shtml。

(二) 教派冲突与恐怖主义暴力陷入恶性循环

显然,美军的战略撤离与联邦制度下伊拉克国家机构的"政治无能"直接导致了各种暴力极端组织和恐怖势力的暴力活动频繁发生,社会少数派群体受到歧视甚至迫害的程度也日益加深。2006年,基地组织伊拉克分支在斯马拉 (Smarra) 的阿尔·阿斯卡里 (al-Askari) 清真寺发动爆炸恐袭活动。该清真寺是什叶派的重要活动场所,随后各种类似的恐怖袭击事件不断发生,逊尼派和什叶派之间的冲突进一步加剧。在伊拉克战争爆发前,基督教徒曾经达到140万人左右,但到2010年年初,基督教徒总人数就下降至35万人。①

2006年,马利基担任伊拉克总理,但逊尼派和库尔德人对其专权做法感到不满。通过制定新的《正义和有责任法案》,马利基指责一些逊尼派官员曾经参加过复兴社会党,并开除了他们的公职,这进一步加剧了逊尼派和什叶派之间的宿怨。2007年,一次发生在卡塔尼亚 (Kataniya) 的村庄的爆炸恐袭活动中,至少400名雅兹迪人丧生。2010年10月,巴格达的圣母救赎大教堂遭遇恐袭,导致数十名平民死亡,迫使更多的基督教家庭离开巴格达。② 处于边缘地位的雅兹迪人、逊尼派、库尔德人和基督教徒面临的生存环境日益恶化,不满情绪与日俱增,为"伊斯兰国"极端组织利用其不满心理招募大量新成员并迅速占领多个重要城市提供了便利。2014年年初,"伊斯兰国"极端组织向摩苏尔 (Mosul) 地区推进。以逊尼派为主的安巴尔 (Anbar) 民众明确表示支持"伊斯兰国"极端组织。随后,"伊斯兰国"极端组织迅速控制了该地区两个最大的城市拉玛迪 (Ramadi) 和费卢杰 (Falluiah)。"伊斯兰国"极端组织还在提克里特 (Tikrit) 的前美军军事基地斯派克营 (Camp Speicher) 杀害了1000多人,其中大

---

① Mumtaz Lalani, *Still Targeted: Continued Persecution of Iraq's Minorities*, London: Minority Rights Group International, 2010, pp. 20-24.

② Omar Abdel-Razek and Miriam Puttick, "Majorities and Minorities in Post-ISIS Iraq", *Contemporary Arab Affairs*, Vol. 9, No. 4, 2016, pp. 565-576.

部分为什叶派军官。"伊斯兰国"极端组织将此次事件形容为"替伊拉克逊尼派报仇的壮举"①。总之，在美国极为盲目且失败的干预之下，伊拉克社会进一步撕裂，国家重建举步维艰。

从论述中可以看出，美国、俄罗斯、土耳其等多个国家共同打击"伊斯兰国"极端组织的过程，只是这些复杂因素相互作用的现实体现。这些复杂的博弈过程是以"一贯到底"的方式来发挥长远影响的，而打击"伊斯兰国"极端组织的国际反恐联盟只是其整体面貌的"中间环节"。换言之，这些利益博弈与战略考量的碰撞不仅构成了该国际反恐联盟成立的背景，影响了国际反恐联盟打击"伊斯兰国"极端组织的进程，还深远地影响了"伊斯兰国"极端组织在"准国家治理"崩溃后的诸多问题，如：叙利亚能否成功进行国家重建、周边地区与叙利亚能否结束动荡局面、跨境恐怖主义可能演绎出何种新生态，以及未来国际反恐联盟面临何种新考验等。

---

① Omar Abdel - Razek and Miriam Puttick, "Majorities and Minorities in Post - ISIS Iraq", *Contemporary Arab Affairs*, Vol. 9, No. 4, 2016, pp. 570-573.

第二章　"伊斯兰国"极端组织的兴衰变化进程

　　从 2014 年 6 月宣布成立，到 2019 年美国白宫宣布基本歼灭"伊斯兰国"极端组织的主体作战力量，"伊斯兰国"极端组织的兴起与溃败过程呈现出了以往任何恐怖组织都没有的特征。其成员招募、组织扩充、财政支持和军事征战等各个环节相互支撑、彼此勾连，展现出惊人的生存发展能力。从 2011 年叙利亚内战爆发到"伊斯兰国"极端组织在 2014 年 6 月成功组建，再到 2019 年 3 月其"哈里发国"实体被实质性击溃，大致经历了 5 个阶段：从萌芽到雏形的初步形成阶段，实力集聚阶段，"准国家治理"的鼎盛阶段，军事大溃败和零散活动阶段，在非洲、南亚和中亚地区迅速"复兴"阶段。

　　从图 1 可以看出，"伊斯兰国"极端组织在 2020—2021 年间于叙利亚和伊拉克的恐袭次数略有下降，随后又开始上升。到 2023 年，该组织在全球范围内的恐袭次数下降到 1121 起。然而，在经历了短暂的沉寂后，"呼罗珊省"分支以阿富汗为核心据点迅速进行国际化扩张，其发展势头促使本以为取得了打击"伊斯兰国"极端组织斗争胜利的国际社会重新评估最新形势。到 2022 年 3 月，"伊斯兰国"极端组织将它在马里的分支并入了萨赫勒地区分支，导致西非分支的总行动次数下降。但行动频次下降最为明显的是伊拉克和叙利亚境内的"伊斯兰国"极端组织残余势力。伊拉克境内的"伊斯兰国"极端组织发动恐怖袭击的次数从 2021 年年初最高峰的近 1500 次下降到了 2024 年年初的 150 次左右,叙利亚境内的"伊斯兰国"极端组织发动恐怖袭击的次数从 2020 年年初的约 1100 次下降到了 2024 年年初的 200 次左右。[①] "伊斯兰国"极端组织的主要作战阵地到 2023 年年底已经从叙利亚和伊拉克转移到非洲、阿富汗及中亚各国,尤其是其西非分支以萨赫勒地区为中心向非洲其他地区扩散暴恐浪潮。2024 年 7 月 17 日,美军中央司令部发出警告称,"伊斯兰国"极端组织当年发动的袭击次数可能达到 2023 年的 2 倍,该组织极有可能试图重组。2024 年 1 月到 6 月,该组织在伊拉克和叙利亚发动了 153 次袭击,而 2023 年全年的袭击次数为 121 次,袭击次数、频率大幅上升。因此,继续追捕在伊拉

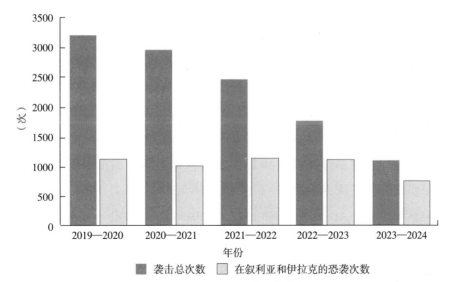

图 1:"伊斯兰国"极端组织宣布负责的恐袭次数(2019—2024 年)

资料来源:Aeron Y. Zelin and Ilana Winter,"One Year of the Islamic State Worldwide Activity Map",https://www. washingtoninstitute. org/policy – analysis/one – year – islamic – state-worldwide-activity-map。

---

① Aeron Y. Zelin and Ilana Winter,"One Year of the Islamic State Worldwide Activity Map", https://www. washingtoninstitute. org/policy-analysis/one-year-islamic-state-worldwide-activity-map.

克和叙利亚境内活动的约 250 名"伊斯兰国"极端组织武装分子，是彻底消灭该组织的关键。① 国际反恐联盟要有效歼灭以"伊斯兰国"极端组织为代表的极端主义和恐怖主义，仍然任重道远。

第一节 "伊斯兰国"极端组织从萌芽到雏形的形成阶段

"伊斯兰国"极端组织作为从基地组织在伊拉克分支中分离出来的暴恐组织，是在叙伊两国复杂的政治安全生态中成长起来的。

一、作为"伊斯兰国"极端组织前身：从"伊拉克伊斯兰国"组织（ISI）到"伊拉克和黎凡特伊斯兰国"组织（ISIL）的演变

2003 年 3 月，美国对伊拉克发动了代号为"伊拉克自由行动"（Operation Iraqi Freedom）的军事打击，留下的权力真空给"伊斯兰国"极端组织的早期酝酿提供了极为有利的条件。在摩苏尔，"伊斯兰国"极端组织的前身组织"伊拉克伊斯兰国"组织大肆挑起什叶派和逊尼派之间的斗争，并试图借此来征服整个伊拉克。2004 年年初，基地组织在伊拉克的分支即"伊黎"成立，其大部分成员由逊尼派极端分子组成，领导人是扎卡维（Abu Musab Al-Zarqawi）。2006 年 6 月，巴格达迪（Abu Abdullah Al-Rashid Al-Baghdadi）在扎卡维身亡后被推选为"埃米尔"，随后将"伊黎"正式更名为"伊拉克伊斯兰国"。"伊斯兰国"极端组织并非一个全新的组织，而是"伊黎"和"伊拉克伊斯兰国"组织的结合体。自美国在 2003 年发动伊拉克战争以来，它们一直是伊拉克政府和民众共同抗击的两个恐怖组织。因此，要了解"伊斯兰国"极端组织，就需要同步了解"伊黎"和"伊拉克伊斯兰国"组织。

---

① 陈思佳：《美国中央司令部警告：极端组织"伊斯兰国"可能试图重组》，https://www.guancha.cn/internation/2024_07_17_741795.shtml。

　　"伊黎"和"伊拉克伊斯兰国"组织在演化成为"伊斯兰国"极端组织的过程中，不断地在作战方式、组织文化、人事策略、行政管理体系等方面进行调整。2004—2008 年，它们沿用传统作战模式，即主要运用游击战和传统的恐袭方式。在 2008—2012 年间，"伊拉克伊斯兰国"组织的行动频率有所下降，但是依然保持着较强的内部凝聚力。从 2012 年开始，"伊拉克伊斯兰国"组织面临的斗争环境发生了很大的变化，它在调整后转而采取更为传统的军事斗争模式，如更多地使用小型武器和炮兵等。在这一阶段，来自伊拉克的成员因文化水平更高且对传统作战方式更有经验而发挥了重要作用。尽管如此，该组织仍急切地招募更多的其他国家战斗人员，一来将其视为发动战争的人力资源储备，二来可以为实现建立全球"哈里发国"的终极理想提供助力。到 2013 年 4 月，该组织宣布成立"伊拉克和黎凡特伊斯兰国"。[①]

　　事实证明，"伊拉克和黎凡特伊斯兰国"组织后来的很多头目均在"伊拉克伊斯兰国"组织中担任过重要职位。例如，巴格达迪（Abu Bakr Al-Baghdadi）曾经在"伊拉克伊斯兰国"组织的舒拉委员会（Shura）任职。他本人曾于 2003 年因反对美国入侵伊拉克的军事行动被逮捕，经美国审查后仅被定义为一名"煽动者"，并未造成实质性的"军事威胁"，于是在 2004 年 2 月被释放。获释后，拥有萨拉菲派信仰家庭背景的巴格达迪马上加入了基地组织在伊拉克的分支，并在之后成为该组织的主要负责人之一。2011 年叙利亚内战爆发，他迅速将"伊拉克伊斯兰国"与叙利亚"支持阵线"合并成为"伊拉克和黎凡特伊斯兰国"。[②] 另外，后来的事实也表明，"伊斯兰国"极端组织对其作战人员的物质补偿方式，很大程度上也是继承了"伊拉克伊斯兰国"组织的模式。根据英国广播公司在 2015 年披露的信息，"伊拉克伊斯兰国"组织

---

①　Romain Quivooij, "The Islamic State", https://www.rsis.edu.sg/rsis-publication/cens/the-islamic-state/.

②　《巴格达迪：恐怖和死亡之路》, https://wap.xinmin.cn/content/31602881.html。

会给当地的战斗人员每月发放 65 美元，给其妻子 43 美元，给每个孩子 22 美元作为报酬。对于来自外国的战斗人员，"伊拉克伊斯兰国"组织还会提供食物和住所。虽然这种薪资水准很难让其成员过上体面的生活，但是"伊拉克伊斯兰国"组织会通过不断地宣传来保持成员们的士气。①

从行为方式来看，"伊拉克伊斯兰国"组织自成立之初就比基地组织要残暴得多。该组织从 2006 年起频频使用自杀式恐袭方式。从战术能力的演进来看，"伊拉克伊斯兰国"组织在 2006 年左右主要采用制造各种陷阱和在路边预埋炸弹的方式，但是还无法真正和美军或者伊拉克国家正规部队进行军事较量。2007 年，美国制定了一系列在叙利亚境内进行反暴乱行动的新举措之后，"伊拉克伊斯兰国"组织开始在安巴尔等地失去一部分领土和对当地逊尼派信徒的控制。因此，2008—2011 年间，"伊拉克伊斯兰国"组织的进攻步伐明显放慢，各种交火导致的人员伤亡数量也从 2008 年的 6400 人减少到了 2011 年的 1500 人。到 2011 年，"伊拉克伊斯兰国"组织的实力被削弱了许多，只剩下一小撮头目还留在摩苏尔。"伊拉克伊斯兰国"组织在 2004 年开始在摩苏尔建立势力范围，在费卢杰一战之后，一些成员被迫来到这里。2007 年后，"伊拉克伊斯兰国"组织的活动网络开始迅速扩张，在摩苏尔的主导地位日益稳固。该组织通过对社会生活和政府机构的深度干预，逐步发展成了当地的"隐形政府"。

由于"伊拉克伊斯兰国"组织大多数成员经历过叙利亚内战，因此"伊拉克伊斯兰国"组织开始能够娴熟地运用各类轻型和重型武器，并执行群组之间的协同作战。2012 年夏天开始，"伊拉克伊斯兰国"组织发起了为期一年的"破壁"（Breaking the Walls）军事行动，包括 24 次大规模的车载简易爆炸装置（VBIED）袭击活动、8 次越狱行动，

---

① Patrick B. Johnston, et al. *Foundations of The Islamic State: Management, Money, and Terror in Iraq, 2005-2010*, Santa Monica, California: Rand, 2016, p. 26.

以及多次小型武器军事冲突和自杀式恐袭活动等。①

　　叙利亚内战的爆发后，围绕谁来领导这场对叙利亚政府的斗争的问题，基地组织头目扎瓦希里（Ayman Al-Zawahiri）和领导"伊拉克伊斯兰国"的巴格达迪产生了严重分歧。2013年，巴格达迪与扎瓦希里彻底反目。从2013年年初起，车载简易爆炸装置袭击行动开始以伊拉克安全部队（ISF）为打击目标。到6月时，"伊拉克伊斯兰国"组织对摩苏尔发动的车载简易爆炸装置袭击次数更多了，且在6月19日杀害了当地宗教领袖拉玛（Younis Al-Rammah），大大削弱了叙利亚逊尼派的政治势力。与此同时，"伊拉克伊斯兰国"组织和当地民众的关系也日益紧密，控制的范围也逐日增加，拉卡（al-Raqqah）、费卢杰、摩苏尔、提克里特（Tikrit）、拉玛迪等地逐渐落入其控制之下。②

　　2013年4月8日，巴格达迪宣布"伊拉克伊斯兰国"组织正式更名为"伊拉克和黎凡特伊斯兰国"组织，战略目标从伊拉克扩展到了黎凡特地区。③ 2014年6月起，"伊拉克和黎凡特伊斯兰国"组织发动军事进攻，向东攻入伊拉克境内，并逐渐占领摩苏尔、提克里特、费卢杰等重要城市，直接逼向库尔德自治区的首府埃尔比勒，还直接控制了伊拉克和叙利亚、伊拉克和约旦两组国家的边界过境点。④

　　而外国战斗人员从"伊斯兰国"极端组织成立之前就开始不断进入伊拉克和叙利亚。他们对充实"伊斯兰国"极端组织早期的组织结构，以及后来回到自己的国家传播恐怖主义都发挥了重要作用。到2016年10月初，在叙利亚和伊拉克的外国战斗人员共计约15 000人。从欧洲前往这两个国家的外国战斗人员中，到2016年年底已经有30%

---

　　① Jessica D. Lewis, "Al-Qaeda in Iraq Resurgent, the Breaking the Walls Campaign", http://www.understandingwar. org/sites/default/files/AQI-Resurgent-10Sept_0. pdf.

　　② Jessica D. Lewis, "Al-Qaeda in Iraq Resurgent, the Breaking the Walls Campaign", http://www.understandingwar. org/sites/default/files/AQI-Resurgent-10Sept_0. pdf.

　　③ Bill Roggio, "The Rump Islamic Emirate of Iraq", http://www. longwarjournal. org/archives/2006/10/the_rump_islamic_emi. php.

　　④ 董漫远:《"伊斯兰国"崛起的影响及前景》,载《国际问题研究》,2014年第5期,第51—53页。

左右回到自己的国家。导致他们决定回国的大致有几个方面的因素。一是他们对恐怖主义行径感到失望，对恐袭的残暴程度未做好充分的心理准备；二是为了回到国内通过网络更广泛地传播恐怖主义，甚至回到国内发动恐袭，这也是"伊斯兰国"极端组织本身所设置的战略目标之一。如"伊斯兰国"极端组织在 2015 年分别于巴黎、布鲁塞尔和伊斯坦布尔发动的恐袭就是这些恐怖分子所为。①值得注意的是，"伊斯兰国"极端组织大力招募儿童和青少年参加恐袭和武装冲突。他们当中除了少量是自愿加入"伊斯兰国"极端组织的以外，其余大部分是陪同父母来到叙伊两国后加入了该组织的孩子。2015 年，"伊斯兰国"极端组织在伊拉克招募了 37 名儿童，在索马里招募了 903 名，在叙利亚招募了 362 名。"伊斯兰国"极端组织招募儿童的做法还引来了其他极端组织的效仿，德国、英国和法国也出现了未成年少女前往叙伊两国参加"伊斯兰国"极端组织的实例。②

二、意识形态的不断巩固：圣战极端主义蔓延与教派冲突加剧

"伊斯兰国"极端组织作为全新极端组织的代表，其意识形态的建构能力远远超过了基地组织或其他的传统恐怖组织。美军中央司令部特种部队司令纳格塔（Michael Nagata）曾经说道："到现在为止，我们还是不了解'伊斯兰国'，所以我们很难击败它。我们甚至并不了解其理念是什么。"③

（一）圣战极端主义的全球蔓延与伊斯兰教内部教派冲突加剧

在萨拉菲主义（Salafism）中的极端思潮的直接推动下，圣战运动

---

① "Foreign Terrorist Fighters: Trends, Dynamics and Policy Responses", https://www.jstor.org/stable/pdf/resrep17497.pdf? refreqid = fastly - default% 3A5ba13e04cca12d5a3638ed2f026e8e63&ab _ segments=0%2Fbasic_search_gsv2%2Fcontrol&initiator=&acceptTC=1.

② 同①。

③ Eric Schmitt, "In Battle to Defang ISIS, U. S. Targets Its Psychology", *The New York Times*, December 28, 2014.

不断发展，从最初的思想萌芽发展为蔓延到多个国家的国际圣战运动。国际圣战运动经历了以下几个演变阶段：

第一个阶段是萌芽诞生阶段，主要以意识形态化形式为主，如库特布（Sayyid Qutb）等人开始提出圣战极端主义思想和排外的、崇尚暴力的塔克菲尔主义（Takfirism）。第二个阶段是交叉传输阶段，该阶段有双重效应。这一阶段的国际圣战运动将穆斯林兄弟会（以下简称"穆兄会"）从阿拉伯国家中排斥出去，将糅合了萨拉菲主义的严谨神学思想与穆兄会的伊斯兰主义所倡导的政治行动主义结合起来，并且进行推广。在20世纪80年代和90年代，圣战主义和其他的意识形态运动变得越来越萨拉菲主义化，暴力策略的使用和宗教的意识形态开始融合。很多人开始坚信，只有萨拉菲神学才是合法的和至高无上的。这样一来，他们和穆兄会的观点就产生了严重的冲突。第三个阶段是全面成熟阶段，萨拉菲主义包括1979—1989年间苏联入侵阿富汗及第一次海湾战争期间激发的各种极端思潮。

另外，伊斯兰教内部的教派冲突日益加剧，也为极端主义思想的传播提供了土壤。"伊斯兰国"极端组织的产生并非国际恐怖主义生态中的独立事件，而是与圣战运动的发展和成熟，以及吉哈德运动在全球多个国家的迅速蔓延直接相关。同时，由于伊斯兰世界形成了以沙特为中心的逊尼派和以伊朗为中心的什叶派两大联盟阵线，两个阵线接触的地方就容易爆发剧烈冲突。这些地区囊括了伊拉克、叙利亚、黎巴嫩、也门，在这些国家内部，逊尼派和什叶派长期对峙。以伊拉克为例，北部的库尔德人和逊尼派与南部的什叶派之间常年纷争不断。叙利亚则是逊尼派和阿拉维派即阿萨德家族所属教派之间水火不容，且与内战纠缠在一起。黎巴嫩真主党则作为一支什叶派武装则与逊尼派势力对立。总之，什叶派和逊尼派长期尖锐对立为圣战极端主义思潮提供了社会土壤。

（二）叙伊两国部落和政府关系失衡

尽管经历了种种变迁，现代叙利亚和伊拉克最突出的特征依然是以部落为主的社会网络结构。① 在叙利亚，部落地区占全国领土的比例高达70%。② 从"伊斯兰国"极端组织在叙利亚和伊拉克两国的兴起不难看出，"部落战略"是其成功的关键因素之一。

长期以来，伊拉克西北地区和叙利亚东北地区的人口以逊尼派为主。在2000—2010年间，伊拉克西北地区的逊尼派部落在战后与反叛的圣战者站在一起。但是"伊斯兰国"极端组织的前身"伊黎"马上破坏了他们的合作，还在部落地区推行萨拉菲主义，逐步瓦解了每个部落的传统政治结构，建立了相对自由的"埃米尔"，③"伊黎"最终在与部落地区传统势力的对峙中占据上风，宣告"伊拉克伊斯兰国"组织的正式成立，并要求"逊尼派三角地带"（Sunni Arab Triangle）地区的所有部落、反政府组织都服从其领导。但伊拉克境内各大部落势力与极端组织的敌对关系，在其自身与政府的关系陷入紧张后迅速发生反转。在"伊拉克伊斯兰国"组织建立初期，有数十个逊尼派部落和反政府组织成立了新的部落军事联盟，如"伊拉克之子"（Sons of Iraq）和"逊尼派觉醒委员会"（Sunni Awakening Councils），它们试图将"伊拉克伊斯兰国"组织从安巴尔驱逐出去，但在部落势力对伊拉克政府失望后，这种立场迅速改变。"伊拉克之子"是伊拉克"逊尼派觉醒委员会"下属的军事组织，曾协助美军打击"伊黎"。而"逊尼派觉醒委员会"由驻伊美军在2006年年底组建，负责维护伊拉克逊尼派聚居地的安全，也曾协助美军打击"伊黎"组织，其成员最多时达到了10万人。由于马利基政府没有兑现曾向美国许下的承诺，即把"逊尼派觉醒委员会"成员收编到伊拉克安全部队中，导致"逊尼派觉醒委员会"成员深感被马利基所代表的什叶派政府背叛。因此，在"伊斯兰国"极端组织等卷土重来侵扰伊拉克时，这些失望的"逊尼

① Haley Boseine, *Tribal Justice in a Fragile Iraq*, New York: Century Foundation, 2019, pp. 12-24.

② Haian Dukhan, "The ISIS Massacre of the Sheitat Tribe in Der ez-Zor", *Journal of Genocide Research*, Vol. 25, No. 1, 2017, pp. 113-121.

③ Myriam Berraad, "Iraq's Tribal Sahwa: Its Rise and Fall", *Middle East Policy*, Vol. 8, No. 1, 2011, pp. 121-131.

派觉醒委员会"成员放弃与之作战甚至加入其中。

"伊斯兰国"极端组织在意识到与各大部落建立良好关系的重要性后,对伊拉克部落地区执行了更务实的策略。通过全面了解各部落的种族人口结构及行为特征,该组织更准确地瞄准了部落的政治弱势区域,不断对其进行渗透和颠覆。例如,在不断煽动逊尼派对马利基政府的不满情绪并煽动部落加入反叛活动的基础上,"伊斯兰国"极端组织的前身组织进一步对其经济社会生活进行渗透,如尽量不干扰部落地区的走私活动;通过建立一套"司法体系",深度参与地方部落地区事务的管理,为诸多社会组织恢复了被否决的权益;通过成功解决大量地方冲突,"伊斯兰国"极端组织在伊拉克部落地区获得了相当程度上的社会认可。[1] 2014年"伊斯兰国"极端组织成立后,其部落政策已经从单一的威慑战略转型为较为精细的分化战略。[2]

在叙利亚,2011年之前的部落地区核心人物能够有力地维护甚至不断强化部落影响力和权威,叙利亚政府也会给予各大部落高度的政治认可,以嘉奖其协助政府妥善分配资源和解决冲突。[3] 在内战爆发之前,叙利亚的部落长期处于半自治状态,并长期与各种极端势力保持合作关系,例如,极端组织努斯拉阵线(al-Nusra Front)获得了东部的代尔祖尔的油田开采权,但这长期以来被视为其与阿拉伯部落艾尔·尤凯达特(al-Uqaydat)分支阿布·卡马尔(abu Kamal)协商得到的利益。而这个部落的另外一个分支艾尔·巴卡尔(al-Baqir)则通过与"伊斯兰国"极端组织建立合作关系控制了更多的领土和石油开采权。值得注意的是,在驱逐努斯拉阵线并巩固了在代尔祖尔的控制地位后,"伊斯兰国"极端组织不再积极寻求部落地区的支持。"伊斯兰国"极端组织对伊拉克部落政策的主要目标则是预防伊拉克部落沙

---

① Crag Whiteside,"Accidental Ethnographers:The Islamic State's Tribal Engagement Experiment", *Small Wars & Insurgencies*,Vol. 331,No. 2,2020,pp. 233-240.

② 同①,pp. 219-223。

③ Dawn Chatty,"The Bedouin in Contemporary Syria:The Persistence of Tribal Authority and Control",*The Middle East Journal*,Vol. 64,No. 1,2010,pp. 46-48.

哈瓦（Sahwa，阿拉伯语中为"觉醒"之意）恢复动员的能力。部分驻伊美军在2009—2011年间撤离伊拉克后，"伊斯兰国"极端组织的前身组织对各大部落势力日益疏远。[①]

总的来说，"伊斯兰国"极端组织在兴起阶段的部落政策之所以成功，主要有3个方面原因。首先，其在叙伊两国的部落地区奉行"萝卜加大棒"政策，有效地瓦解了这些部落之间的凝聚力，削弱了部落的整体动员能力；其次，叙伊两国局势长期动荡不安，逊尼派部落难以获得可靠军事盟友的支撑，也鲜少能得到境外支持，不得不接受"伊斯兰国"极端组织的统治；再次，部落之间的分裂和矛盾也让"伊斯兰国"极端组织能够渗透到各个部落内部，从而降低了这些部落的军事行动能力和政治组织效率。[②]"伊斯兰国"极端组织在正式成立之前就步步为营，成功地利用了两国部落与政府之间脆弱乃至紧张的关系，为自身的崛起奠定了关键的社会基础。

（三）"伊斯兰国"极端组织对圣战意识形态的继承与变革

事实上，圣战的理念一直在随着情境的变化而发生变化，并且实施圣战理念的方式也有严格限制。"伊斯兰国"极端组织和基地组织都强调要贯彻圣战极端主义思想，他们都认为，伊斯兰世界受到了"叛教者"的世俗统治者们的控制，而且还长期遭受西方异教徒的威胁。"伊斯兰国"极端组织在其信条中指出："我们相信在通往真主道路上的圣战是个体义务，从安达卢斯的贡献，直到解放所有的穆斯林土地，对任何一个虔诚的或者不虔诚的人来说，都是一个必要的义务。"[③]

然而，与基地组织相比，"伊斯兰国"极端组织显然更强调该思想

---

① Crag Whiteside, "Accidental Ethnographers: The Islamic State's Tribal Engagement Experiment", *Small Wars & Insurgencies*, Vol. 331, No. 2, 2020, pp. 219-223.

② Bryniar Lia, "The Islamic State's Tribal Policies in Syria and Iraq", *Third World Thematics: A TWQ Journal*, Vol. 6, No. 1, 2021, pp. 32-51.

③ 刘中民、俞海杰：《"伊斯兰国"的极端主义意识形态探析》，载《西亚非洲》，2016年第3期，第41—45页。

要通过进攻性的方式来实现：这不仅是一种个体义务，也是一种集体性义务；所有不信仰真主的国家都会成为圣战的攻击对象，所有的非伊斯兰世界都会受到武力打击。尽管和"伊斯兰国"极端组织和基地组织一样强调要通过赢得穆斯林的认可来获得力量，但"伊斯兰国"极端组织却在打击目标的设定和宣传策略上显得更为激进。"伊斯兰国"极端组织认为，对敌人的界定与其巩固权力和建设"哈里发国"的终极目标密切相关。与基地组织严格区分"远敌"和"近敌"相比，"伊斯兰国"极端组织则倾向于"无论远近，只要是干扰和阻碍其终极战略目标的一切力量皆为敌人"的立场。[1]

三、"伊斯兰国"极端组织军事作战能力的早期积聚

后来的"伊斯兰国"极端组织之所以形成强大的军事作战能力，与其前身组织的专业军事素养有着密切关系。在伊拉克，反政府的"伊拉克伊斯兰国"组织头目巴格达迪在 2003 年美国入侵伊拉克后加入了反美武装。2005—2007 年，巴格达迪曾被美军监禁，并在获释后开始组织武力量在伊拉克北部地区活动，其战场指挥能力得到了很大的锻炼。2010 年后，他一跃成为"伊拉克伊斯兰国"组织的头目，2011 年，他被美国政府正式界定为"恐怖分子"。2013 年年底至 2014 年年初期间，该组织基本控制了逊尼派穆斯林聚居区，并在 2014 年 1 月到达费卢杰周边地区。该组织的武器装备有各种制式坦克、火炮、皮卡车甚至"黑鹰"直升机。伊拉克政府称，这些武器是卡塔尔、沙特等海湾国家资助的，但是该组织却声称这些武器都是从伊拉克军队中抢来的"战利品"。[2]

根据美国战争研究中心的分析师比尔格（Alex Bilger）的报告，从

---

① Aida Arosoaie, "Doctrinal Differences Between ISIS and Al Qaeda: An Account of Ideologues", *Counter Terrorist Trends and Analyses*, Vol. 7, No. 7, 2015, pp. 34-35.

② 《揭秘"伊拉克和黎凡特伊斯兰国"组织：最富最危险的恐怖集团》, https://www.guancha.cn/indexnews/2014_06_16_238009.shtml。

"伊斯兰国"极端组织曾发布的年报中可以看出，至少从2012年年初开始，"伊拉克伊斯兰国"组织在伊拉克的军事力量就已经达到了能够在全国范围内指挥和控制军事行动的地步了。它不像一个普通的恐怖组织，而是一支正规的军队。事实上，自美国发动伊拉克战争后，"伊拉克伊斯兰国"组织一直在与美国驻伊拉克军队的斗争中逐步壮大，并在美国于2011年宣布从伊拉克撤军后获得了军事上的优势。不幸的是，尽管联合国数据一再表明，自2011年以后的3年间，伊拉克的平民伤亡人数不断增加，但美国却对此现象背后的"伊拉克伊斯兰国"组织军事实力的迅速提升显示了战略性忽视。时任美国副总统拜登的国家安全顾问布林肯对此作出了严重的错误估计，认为伊拉克的暴力活动"处在历史低位水平"。[①]

第二节 "伊斯兰国"极端组织的实力集聚阶段：
组织扩张与军事征战

与其他重要恐怖组织从弱到强的缓慢发展态势不同，"伊斯兰国"极端组织以恐怖主义发展史上前所未有的速度迅速扩张。需要注意的是，新媒体技术在"伊斯兰国"极端组织的初期招募和提升吸引力方面发挥了至关重要的作用。2016—2017年，"伊斯兰国"极端组织加大了对欧洲各国的恐袭力度，这让欧洲各国意识到，境内极端主义和激进圣战势力已经成为一个不可忽视的重大安全威胁。与传统圣战极端分子从小成长于伊斯兰教教育环境中不同的是，一些欧洲国家的年轻人大多仅因受到"伊斯兰国"极端组织媒体宣传就成为新的圣战分子。

通过博客、网络杂志、视频网站及其他媒体平台，"伊斯兰国"极端组织在年轻人当中的宣传做得尤其成功。这些宣传的内容尤其对从

---

① 《起底极端组织 ISIS：白手起家、身价 20 亿美元的军事集团》，https://m.thepaper.cn/newsDetail_forward_1251052。

来没有过圣战经验或接受过伊斯兰教教育的西方年轻人来说充满了吸引力。"伊斯兰国"极端组织的招募活动大部分通过推特（Twitter）、电报（Telegram）、脸书（Facebook）来完成。根据调查，在 2015 年，带有"圣战分子"话题标签的活跃推特用户有 1000 到 2000 个。[1] 社交媒体为潜在的目标人员建立起"微型社交圈"，向可能加入的年轻人发放"求职表格"，其中包含了有关教育背景、生活经历、年龄等 23 项内容。随后，"伊斯兰国"极端组织招募者设法隔离他们与亲友之间的联系，并对其进行反复洗脑，再通过直接建立私人联系，成功将对方招募到"伊斯兰国"极端组织中来。"伊斯兰国"极端组织招募者会不断地给新成员灌输一个理念，即每个人均可通过自身行动为这个所谓的"伟大组织"的战略目标作出贡献。[2] 据统计，"伊斯兰国"极端组织的招募活动有 20% 发生在家庭成员之间，高达 75% 发生在朋友或者熟人之间。[3] 招募活动既可能安排在伊拉克和叙利亚，也有可能安排在西方国家。无论是西方国家还是东方国家，监狱都是"伊斯兰国"极端组织招募活动非常活跃的场所。2017 年 1 月，罗马的雷比比亚监狱（Rebibbia Prison）中就曾经有一名犯罪分子在狱中秘密进行招募活动，这些囚犯在被释放后马上加入了"伊斯兰国"极端组织。[4]

---

[1]　J. M. Berger and Jonathan Morgan, "The ISIS Twitter Census Defining and Describing the Population of ISIS Supporters on Twitter", http://www. brookings. edu/~/media/research/files/papers/2015/03/isis-twitter-censusberger-morgan/isis_twitter_census_berger_morgan. pdf.

[2]　Alexandra Sims, "From 'Blood Type' to 'Special Skills': The 23 Questions Asked to Prospective Jihadis upon Entrance into 'Islamic State'", http://www. independent. co. uk/news/world/middle-east/from-blood-type-to-special-skillsfrom-blood-typeto-special-skills-the-23-questions-asked-to-a6921881. html.

[3]　Jennifer Newton, "95% of Foreign Fighters Who Join ISIS Are Recruited by Friends and Family and Radicalisation 'Rarely Occurs in Mosque'", http://www. dailymail. co. uk/news/article-3333146/95-foreign-fighters-join-ISIS-recruited-friends-family-radicalisation-rarely-occurs-mosques-claims-Oxford-Universityterrorism-expert. html.

[4]　Edoardo Tolis, "Investigating the Influence of ISIS Radicalisation on the Recruitment Process: A Critical Analysis", *Journal of Policing, Intelligence and Counter Terrorism*, Vol. 14, No. 2, 2019, pp. 129-146.

一、吸引大量外国好战分子加入，迅速扩充实力

"伊斯兰国"极端组织在各国扩充组织规模的方式都不相同，奉行的是双边扩张战略。在西欧和澳大利亚等发达地区和国家，它鼓励个人或者组织以自身名义发动恐袭活动。例如，2015 年，一位叫马利克（Tashfeen Malik）的巴基斯坦移民在美国加州发动了一次恐袭，他就是"伊斯兰国"极端组织正式成员之一。而在一些发展中国家如巴基斯坦、伊拉克、利比亚等，"伊斯兰国"极端组织则鼓励恐怖组织相互结盟或者改建为"伊斯兰国"极端组织附属组织。2014—2015 年间，"伊斯兰国"极端组织的总人数从 9000 人增加到了 20 万人左右。2014年 9 月，美国中央情报局情报机构发言人称，"伊斯兰国"极端组织成员有 2 万至 3.15 万名，其中包括来自 80 个国家的 1.5 万名外国好战分子前往叙利亚参加圣战。在这些外国好战分子中，来自西方国家的约有 2000 人。到 2015 年年初，前往叙伊两国的西方国家人员超过3400 人。①

据统计，2011—2021 年间，包括俄罗斯在内的欧亚地区超过中东和北非地区成为"伊斯兰国"极端组织外国战斗人员的最大来源地。从外国战斗人员占全国总人口比例来看，俄罗斯在 2015 年的排名为世界第 25 位。到 2017 年年初，来自欧亚地区的外国战斗人员为 8500 人到 9000 人。②

在向叙利亚输送圣战极端分子的过程中，土耳其作为连接亚洲和欧洲的国家，成了"伊斯兰国"极端组织输送圣战极端分子的重要国际中转站。"伊斯兰国"极端组织成立后，从土耳其西部的伊斯坦布尔到加济安泰普（Gaziantep）、尚利乌尔法（Sanliurfa），再到叙利亚与土

---

① James R. Clapper, "Opening Statement to Worldwide Threat Assessment Hearing, Before the Senate Armed Services Committee", Washington, D. C. : Office of the Director of National Intelligence, February 26, 2015.

② "Vladimir Putin: in Syria, There Are up to 9000 Militants from the Former USSR", *Kommersant*, February 23, 2017.

耳其接壤的基利斯（Kilis）的线路，已经成了一条"圣战高速公路"（Jihadi highway）。这条路线发挥了两个功能：一是参加叙利亚暴恐活动的土耳其本土好战分子借此回到国内，使土耳其国内形成了一个密集的萨拉菲圣战分子社会网络。根据智库苏凡中心的研究报告，到2017年6月底，通过土耳其输送到叙利亚的土耳其和其他国家圣战分子超过了53 000人。[①] 而从2016年年初到2018年10月不到2年的时间里，就有1万左右的土耳其人前往叙利亚参加"伊斯兰国"极端组织和其他暴恐组织的活动。[②] 二是成为大量叙利亚移民和难民进入土耳其的重要通道。到2018年年底，通过该路线进入土耳其境内的叙利亚难民超过了350万人。[③]

二、扩大恐袭范围，并吸引大量暴恐组织"加盟"

"伊斯兰国"极端组织在建立初期，凭借意识形态宣传和社交媒体的广泛传播效应，获得了一些猖獗的暴恐组织的"青睐"。在这些宣布对"伊斯兰国"极端组织效忠的恐怖组织中，有些是受其"成功"事迹的鼓舞而组建的新组织；有些是与以前从属的组织脱离关系后，转而投向"伊斯兰国"极端组织的恐怖组织；有些则是"伊斯兰国"极端组织的分支。这些组织大多分布于非洲、南亚和东南亚地区。

（一）阿富汗"呼罗珊省"分支的成立

在这些宣布向"伊斯兰国"极端组织效忠的组织中，阿富汗的"呼罗珊省"分支所产生的影响最为深远。"呼罗珊"是一个囊括了历史和地理双重含义的名词，"伊斯兰国"极端组织在阿富汗宣布成立的"呼罗珊省"分支囊括了阿富汗、巴基斯坦、印度、中亚五国和伊朗东

---

① Ahmet S. Yayla, "Turkish ISIS and AQ Foreign Fighters: Reconciling the Numbers and Perception of The Terrorism Threat", *Studies in Conflict and Terrorism*, Vol. 59 No. 3, 2019, pp. 2-11.

② 同①, pp. 6-12。

③ 同①, pp. 1-3。

部地区等。其实早在"伊斯兰国"极端组织创立之前,一些阿富汗境内的基地组织成员就开始投靠伊拉克境内的"伊黎"组织。2014年7月初,在"伊斯兰国"极端组织成立仅一周后,就有两位著名的阿富汗萨拉菲派学者呼罗珊尼(Abdul Qahir Khorasani)和多斯特(Abdul Muslim Dost)宣誓对"伊斯兰国"极端组织效忠,后者还在9月被任命为"埃米尔"。[①] 同年7月15日,"伊斯兰国"极端组织刚刚成立不久,巴基斯坦塔利班(TTP)多个分支合并,形成了巴基斯坦分支(TKP)。该组织一直以来被人们称为"巴基斯坦的哈里发运动",其成立后宣布效忠于"伊斯兰国"极端组织。[②] 这也是在叙伊两国之外首个宣布向"伊斯兰国"极端组织效忠的组织。2015年1月,"伊斯兰国"极端组织的重要分支"呼罗珊省"分支正式宣告成立。[③] 其主要目标是让伊斯兰"哈里发国"借助"呼罗珊省"分支的力量,在阿富汗实现"哈里发国"治理的合法化,从而扩张到中亚部分地区、伊朗和东南亚地区。

当然,成立初期的"呼罗珊省"分支还相对处于势单力薄的状态。[④]"呼罗珊省"分支首先宣布要征服阿富汗东部的部分领土,而且打算将楠格哈尔(Nangarhar)作为首要据点。到2016年年初,巴基斯坦有2000—3000人加入"伊斯兰国"极端组织。[⑤] 巴基斯坦分支马上成为"呼罗珊省"分支的核心力量,并且吸引了来自巴焦尔(Bajaur)、白沙瓦(Peshawar)、奎达(Quetta)、伊斯兰堡(Islamabad)、拉合尔(Lahore)等地的大约2000名圣战分子。同年11月,巴基斯坦真主旅

---

① 魏亮:《"伊斯兰国"组织在阿富汗的发展及其制约因素》,载《阿拉伯世界研究》,2019年第3期,第89页。

② Ali Akbar, "From TTP to IS: Pakistan's Terror Landscapet Evolves", http://www.dawn.com/news/1169542.

③ Justin V. Hastings and Farah Naz, "The Trials and Travails of the Islamic State in Pakistan", Vol. 7, No. 3, 2017, p. 338.

④ 魏亮:《"伊斯兰国"组织在阿富汗的发展及其制约因素》,载《阿拉伯世界研究》,2019年第3期,第89页。

⑤ Antonio Giustozzi, "The Islamic State in Khorasan: A Nuanced View", https://rusi.org/commentary/Islamic-state-khorasan-nuanced-view.

组织（Jundullah）也宣布效忠"伊斯兰国"极端组织。2015年1月10日，"伊斯兰国"极端组织公开宣布接受这些组织的效忠请求。巴基斯坦分支试图协助"呼罗珊省"分支在阿富汗与巴基斯坦征服更多领地。①

在"呼罗珊省"分支成立之初，国际社会对其组织规模说法不一。如英国皇家联合研究所认为，该组织成员和支持者应该为7000—8500人；美国国防部则估算为1000—2500人左右；俄罗斯总参谋部则认为，阿富汗约有10 000名"伊斯兰国"极端组织的支持者，其中3500人是有组织的武装分子，其他的则是支持该组织的极端圣战分子；阿富汗安全部门估算认为，在2015年8月到12月期间，该组织成员人数约为3750—4000人，2016年5月下降到了2500人；美国在2018年9月发布的《2017年恐怖主义国别报告》则指出，"呼罗珊省"分支的武装人员数目为1500—3000人。②

事实证明，在巴基斯坦分支等的支持下，"呼罗珊省"分支成了一个具有一定战斗力的"伊斯兰国"极端组织分支，在楠格哈尔的贾拉拉巴德（Jalalabad）不断突围，为"伊斯兰国"极端组织的扩张增添了诸多动力。但其扩张行为很快与塔利班（Taliban）"要将阿富汗彻底塔利班化"的目标产生了冲突，遭到了来自塔利班方面的打击。③ 从2016年起，塔利班有效地遏制了"呼罗珊省"分支向巴基斯坦古尔（Ghor）和查布尔（Zabul）的扩张。2018年7月，塔利班在阿富汗北部的朱兹詹对"呼罗珊省"分支实施了高压打击，使其严重受挫。2018年8月，"呼罗珊省"分支不得不向联盟军力量投降。④ 2019年，

---

① Paul Lushenko, et al. "ISIS-K: Deadly Nuisance or Strategic Threat?", *Small Wars & Insurgences*, Vol. 30, No. 2, 2019, p. 271.

② 魏亮:《"伊斯兰国"组织在阿富汗的发展及其制约因素》，载《阿拉伯世界研究》，2019年第3期，第93页。

③ William Maley, "State Strength and Rule of Law", in Srinjor Bose, et al. eds. *Afghanistan: Challenges and Prospects*, London: Rougledge, 2017, p. 68.

④ 同①, p. 275。

塔利班和政府军在楠格哈尔与"呼罗珊省"分支的交火中再次取得胜利,阿富汗总统加尼在 11 月宣布取得了对"呼罗珊省"分支斗争的胜利。从 2019 年 10 月到 2020 年 3 月,1400 名"呼罗珊省"分支成员向阿富汗政府投降。作为"呼罗珊省"分支的著名指挥官之一的欧拉扎(Abdullah Orazai)也在 2020 年 4 月被阿富汗政府军逮捕。多次高压打击之下,"呼罗珊省"分支在 2020 年 4 月到 2021 年的行动次数大幅减少,较 2019 年到 2020 年的行动次数下降了 80%。① 显然,"呼罗珊省"分支在该阶段由于实力有限和遭受多重打压而发展艰难。

(二)在东南亚多个国家提升影响力

随着"伊斯兰国"极端组织的发展野心日益膨胀,有大量穆斯林人口的东南亚地区成为其扩大恐袭范围和壮大组织规模的新目的地。

"伊斯兰国"极端组织不仅在多个东南亚城市制造恐袭、与印尼等国家警方直接交火,而且积极运用媒体手段为自己造势。仅在 2016 年 3 月 2 日到 4 月 21 日不足两个月的时间内,东南亚各国就发生了一系列与"伊斯兰国"极端组织相关的事件。2016 年 3 月 6 日,"伊斯兰国"极端组织媒体阿玛克通讯(Amaq News Agency)发表声明称,"伊斯兰国"极端组织已经在明达瑙岛(Mindanao Island)上绑架了 20 名菲律宾军人。3 月 11 日,支持"伊斯兰国"极端组织的阿布·沙耶夫组织(abu Sayyaf Group)在菲律宾南部地区绑架了 4 名外国人。3 月 29 日,该组织又在菲律宾南部地区绑架了 10 位印尼海员等。3 月 14 日,印尼政府逮捕了 14 名企图前往叙利亚加入"伊斯兰国"极端组织的雅加达人。3 月 16 日,印尼政府与支持"伊斯兰国"极端组织的东印尼圣战者(MIT)交火,击毙了两名武装分子。3 月 17 日,支持"伊斯兰国"极端组织的菲律宾"哈里发国"支持者组织(AKP)播放了一段视频,内容是将一名来自菲律宾南部城市波索(Poso)的

---

① "Explainer: ISIS - Khorasan in Afghanistan", https://www.wilsoncenter.org/article/explainer - isis-khorasan-afghanistan.

"间谍"斩首。3月20日，阿布·沙耶夫组织的一个分支宣誓对"伊斯兰国"极端组织效忠。3月23日，与"伊斯兰国"极端组织有关联的幼发拉底媒体（Furat Media）发布了一个视频，鼓励印尼民众反对政府和军队、对"伊斯兰国"极端组织效忠。3月24日，马来西亚政府在吉隆坡逮捕了14名犯罪嫌疑人，他们计划在马来西亚发动恐怖袭击，并曾经收到过在马来西亚进行招募工作的"伊斯兰国"极端组织成员的指示。[①] 从上述与"伊斯兰国"极端组织各分支有关的暴力冲突来看，"伊斯兰国"极端组织已经将其扩张目标延伸到了东南亚地区。

（三）在非洲获得充裕的人力和组织支持

多年来，非洲北部的突尼斯、阿尔及利亚和利比亚，以及西北部的毛里塔尼亚等国家的一些势力一直在努力推行沙里亚法（al-Shari'ah Law，伊斯兰教的法律规范）的统治模式。20世纪90年代，极端圣战主义开始在阿尔及利亚"扎根"，后来逐步发展为伊斯兰马格里布基地组织（AQIM）。"伊斯兰国"极端组织在叙利亚和伊拉克主阵地受挫后，转而来到阿尔及利亚和利比亚等非洲国家，寻求建立新的活动基地。[②]

---

① Harleen Gambhir, "ISIS-Linked Activity in Southeast Asia: March 2 to April 21, 2016", https://www.understandingwar.org/map/isis-linked-activity-southeast-asia-march-2-april-21-2016.

② Virginia Comolli, "Terrorism and Counterterrorism in Africa", in Jacinta Carroll, ed. *Counterterrorism Yearbook 2017*, Canberra: Australian Strategic Policy Institute, 2017, pp. 112-114.

表 1："伊斯兰国"极端组织建立初期各恐怖组织宣布对其效忠情况

（2014 年 9 月—2015 年 6 月）

国家	宣布对"伊斯兰国"极端组织效忠的恐怖组织分支及所在地区	宣布时间
也门	西南部的阿比杨（Abyan）-亚丁（Aden）分支，东部的哈德拉毛（Hadrawmat）分支、萨那（Sana'a）分支，南部的伊卜（Ibb）和塔伊兹（Taiz）建立的绿桥（Green Brigade）分支，中部的贝达（Bayda）分支，东部的舍卜沃（Shabwah）分支，南部的拉赫季（Lahij）分支和西南部的阿塔格（Ataq）分支	2014 年 9 月到 11 月
阿尔及利亚	贾扎伊尔（Al-Jaza'ir）分支	2014 年 9 月
利比亚	东部的拜尔盖（Barqa）分支、西部的塔拉巴鲁斯（Tarabalus）分支、南部的费赞（Fezzan）分支	2014 年 10 月
埃及	极端组织"艾玛格迪斯"（Ansar Beit al-Maqdis）以西奈（Sinai）为据点建立分支	2014 年 11 月
沙特	中部的内志（Najd）分支，西部的汉志（Hijaz）分支，东部的巴林（Bahrain）分支	2014 年 11 月
巴基斯坦和阿富汗	以两国为主分布在整个南亚地区的"呼罗珊省"分支	2015 年 1 月
尼日利亚	加尔布·艾菲力奇亚（Gharb Ifriqiyya）分支	2015 年 3 月
俄罗斯	极端组织"高加索伊斯兰酋长国"（IEC）牵头成立高加索分支	2015 年 6 月

资料来源：Robin Wright and Daveed Gartenstein，"The Jihad Threat：ISIS，Al-Qaeda and Beyond"，http://www. usip. org/publications/2016/12/12/the-jihadi-threat-isis-al-qaeda-and-beyond。

从表 1 不难看出，与其他地区相比，从 2014 年 9 月到 2015 年 6 月，非洲地区数个国家的恐怖组织宣誓向"伊斯兰国"极端组织效忠，如在利比亚，"伊斯兰国"极端组织成员在 2016 年超过了 6000 人，控制着 250 千米的海岸线。各种恐怖分子在此集结，对抗来自利比亚和突尼斯政府军队的打击。利比亚还是非洲移民进入欧洲的主要通道，"伊斯兰国"极端组织频繁在此进行走私活动，且将成员混在移民队伍中送入欧洲各国。值得注意的是，利比亚还有不愿意与"伊斯兰国"极端组织结盟的极端组织，如伊斯兰马格里布基地组织、伊斯兰教法支持者（Ansar al-Sharia）、班加西革命委员会（the Benghazi Revolutionaries Shura Council）和阿季达比亚革命委员会（Ajdabiya Revolutionaries Shura Council）等。①

三、挑战伊斯兰世界的教法权威，争夺更高的宗教地位

作为伊斯兰世界的重要国家，沙特一直是"伊斯兰国"极端组织和基地组织等国际性恐怖极端组织试图征服的重大目标。首先，沙特长期被视为伊斯兰教的发源地，是两大"圣清真寺"（Holy Mosque）的所在地，在各大伊斯兰极端组织眼中具有很高的象征意义。其次，沙特活跃着大量权威的伊斯兰教神学专家，他们长期受到世界各地穆斯林的膜拜。这一批宗教权威人物在解释《古兰经》和其他经典的伊斯兰教义方面，有着巨大影响力和话语权。再次，沙特大量富豪家族拥有强大经济实力，且沙特境内自然资源极为丰富，"伊斯兰国"极端组织一旦能够在沙特驻扎并形成影响力，就可以获得大量的资产。

因此，巴格达迪在"伊斯兰国"极端组织成立后就马上发表电台讲话，公然激励其成员为进攻沙特而奋斗："拿起你们的刀剑，砍断他们的剑鞘……只要在沙特发现什叶派，就杀了他们，毁灭他们的生活。……让整个沙特不再安全稳定，不再井然有序。"② 2014年11月，巴格达迪再次宣称，要将"哈里发国"扩张到叙利亚和伊拉克两国的范围以外去，其中一个重要目的地就是沙特。③ 就在当月，"伊斯兰

---

① Virginia Comolli, "Terrorism and Counterterrorism in Africa", in Jacinta Carroll, ed. *Counterterrorism Yearbook 2017*, Canberra: Australian Strategic Policy Institute, 2017, pp. 121.

② Abdullah Bin Khaled Al-Saud, "Deciphering IS's Narrative and Activities in the Kingdom of Saudi Arabia", *Terrorism and Political Violence*, Vol. 32, No. 3, 2020, p. 472.

③ 同①, p. 469。

国"极端组织的军队就踏上了沙特的领土，即沙特东部的达尔瓦（al-Dalwah），造成 7 人死亡和 13 人受伤。在此次行动之前的一年半时间内，加入"伊斯兰国"极端组织的沙特战斗人员超过 2000 人。

在伊斯兰传统圣地之国沙特，"伊斯兰国"极端组织首先将其重要打击目标定为宗教圈重要神学人士和学者。他们在各类宣传中将这些重要人士界定为"定叛"（takfir），即应该从伊斯兰教中驱逐出去的人，因而应立即将其杀掉。2016 年 1 月，沙特政府处决了 47 名恐怖主义分子，他们并非全都是"伊斯兰国"极端组织成员，如阿拉伯半岛基地组织（AQAP）成员艾尔载赫拉尼（Faris Al-Shuwail Al-Zahrani）和该组织的媒体负责人艾尔图瓦里（Abdulaziz Al-Tuwal'i）等。但"伊斯兰国"极端组织马上大肆宣扬沙特对"伊斯兰国"极端组织的"残酷屠杀"，并拟定了对沙特权威宗教人士的追杀计划。随后，"伊斯兰国"极端组织的刊物《达比克》以《杀掉罪恶的叛教者》为题刊文，为其打击沙特宗教人士造势："这些可恶的叛徒们在反对伊斯兰教的战斗中一直支持沙特的专制统治者们，现在，杀掉这些人的理由更加充分了。"①

第三节　"伊斯兰国"极端组织的发展鼎盛阶段：大范围军事征服与"准国家治理"

随着军事征服一路高歌猛进，"伊斯兰国"极端组织在叙利亚、伊拉克获得了大片领土的控制权。其发展目标不再满足于简单的生存，或制造一些恐袭活动震慑西方世界。"伊斯兰国"极端组织在大举进攻叙利亚和伊拉克多个城市的同时，也在努力提升自己的"统治能力"。这些行为主要可以概括为：提供更为正统而严苛的伊斯兰教教育；给民众提供医疗等公共服务和建立"伊斯兰国"极端组织的正规薪资体

---

① Abdullah Bin Khaled Al-Saud, "Deciphering IS's Narrative and Activities in the Kingdom of Saudi Arabia", *Terrorism and Political Violence*, Vol. 32, No. 3, 2020, pp. 475-478.

系；通过媒体技术加大对建立"哈里发国"合理性与合法性依据的推广宣传力度。图2为"伊斯兰国"极端组织的组织架构。

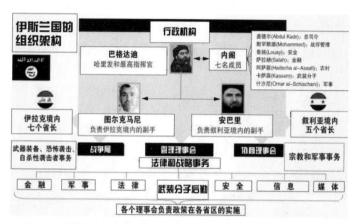

图2："伊斯兰国"极端组织的组织架构

资料来源：观察者网。

一、征服叙伊两国的大片领土

无论从新成员的大量招募，还是从全球范围内多个恐怖组织纷纷宣布"加盟""伊斯兰国"极端组织，均意味着"伊斯兰国"极端组织打破了传统恐怖主义势力的缓慢成长模式，一跃成为全球恐怖主义格局中的"大鳄"，其军事征战也取得了积极的进展。据兰德公司统计，到2014年秋，"伊斯兰国"极端组织控制了伊拉克大约630万居民（占总人数的19%）、58 372平方千米土地（占总面积的13%），征服了一系列重要的城市，如摩苏尔、基尔库克（Kirkuk）、提克里特和拉玛迪等。从2014年建立到2016年年底期间，"伊斯兰国"极端组织在叙利亚控制的人口总数一度高达330万人（占总人数的14%），所控制的领土最多时曾达到47 497平方千米（占总面积的25%）。① 2015年5月22日，叙利亚人权观察组织表示，"伊斯兰国"极端组织

---

① 李伟：《"伊斯兰国"失势，国际暴恐生态如何演变》，载《世界知识》，2017年第11期，第56页。

占领了叙利亚千年古城巴尔米拉（Palmyra），在当月 21 日攻克了叙伊边境口岸叙利亚一侧的塔纳夫检查站（al-Tanaf），而伊拉克一侧的瓦利德边防站（Walid）也随即失守。① 在如图 3 所示的叙伊两国地区范围内，从 2014 年 6 月成立，到 2016 年 10 月期间，"伊斯兰国"极端组织的征服领地、控制区域均实现了大片扩展的目标。

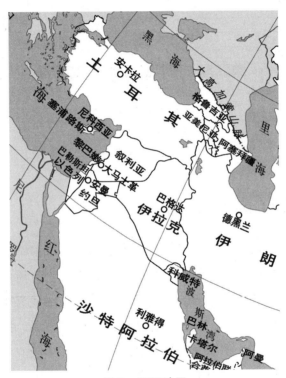

图 3：西亚地区

资料来源：标准地图服务系统。审图号：GS（2023）2752 号。

二、改造原有的宗教教育内容

在推动宗教教育方面，"伊斯兰国"极端组织在成立之后，一直致

---

① 《IS 占据叙利亚一半江山 接连攻陷伊叙重镇》，https://world. huanqiu. com/article/9CaKrnJLiOL。

力于在其掌握的领土上执行一种更强调正统宗教因素的教育体系。从2014年到2017年，"伊斯兰国"极端组织在其控制区域中的学校教育课程体系中，融入大量的崇尚暴力宗教元素的内容。例如，"伊斯兰国"极端组织在小学一年级的科学课程课本中，加入了大量来自《古兰经》的原文用语。尤其在地理课程内容的教学中，禁止教师们提到传统政治名词如"祖国""国家""民族主义""爱国主义"等，而代之以其他术语如"伊斯兰国""哈里发国""乌玛"等。在各种教材内容中出现得最频繁的词语包括"安拉""唯一性""忠诚""服从""萨拉菲""圣战"等。而对学生成绩也是根据一套由"回报"（al-jaza）和"惩罚"（al-iqab）主导的概念标准来进行评估。[①] 总而言之，"伊斯兰国"极端组织一直图谋对其所控制区域的教育体系加入大量的"圣神的知识"。

三、媒体宣传由招募工具演变为推动整体战略的重要力量

在"伊斯兰国"极端组织发展的鼎盛时期，媒体不再只是被"伊斯兰国"极端组织用于招募，还服务于该组织整体战略的推进。如刊物《达比克》通过多门语言向全世界进行宣传，努力塑造该组织吸引力，有效协助其招募到了更多新成员，尤其是吸引了大量来自西方世界的新成员加入。但其叙事框架和话语结构远不只是塑造"品牌影响力"那么简单。事实上，随着"伊斯兰国"极端组织不断地攻城略地，并日益获得某种"治理能力"，通过宣传手段来构建和彰显该组织的地缘政治目标，自然地成为其建立"哈里发国"过程中的重要环节。

通过对《达比克》话语进行分析可以清晰地看出，"伊斯兰国"极端组织拥有一个"重新想象出来的穆斯林领土"（reimagined territory）的目标。该目标并不简单地满足对宗教归宿的渴望，而是

---

① Olivier Arvisais and Mathieu Guidère, "The Integration of Religious Elements into ISIS Textbooks", *Religion & Education*, Vol. 47, No. 2, 2020, pp. 1-20.

通过精心设置叙事框架来重新界定和创造一个地理空间，来让其所有成员"感受"它，并成为它的主人。① 弗里曼（Christopher Fuhriman）等人曾对《达比克》的英语版本与阿拉伯语版本进行了详尽的批判性话语分析。他们发现，该杂志中对一系列重要国家和重要地名进行了各种加工。例如，在谈及"圣训"（Hadith）时，君士坦丁堡（Constantinople）和罗马（Rome）这两个古老的地名频繁出现。②

显然，对"伊斯兰国"极端组织来说，在其媒体和杂志上反复宣传君士坦丁堡这个古老的地名极为重要，是其获得"建国合法性"的重要理论来源：一是通过努力宣传用君士坦丁堡代替伊斯坦布尔的名称，能够表达"伊斯兰国"极端组织回归正统伊斯兰教历史的决心。二是表明了"伊斯兰国"极端组织对奥斯曼帝国合法性的坚决否认态度，认为其穆罕默德二世在1453年的军事征服未能满足"圣训"中的要求，奥斯曼帝国关于"1453年意味着末世阶段的开启"的说法也是无法成立的。该杂志甚至直接在其第21期的文章中指出，奥斯曼帝国用异教徒的信条和篡改的法律条文，污染了穆斯林的纯净世界。③ 罗马这个地名也高频率地出现在该杂志刊文中。早在2014年巴格达迪在摩苏尔的第一个正式公开演讲中就提到了罗马。《达比克》第4期的封面就是由圣彼得广场（St. Peter's Square）和"伊斯兰国"极端组织黑旗照片拼凑成的；在该期内容中，也出现了"我们要加快行动征服更多的领地，最后能够在罗马的橄榄树下乘凉"等语句。④ 因此，通过《达比克》进行的宣传虽然是跨越地理界限的，但是其展现出的野心却是具有强烈的"征服具体的领地"意味的，它涵盖了广泛的地缘政治、

---

① Richard M. Medina and George F. Hepner, "The Geography of International Terrorism", in Richard M. Medina and George F. Hepner, eds. *The Geography of International Terrorism : An Introduction to Spaces and Places of Violent Non-State Groups*, Boca Raton : Taylor & Francis/CRC Press, 2013, pp. 56-80.

② Edoardo Tolis, "Investigating the Influence of ISIS Radicalisation on the Recruitment Process : A Critical Analysis", *Journal of Policing, Intelligence and Counter Terrorism*, Vol. 14, No. 2, 2019, p. 135.

③ Christopher Fuhriman, et al. "Introducing a Dataset of Multi-Scale Geographies of ISIS Ideology from ISIS Sources", *Terrorism and Political Science*, Vol. 30, No. 2, 2019, pp. 1-11.

④ 同②, p. 146。

文化和社会学动机与战略野心。

第四节 "伊斯兰国"极端组织在叙伊两国遭受军事溃败后转入零散活动模式

随着国际反恐联盟与叙利亚、伊拉克的军事联合行动产生实效,"伊斯兰国"极端组织不得不面对军事上的连续溃败。其正规作战力量一再被削弱,不得不转而采取游击战和小型武装冲突的形式。大量的外国战斗人员也在连续的打击下纷纷溃逃,有些逃亡到自己的国家,有些则流窜到叙伊两国的外围区域。"伊斯兰国"极端组织开始被迫陆续放弃大片领土和重要城市据点,但值得注意的事,即使"伊斯兰国"极端组织在叙伊的控制力大幅下滑,它也从未放弃在其所控区域进行"政府治理"的努力。

一、在叙伊两国遭受军事溃败

2015 年 3 月,被包围的"伊斯兰国"极端组织武装分子利用各种地下隧道来逃避伊拉克军队的打击,并成功地进军到了一号高速公路,这条高速公路是连接"伊斯兰国"极端组织在伊拉克最重要据点的关键补给线路。① 到 4 月,"伊斯兰国"极端组织丢掉了对提克里特的控制,该城市重新被伊拉克安全部队控制。随后,库尔德力量和叙利亚反政府武装控制了土叙两国边界处的两个重要据点即拉玛迪和阿勒颇(Aleppo)。尽管"伊斯兰国"极端组织马上对此作出了迅速的战斗回应,但又马上被美国空军部队打压下去了。② 随后,伊拉克国家部队在安巴尔省地区也收复了失去的领地。2015 年 7 月,在土耳其空军部队

---

① "Final Declaration on the Results of the Syria Talks in Vienna as Agreed by Participants", https://www.eeas.europa.eu/node/3102_en.

② Jennifer Cafarella, "Syria 90 - Day Strategic Forecast: Jabhat al Nusra (JN)", http://www.understandingwar.org/backgrounder/.

的帮助下，伊拉克地方军队又在和"伊斯兰国"极端组织的军事对战中收复了其他领地。11月13日，库尔德人和雅兹迪人在美国空军的协助下，发起了收复辛贾尔（Sinjar）的战斗并一举获胜。辛贾尔位于摩苏尔以西大约100千米处，与摩苏尔和"伊斯兰国"极端组织大本营叙利亚拉卡相连，有着极为重要的战略位置。由于"伊斯兰国"极端组织一部分成员已经逃离了辛贾尔，库尔德武装未遇到激烈的抵抗便轻松地控制该镇的大部分城区。这一场战争标志着"伊斯兰国"极端组织的实际战斗力开始下滑。除此以外，部分什叶派武装分子开始展现了与"伊斯兰国"极端组织进行斗争的坚强意志力和作战能力。[1]

2016年5月，伊拉克政府在费卢杰郊区与"伊斯兰国"极端组织武装人员展开了激烈的交火，5月30日，伊拉克政府军在控制费卢杰周边城镇后开始攻打市区。在叙利亚，库尔德人主导的叙利亚民主军（SDF）对"伊斯兰国"极端组织位于拉卡的大本营开始了军事打击。2016年6月2日，据英国《卫报》的报道称，眼下"伊斯兰国"极端组织面临着"建国"以来最严峻的失利，将会失去四大据点，即伊拉克的费卢杰、摩苏尔和位于叙利亚的拉卡和曼比季。[2] 到2016年年底，"伊斯兰国"极端组织在伊拉克控制的居民数量减少了110万人（占总人数3.3%），控制的领土减少了15 682平方千米（占总面积的3.5%）。另外，在"伊斯兰国"极端组织的"八大行省"，即阿富汗、巴基斯坦、尼日利亚、利比亚、阿尔及利亚、埃及、沙特、也门和高加索地区，所控制的领土和人口也都有很大规模的下降。[3]

随着军事溃败的接踵而至，财政上的危机也开始降临。随着控制区域大片失守，"伊斯兰国"极端组织此前控制的油田和税收收入也锐

---

① 陈序：《伊拉克库尔德武装收复伊北部重镇辛贾尔》，http://www.xinhuanet.com/world/2015-11/13/c_1117139988.htm。

② 《"伊斯兰国"或将首次失守四大据点》，https://news.cctv.com/2016/06/04/ARTI1gdbQyU0z8hdLdYAYBc9160604.shtml。

③ 《"后伊斯兰国"时期国际恐情将更为混乱》，http://www.beijingreview.com.cn/shishi/201706/t20170629_800099266.html。

减,迫使"伊斯兰国"极端组织不得不削减了武装分子的薪酬,直接打击了他们的士气。另外,"伊斯兰国"极端组织大肆破坏叙伊两国基础设施,反复制造抢劫、强奸、屠杀无辜民众以及破坏历史文物等事件,也让两国民众的仇视情绪更加严重。

二、大量外国战斗人员回国或流窜到其他地区

从 2013 年 4 月开始到 2018 年 7 月,前往叙利亚和伊拉克的外国战斗人员总计达到 41 490 人,其中 7366 人(占总人数 17.8%)在 2018 年 7 月 1 日前回到了自己的国家,到 2018 年年底,这个比例达到了 20%。到 2018 年 7 月,来自俄罗斯的外国战斗人员中有 619 人被击毙;有四分之三的人员没有回到俄罗斯境内。这 3000 名俄罗斯武装极端分子分布在叙利亚、伊拉克,以及其他支持"伊斯兰国"极端组织的国家,且在这些国家之间不断地来流窜往返。到 2018 年年底,回到欧洲和中东国家的外国战斗人员达到 3000 人,占据所有回国人数的81%,但来自欧亚地区近 9000 人的外国战斗人员中,仅有不到 1000 人回到自己的国家,比例仅为 11.7%,其中俄罗斯籍的不到 300 人。[①]

而从回到俄罗斯的外国战斗人员的经历来看,他们并没有直接参加过自 2010 年以来发生在俄罗斯境内的任何重大恐袭活动。尽管如此,俄罗斯境内极端分子与"伊斯兰国"极端组织之间还是有着密切的关联。"独狼行动"(Operation Lone Wolf)也时常在俄罗斯上演。[②]另外,散落在叙伊两国以外的俄罗斯外国战斗人员,也可能间接地通过影响俄罗斯境内极端分子,对国内民众造成安全威胁。另外,叙伊两国"伊斯兰国"极端组织势力面临的巨大挫败,并没有让大量外国战斗人员涌向阿富汗的"呼罗珊省"。根据联合国分析支持和制裁监控小

---

① "Vladimir Putin: in Syria, There Are up to 9000 Militants from the Former USSR", *Kommersant*, February 23, 2017.

② Ekaterina Stepanova, "Foreign Terrorist Fighters from Russia in and After Syria and Iraq: Transational Trends and Threats", *Studies in Conflict & Terrorism*, Vol. 45, No. 1, 2021, p. 12.

组在 2019 年的调查报告，阿富汗的"伊斯兰国"极端组织武装分子达 2500—4000 人，其中从中东地区来的外国战斗人员则为几百人。[①]

三、残余势力试图继续进行"影子政府"治理

2019 年 3 月，"伊斯兰国"极端组织最后一个据点巴古兹（Baghuz al-Fawqani）陷落，但是其"国家治理"的梦想却没有幻灭。2019 年 6 月，"伊斯兰国"极端组织分别在在叙利亚代尔祖尔即曾经的哈勒分支（Wilayat al-Khayr），以及哈塞卡（al-Hasakah）即阿尔巴拉卡分支（Wilayat al-Barakah）试图继续推行"国家治理"。"伊斯兰国"极端组织不仅继续为该地区的残余势力提供资金，支持他们对叙利亚民主军和其管控下的羁押中心发动恐袭，[②] 还以"影子政府"的身份开展了一系列的治理措施。

这些措施主要包括以下几个方面的内容：一是通过掠夺的方式来征收"赋税"。从 2021 年下半年开始，"伊斯兰国"极端组织多次袭击了几个产油区，如卡拉塔（Kharata）、阿布·哈巴（abu Habba）、阿尔·泰印（al-Taym）和达斯（Daas）等地，强迫投资者们交出钱财。二是执行了极具性别歧视意味的"道德规训"政策（Hisbah）。为了彰显影响力，"伊斯兰国"极端组织还在阿尔·哈瓦齐兹（al-Hawajiz）等地毁坏了"未能推行伊斯兰教育"的学校，并烧毁了大量的商店。2021 年 6 月，"伊斯兰国"极端组织还在代尔祖尔实施了数起惩戒违反其"道德规训"者的暴力事件。三是颁发"行政文书"。"伊斯兰国"极端组织以叙利亚分支（Wilayat al-Sham）的名义继续颁发所谓的"行政文书"，以彰显其行政管理能力。2019 年 10 月，"伊斯兰国"极端组织向教育界有关人士颁发了禁止与无神论机构合作的"文件"。

---

① Ekaterina Stepanova, "Foreign Terrorist Fighters from Russia in and After Syria and Iraq: Transational Trends and Threats", *Studies in Conflict & Terrorism*, Vol. 45, No. 1, 2021, pp. 9-10.

② "ISIS Gang Leader Arrested in Deir ez-Zor", https://anfenglishmobile.com/rojava-syria/isis-gang-leader-arrested-in-deir-ez-zor-68590.

2020 年 4 月,"伊斯兰国"极端组织成员在阿尔·侯赛尼亚(al-Husseiniyah)的村庄挨家挨户地发放小册子,警告任何人不得与所谓的"叙利亚东北部自治政府"(AANES)以及叙利亚民主军合作。《华盛顿邮报》的调查显示,"伊斯兰国"极端组织在叙利亚曾经的占领区域依然有影响力,也能迅速准确地获取民众信息。① 四是继续推进夺回领土的行动。2019 年 11 月底,"伊斯兰国"极端组织仍然在埃尔布萨雅拉(al-Busayrah)等地设有站哨,监管人员的出入。因此,所谓的"叙利亚东北部自治政府"的安全机构曾在 2022 年 6 月提醒当地民众勿在偏远地区公路夜行。②

然而,尽管与 2014 年对比,"伊斯兰国"极端组织到 2019 年的有生力量遭到了大幅削弱,但其并没有停止吸收新鲜血液的努力。自 2022 年 7 月开始,"伊斯兰国"极端组织再次在迪班(Diban)等地招募新成员,许诺给出月薪 150—200 美元的待遇。2023 年 3 月底,"伊斯兰国"极端组织重新在埃尔舒海(al-Shuhayl)、埃尔布萨雅拉、迪班等地与其他极端分子武装聚集在一起,形成了可怕的"百慕大三角"(Bermuda Triangle),据估"伊斯兰国"极端组织有共计 70% 的武装分子陆续前往此地汇合。③

第五节 "伊斯兰国"极端组织在非洲、南亚与中亚等地的迅速"复兴"

"伊斯兰国"极端组织在叙利亚和伊拉克的有生力量遭受重挫,"哈里发国"梦想破碎,被迫从一定规模的军事作战转为地下零散游击战,但这些并不能说明打击"伊斯兰国"极端组织的努力取得了完全

---

① Aaron Y. Zelin and Devorah Margolin, "The Islamic States Shadow Governance in Eastern Syria Since the Fall of Baghuz", *Combating Terrorism Center*, Vol. 16, No. 9, 2023, pp. 22-28.

② 同①。

③ 同①。

胜利。以"伊斯兰国"极端组织为代表的全球极端主义圣战运动已经从聚焦叙伊两国,扩散为在叙伊保持活动、在阿富汗蓬勃发展、在非洲部分地区逐步站稳脚跟的复合局势。2023年9月,战争研究所发布了有关全球萨拉菲圣战运动(Salafi-Jihadi Movement)的最新报告。报告根据活跃度的高低和受袭风险分为5个等级,即"暴乱活跃或者升级区"(active insurgency escalating)、"低烈度暴乱区"(low-level insurgency)、"存在恐袭据点"(attack cells present)、"可能遭受恐袭的风险区"(assessed attack risk)和"中转区"(transit zone)。①

报告还指出,这时萨拉菲圣战运动的热度已经多方扩散,叙伊两国的相对地位已经大幅下降,中亚、南亚以及非洲部分区域的萨拉菲圣战运动明显上升。这意味着"伊斯兰国"极端组织在叙伊遭受重大挫败后,成功转移至其他地区,甚至呈现出了"复兴"之势。在中亚和南亚地区,恐袭活动烈度最高的区域依然在阿富汗和巴基斯坦,印度只是存在恐袭据点的区域,塔吉克斯坦和乌兹别克斯坦则是遭受圣战极端分子袭击的风险区。② 无论是以阿富汗为中心据点向其他南亚国家和中亚五国扩散的"呼罗珊省"分支,还是"伊斯兰国"极端组织以萨赫勒为中心向非洲国家扩张、纷纷建立的众多分支,都意味着"伊斯兰国"极端组织已经在叙伊两国以外找到了新的大本营。

一、"呼罗珊省"分支一跃成为叙伊两国之外最具"复兴"能力的分支

阿富汗政府在2019年宣称对"呼罗珊省"分支的斗争取得的全面胜利,但局面马上被新的现实打破。自从塔利班在2021年重新执掌阿富汗政坛以来,"呼罗珊省"分支不断扩张,并灵活调整生存策略,让塔利班试图歼灭"呼罗珊省"分支的梦想彻底落空。2021年8月26

① "Salafi-Jihadi Movement Weekly Update", https://www. understandingwar. org/backgrounder/salafi-jihadi-movement-weekly-update-october-4-2023.

② 同①。

日，"呼罗珊省"分支在喀布尔（Kabul）发动了一次大规模恐袭，造成了至少 170 名阿富汗平民和 13 名美国工作人员死亡。尽管"呼罗珊省"分支要面对来自以美国为首的国际反恐联合力量的强压，还要和塔利班、基地组织以及巴基斯坦塔利班斗争，但它通过对人员组织、媒体宣传、地区扩张等多方面革新和改进，一跃成为"伊斯兰国"极端组织在叙伊两国遭受重创后最大的"复兴"力量。

（一）"呼罗珊省"分支不断革新组织结构

虽然面临着多重军事打击的压力，"呼罗珊省"分支在 2018 年的短暂低迷后恢复了强大的抗压能力，在与各方势力的激烈博弈中为自己赢得了生存空间。

1. 保持核心领导层对组织的掌控能力

"呼罗珊省"分支保持了核心领导层对组织的掌控能力。而塔利班和阿富汗政府此时也并没有对"呼罗珊省"分支进行持续性打击的强烈意愿。2018 年 1 月，朱兹詹（Jawzjan）的"呼罗珊省"分支分子被迫撤退到法利亚布（Faryab）和萨尔普勒（Sar-e Pul）。塔利班之所以暂时停止对"呼罗珊省"分支的打击行动，一方面是由于难以在短期内招募到新成员，另一方面也惧怕若和"呼罗珊省"分支冲突过频，会成为美国特别行动小组或者阿富汗特别安全部队联合打击的目标。[1] 事实证明，"呼罗珊省"分支在随时有可能失去核心成员的情况下，依然保持着对占领区域强大的控制力。2018 年 4 月 5 日，"呼罗珊省"分支指挥官希克玛图（Qari Hekmatullah）在美军空袭中被击毙。长期以来，希克玛图在朱兹詹的偏远地区、杜尔扎卜地区（Darzab）和库什特帕地区（Qush Tepa）等地有强大的影响力。希克玛图曾创立"呼罗珊省"分支在朱兹詹的指挥委员会。该委员会由 14 名地方负责人员组

---

① "Still Under the IS's Black Flag: Qari Hekmats ISKP Island in Jawzjan After His Death by Drone", https://www.afghanistan-analysts.org/en/reports/war-and-peace/still-under-the-iss-black-flag-qari-hekmats-iskp-island-in-jawzjan-after-his-death-by-drone/.

成，除负责协调各分支的行动以外，还管理这些组织的军事、公共管理、金融和安全事务。希克玛图被击毙后，拉曼（Mawlawi Habib Rahman）成为继任者。

据阿富汗地方警局负责人员穆罕默德（Sher Muhammad）称，希克玛图死后的"呼罗珊省"分支依然具有强大的破坏力。长期以来，驻扎在杜尔扎卜和库什特帕地区的阿富汗安全部队人员本来就很少，后勤补给也非常缺乏，而连接这两个地区的公路也长期被希克玛图控制。失去了希克玛图后的"呼罗珊省"分支在与地方安全部队的较量中依然处于上风。2020年6月，加法里（Sanaullah Ghafari）被"伊斯兰国"极端组织总部任命为"呼罗珊省"分支的新领袖。加法里来自喀布尔北部沙卡尔达拉（Shakar Dara）地区，毕业于喀布尔大学，其家族曾追随"伊斯兰党"希克马蒂亚尔派（HIG）。加法里曾加入过塔利班哈卡尼组织，在"呼罗珊省"分支创建后转而加入该组织。在进入"呼罗珊省"分支领导层后开始负责策划在阿富汗各地的所有行动，[①]"呼罗珊省"分支的运行并没有因核心领导成员被击毙而受到明显的冲击。

2. 在原有据点基础上向阿富汗全境"病毒式"扩张

2020年下半年开始，"呼罗珊省"分支发动恐袭的次数不断攀升。2021年7月，"呼罗珊省"分支已经将其组织扩展到了努里斯坦（Nurestan）、巴德吉斯（Badghis）、萨尔普勒、巴格兰（Baghlan）、巴达赫尚（Badakhshan）、昆都士和喀布尔等其他多个省份和地区。在这些地区形成潜伏小组后重点招募和培训新的追随者。[②] 在袭击目标上，虽然它继续以少数宗派群体和少数民族为袭击对象，但重点开始转向检查站、安全车队等国家基础设施，以及支持塔利班政权的宗教领袖和神职人员，旨在削弱塔利班政权的合法性，破坏塔利班政权的国际

---

① 《转变打法的 ISIS-K：死灰复燃，回光返照》，https://www.thepaper.cn/newsDetail_forward_21238209。

② 同①。

形象。①

塔利班重新执掌阿富汗政坛后，"呼罗珊省"分支的野心愈发膨胀。一方面它以暗杀塔利班高级领导人为新目标，另一方面也开始拓展其作战方式。"呼罗珊省"分支开始刻意模仿"伊斯兰国"极端组织核心的行为模式，即用传统的军事作战和"政府治理"来进行反叛运动；②"呼罗珊省"分支还认为，应在美军撤离后马上开启"扰乱"（tawwahush）塔利班政府的阶段，即通过逐步推行多次政治和军事行动，来挑战和破坏塔利班在阿富汗执政的法理基础。2021年6月1日，联合国分析支持和制裁监督小组向联合国安理会提交了第12次分析报告。该报告指出："虽然在2018年遭受了重挫，'呼罗珊省'分支却自2020年6月以来又恢复了活跃态势。在其野心勃勃的新指挥官穆哈吉尔（Shahab Al-Muhajir）的指挥下，重新大肆招募塔利班边缘分子和其他武装人员。"该报告还强调："我们严重怀疑，'呼罗珊省'分支和阿富汗的哈卡尼组织有着密切的关系。"③

3. 创建"轴辐射"（hub-and-spoke）组织模式

为了弥补"伊斯兰国"极端组织总部缺乏人力和资金支持而无法管理和调度分布在全球的分支的缺陷，"呼罗珊省"分支建立了属于自己的指挥中心。由于"呼罗珊省"分支涵盖了中亚和南亚的广阔腹地，包括阿富汗、孟买、印度、马尔代夫、巴基斯坦、斯里兰卡和中亚五国，高效的指挥和管理体系显得尤为重要。"呼罗珊省"分支随即创建了艾尔·塞迪卡办公室（al-Sadiq office），对分布在南亚和中亚广阔腹地的追随者们进行战略协调。以艾尔·塞迪卡办公室作为地区协调中心的组织模式，很快在其他地区被复制。这意味着"呼罗珊省"分支

---

① 《转变打法的ISIS-K：死灰复燃，回光返照》，https://www.thepaper.cn/newsDetail_forward_21238209。

② Haroro Ingram, ed. *The Long Jihad: The Islamic State's Method of Insurgency*, Washinton, D.C.: George Washington University, 2021, p. 20.

③ "Explainer: ISIS-Khorasan in Afghanistan", https://www.wilsoncenter.org/article/explainer-isis-khorasan-afghanistan.

开始启用一种全新的"轴辐射"组织模式，帮助"伊斯兰国"极端组织核心有效缓解了无力指挥全球各地分支的困境。随后，"伊斯兰国"极端组织在索马里设立了艾尔·卡拉办公室（al-Karrar office），负责协调和指挥东非和西非分支的行动。①

（二）"呼罗珊省"分支开展多元化媒体宣传

"呼罗珊省"分支在媒体造势上达到了"伊斯兰国"极端组织创建以来的最高水平。美军撤离后，"呼罗珊省"分支采取了更为多元的媒体宣传策略，主要包括宣传意识形态，为暴力行动提供合理借口、妖魔化敌对力量，尤其是否定塔利班政府的合法性，以塑造更高的社会形象，为招募新成员造势。新时期的"呼罗珊省"分支的媒体宣传渠道包括正式和非正式两种。尤其是后者的拓展速度惊人，"呼罗珊省"分支声称"我们的羽毛是异教徒心中的匕首"。"呼罗珊省"分支主要以普什图语、达里语、波斯语、乌尔都语、乌兹别克语、塔吉克语、印地语、马拉雅拉姆语、俄语、阿拉伯语、英语和维吾尔语进行宣传。

相比"伊斯兰国"极端组织之前的媒体宣传，"呼罗珊省"分支各种媒体宣传平台的功能分工也更加细化，如：作为"呼罗珊省"分支主要官方媒体的艾尔米拉特电台（al-Millat Media）主要负责出版小册子和发布"呼罗珊省"分支中央管理层的各种声明；哈立德电台（Khalid Media）负责制作各种视频；艾尔阿克巴"呼罗珊省"电台（al-Akhbar Wilayah Khorasan）发布比较具体的声明和报道日常事件；阿齐姆基金会（Achim Foundation）则分别以普什图语和英语出版两份月刊《呼罗珊之声》《呼罗珊·加格》；"呼罗珊省"分支还在2021年先后出版了《塔利班的真相》《在祈祷时阅读法蒂赫的苏拉》《哦！宣传

---

① "Explainer：ISIS - Khorasan in Afghanistan"，https：//www. wilsoncenter. org/article/explainer-isis-khorasan-afghanistan.

者，你知道圣战的价值吗?》等图书，来大肆宣扬各种极端意识形态。①

（三）"呼罗珊省"分支进行国际化扩张

"呼罗珊省"分支自 2020 年起竭力向阿富汗境外扩张，试图形成一个以阿富汗为核心、辐射南亚和中亚的"复合型"恐怖组织。除了从巴基斯坦、印度和中亚五国不断招募新成员以外，"呼罗珊省"分支还从 2022 年起加大了对南亚和中亚地区的恐袭力度，并在南亚地区和多个极端组织结盟，加剧了地区紧张局势。

巴基斯坦是因"呼罗珊省"分支国际扩张而安全受损最严重的国家之一。2023 年 7 月 30 日，巴基斯坦巴焦尔地区的卡尔（Karle）在举行选举集会时发生了自杀式恐怖袭击，造成至少 60 人死亡和 100 多人受伤。② 这是一起由"呼罗珊省"分支发动的、针对雷赫曼（Maulana Fazlur Rehman）领导的宗教政党伊斯兰神学者协会（Jamiat Uleme-e-Islam-Fazal）的行动。③ 此次恐袭不仅表明了"呼罗珊省"分支在短期内不会被塔利班消灭，还拥有操作跨境行动的不可小觑的实力。

总而言之，相比较于 2019 年被迫向阿富汗政府投降的阶段，"呼罗珊省"分支在短暂沉寂后迅速卷土重来，且利用阿富汗境内的重重社会问题和治理困境，为自己创建了在阿富汗境内和境外活动的有利条件。"呼罗珊省"分支在该阶段已经不再满足于作为"伊斯兰国"极端组织的残余势力以苟延残喘的方式存在，而是具有了更具野心的发展目标，即将自己塑造为可以独立对抗阿富汗政府的反对派势力，以及可以自由跨境联动的国际恐怖组织。表 2 介绍了"呼罗珊省"分支将自身塑造为传统反对派集团的行动逻辑。

---

① Amira Jadoon, et al. "The Enduring Duel: Islamic State Khorasan's Survival Under Afghanistan's New Rulers", *Combating Terrorism Center*, Vol. 16, No. 8, 2023, pp. 8-15.

② Chrisitina Goldbaum, "ISIS Affiliate Claims Responsibility for Deadly Attack at Rally in Pakistan", https://www.nytimes.com/2023/07/31/world/asia/pakistan-bombing-isis.html.

③ 同①。

表 2:"呼罗珊省"分支将自身塑造为传统反对派集团的行动逻辑
(2021 年 8 月—2023 年 12 月)

行动类型	行动的逻辑	代表性事件
经济战	让敌人的资源全方位陷入枯竭	破坏电力设施;袭击油田和油气厂区等
破坏塔利班的国际形象	让国家更加"纯净";提升"呼罗珊省"分支内部的凝聚力	袭击中国游客经常光顾的酒店;对巴基斯坦和俄罗斯大使馆发动恐袭
高调谋杀活动	破坏敌对力量的社会声望和拉低其士气;策反敌对组织;暗杀敌对组织中的核心领导成员等	2022 年 8 月杀死塔利班宗教领袖哈卡尼(Sheikh Rahimullah Haqqani);2023 年 3 月发动了数次对塔利班高级领导人的暗杀活动;2023 年 6 月暗杀阿富汗巴达赫尚的副省长
农村游击战争	破坏敌人的社会声望和打击其士气;在农村建立更多庇护所;争夺更多传统社区;恐吓和勒索平民等	袭击塔利班安全部门工作人员,对楠格哈尔的政府机构进行袭扰
在城市煽动教派冲突	破坏社会秩序;破坏政府安全设施	恐袭什叶派教堂,尤其是在 2021 年 10 月袭击了昆都士的赛义达·巴德教堂(Sayed Abad)和坎大哈的比比·法蒂玛清真寺(Bibi Fatima);2022 年 6 月对喀布尔的锡克教寺庙(Sikhism)发动恐袭等
跨境行动	动员更多的追随者和扩大地区招募范围	宣称要对乌兹别克斯坦、伊朗、塔吉克斯坦和巴基斯坦发动恐袭

资料来源:Amira Jadoon, et al. "The Enduring Duel:Islamic State Khorasan's Survival Under Afghanistan's New Rulers", *Combating Terrorism Center*, Vol. 16, No. 8, 2023。

(四)"呼罗珊省"分支获得"伊斯兰国"极端组织总部的重点资金扶持

自从建立以来,"呼罗珊省"分支就用充裕的资金支撑起了一个高薪工作体系,吸引了大量对巴基斯坦塔利班和阿富汗塔利班待遇不满的成员。总体而言,"呼罗珊省"分支主要依靠3个方面的资金来源运行:来自"伊斯兰国"极端组织总部的拨款、地方税收和国际捐助。这些资金统一由"呼罗珊省"财政委员会管理。其中的国际捐助主要来自海湾国家如卡塔尔和沙特的富豪们,大量的人口拐卖和走私活动也是资金来源的一部分。①

据美国财政部在2022年发布的调查报告,"伊斯兰国"极端组织在全球建立起了一个松散的财政金融网络。该网络在中央财政体系的指挥下协调运营,将资金尽量分配给资金紧张的分支。2015年以来,"呼罗珊省"分支开始自主筹措资金,分别在2015年和2016年筹集到了1亿美元和7.8亿美元的款项,其中来自私人的国际捐款增长了82%。从2019年到2021年,美国国务院和财政部共同发布报告称,"伊斯兰国"极端组织总部可能开始直接对"呼罗珊省"分支提供资金,因为总部将阿富汗视为拓宽活动范围、筹募资金、招募成员和提升战斗能力的重要地区。②

尽管遭受了重重打击,"伊斯兰国"极端组织依然努力地从各种渠道筹集资金,如敲诈勒索商贩、绑架和通过网络筹募捐款以充实各项活动所需资金。他们在叙利亚和伊拉克境内设立了哈瓦拉支付系统(Hawala),并利用这两个国家不健全的安全审核制度来转移各种资金。"伊斯兰国"极端组织在西非的分支主要通过敲诈乍得的农业公司、在尼日尔绑架平民索取赎金,以及通过在其他地区进行非法活动获得各种枪支弹药。其中从索马里非法获得的资金最多,成为"伊斯兰国"极端组织在非洲最重要的财政来源。③

---

① Alex Zerden, "What Is Known About ISIS-K Funding in Afghanistan?", https://www.lawfaremedia.org/article/what-known-about-isis-k-funding-afghanistan#:~:text=As%20of%20early%202020%2C%20ISIS,always%20had%20this%20funding%20model.

② "Operation Enduring Sentinel, Operation Freedom's Sentinel", https://www.oversight.gov/sites/default/files/oig-reports/DoD/LEAD-INSPECTOR-GENERAL-OESOFS.pdf.

③ "Fact Sheet: Countering ISIS Financing", https://home.treasury.gov/system/files/136/2023.06.16-Fact-Sheet-on-Countering-ISIS-Financing.pdf.

在筹措资金的过程中,"呼罗珊省"分支难以持续稳定地从"伊斯兰国"极端组织总部获取活动资金。尤其到 2022 年下半年后,"呼罗珊省"分支在巴基斯坦、印尼、印度以及中亚五国的分支都不得不自行筹款。2023 年 1 月 5 日,美国和土耳其政府共同对土耳其境内资助"伊斯兰国"极端组织的金融网络进行严厉打击,再次阻断了分支通过土耳其境内地下金融网络获得资金的渠道。到 2023 年年初,"伊斯兰国"极端组织总部无法再为任何死亡和被捕成员的家庭支付费用,甚至一度中断发放部分领导人员薪水。①

(五)"呼罗珊省"分支在塔利班的新一轮打击下锻造更强的抗打击能力

在 2021 年塔利班重返阿富汗政坛后,"呼罗珊省"分支不仅顶着重重压力生存下来,且将其触角延伸到了广阔的中亚腹地。虽然"呼罗珊省"分支和塔利班在意识形态上有一些思想渊源,但它们的敌对关系一时难以缓解。因为塔利班与"呼罗珊省"分支的宿敌基地组织之间向来关系密切,且"呼罗珊省"分支认为塔利班的"阿富汗民族主义至上"的政治进程与它建立全球"哈里发国"的梦想背道而驰。② 到 2023 年年底,在阿富汗政府军和其他国际力量的联合绞杀下,"呼罗珊省"分支在阿富汗境内的活动大幅减少,但在境外的行动次数却在不断上升。

在 2021 年的喀布尔大规模恐袭案之后,"呼罗珊省"分支就不断加大行动力度并延续到了 2022 年。在加法里的领导下,"呼罗珊省"分支试图重新集结其分散在各地的力量,扩充招聘规模和加大宣传力度,还试图夺回之前占领过的土地。2020 年,"呼罗珊省"分支开始逐渐进入阿富汗各大城市发动武装暴动,分别于 2020 年、2021 年和

---

① "Fact Sheet: Countering ISIS Financing", https://home. treasury. gov/system/files/136/2023. 06. 16-Fact-Sheet-on-Countering-ISIS-Financing. pdf.

② "Terrorist Groups in Afghanistan", https://sgp. fas. org/crs/row/IF10604. pdf.

2022 年发动了 83 起、353 起和 217 起恐袭。除此以外，"呼罗珊省"分支头目还致力于实现战略多样性，即将组织的成员结构变得更加国际化，行动日程和行动模式也变得更加国际化。① 显然，在美军和各派国际力量撤离后，阿富汗反恐能力的下降和安全局势的恶化，为"呼罗珊省"分支的"复兴"缔造了良机。

为了遏制"呼罗珊省"分支的"复兴"势头，塔利班对其进行了多方位的武装围堵。"武装冲突位置和事件数据"网站显示，从 2022 年 1 月到 2023 年 12 月的两年期间，阿富汗政府的情报和特殊部队对"呼罗珊省"分支发动了 75 次打击行动，击毙了"呼罗珊省"分支 163 名成员。在 2022 年，其主要作战地区集中在喀布尔、楠格哈尔和库纳尔（Konar），而在 2023 年集中在喀布尔、赫拉特（Herat）和尼姆鲁兹（Nimruz）。② 在阿富汗政府如此强烈的攻势之下，"呼罗珊省"分支在 2023 年 5 月后的行动破坏力明显下降了。尽管"呼罗珊省"分支在阿富汗发动恐袭的次数在 2023 年 6 月略有回升，但其恐袭活动导致的人员伤亡大幅度减少，到 2023 年年底降至 2022 年 1 月以来的最低水平。

然而，尽管"呼罗珊省"分支的活动一度陷入低潮，但它并没有就此停止行动。2024 年 3 月，美军中央司令部司令库里拉（Michael Curila）称，美国对塔利班打击"呼罗珊省"分支的能力表示怀疑。他强调，虽然"呼罗珊省"分支的几名重要头目在 2023 年被塔利班击毙，但是其行动能力依然强劲。2023 年 6 月，在短暂的休整后，"呼罗珊省"分支在 48 小时内对与塔吉克斯坦接壤的巴达赫尚发动了两次重大的恐袭，导致该省省长死亡。从 10 月到 11 月期间的 3 周内，"呼罗珊省"分支袭击了阿富汗的什叶派社区，对巴格兰的最大什叶派清真寺发动了自杀式恐袭，在 10 月对普韦布洛（Pul-i-Khumri）也发动了

① Amira Jadoon, et al. "From Tajikistan to Moscow and Iran: Mapping the Local and Transnational Threat of Islamic State Khorasan", *Combating Terrorism Center*, Vol. 17, No. 5, 2024, pp. 1-12.
② 同①。

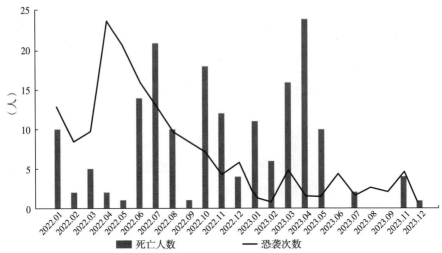

图 4："呼罗珊省"分支发动恐袭次数和成员死亡人数（2022 年 1 月—2023 年 12 月）

资料来源：Amira Jadoon, et al. "From Tajikistan to Moscow and Iran: Mapping the Local and Transnational Threat of Islamic State Khorasan", *Combating Terrorism Center*, Vol. 17, No. 5, 2024, pp. 1-12。

恐袭。这种对什叶派的袭击行为持续到了 2024 年。他们在 1 月和 5 月分别对达什特巴基（Hazara Dasht-e-Barchi）社区和赫拉特发动了袭击。同时，"呼罗珊省"分支继续不断地对巴基斯坦发动各类恐袭活动。[1] 图 4 介绍了 2022 年 1 月—2023 年 12 月"呼罗珊省"分支发动恐袭次数和成员死亡人数。

二、"伊斯兰国"极端组织在非洲和其他地区的扩张新态势

在非洲，主体力量遭到严重挫败的"伊斯兰国"极端组织找到了除叙利亚和伊拉克以外的最佳发展基地。它马上建立了新的分支，利用各国反政府社会浪潮难以平息、国家治理危机重重、长期经济发展停滞等问题而迅速崛起，给非洲各地以及欧洲不少国家带来了严重的安全隐患。

---

① Amira Jadoon, et al. "From Tajikistan to Moscow and Iran: Mapping the Local and Transnational Threat of Islamic State Khorasan", *Combating Terrorism Center*, Vol. 17, No. 5, 2024, pp. 1-12.

（一）在非洲得以迅速扩张的社会历史渊源

近年来，非洲的暴恐形势愈发严峻，但其产生与发展有着非常久远的社会和历史渊源。回顾历史，20世纪90年代图阿雷格叛乱、1992年阿尔及利亚内战、2011年利比亚危机、2015年以来在马里和2016年以来在尼日利亚不断爆发的农牧民暴力冲突等后续效应交织在一起，为极端主义和恐怖主义在非洲的蔓延提供了社会土壤。在非洲各国和地区之间，自古以来充斥着部落间、种族间和不同生活方式与价值观的冲突，到20世纪60年代，非洲各地掀起了去殖民化浪潮，非洲与西方国家的冲突日益尖锐，各种暴力组织趁势兴起，它们在马里、布基纳法索、尼日尔频繁作乱，将萨赫勒地区变成了暴恐活动的大舞台。

多年来，非洲北部的突尼斯、阿尔及利亚和利比亚，以及西北部的毛里塔尼亚等国家一直在试图推行沙里亚法的统治模式。早在20世纪90年代，极端伊斯兰主义就开始在阿尔及利亚扎根，后来逐步发展成为伊斯兰马格里布基地组织。[①] 2017年，"伊斯兰国"极端组织在叙利亚和伊拉克已经失去了曾控制的95%的土地。当时就有专家预测，它极有可能把萨赫勒地区视为其下一个最佳庇护所。[②] 随后"伊斯兰国"极端组织在非洲西部、东部和北部地区的猖獗行动也印证了这一预测。

在非洲，自从法国在2021年陆续撤军后，"伊斯兰国"极端组织萨赫勒分支已经从尼日利亚向北扩张到聚集了大量图阿雷格人的马里东北部地区。截至2023年9月，同样根据这种烈度划分等级，非洲圣战暴乱风险最高的国家有刚果（金）、肯尼亚、索马里、莫桑比克、尼日利亚、马里、尼日尔、布基纳法索，低烈度暴乱区则有利比亚和乍

---

① Virginia Comolli, "Terrorism and Counterterrorism in Africa", in Jacinta Carroll, ed. *Counterterrorism Yearbook 2017*, Canberra: Australian Strategic Policy Institute, 2017, pp. 112-114.

② Rodolph Atallah, "ISIS Eyes Sahel as Next Safe Haven", https://www.thecipherbrief.com/article/africa/isis-eyes-sahel-as-next-safe-haven.

得，存在恐袭据点的国家有埃塞俄比亚和乌干达，遭受恐袭风险区为埃及，而苏丹则是重要的各种萨拉菲圣战主义暴动的中转国家。[①]

（二）在非洲各个分支迅速壮大

纵观 2023 年全年，虽然"伊斯兰国"极端组织在叙利亚和伊拉克的影响力持续下降，但在全球布控据点的能力依然不容小觑。其中发展最快的为"呼罗珊省"分支，其次为"伊斯兰国"极端组织在非洲的分支。塔利班在 2022 年 6 月到 2023 年 4 月期间加大了对"呼罗珊省"分支成员的打击力度，直接导致"呼罗珊省"分支在阿富汗内发动恐袭的次数在 2023 年 4 月后大幅减少。然而，尽管"呼罗珊省"分支在阿富汗境内的行动能力被实质性地削弱了，但这并不意味着该组织生命力的降级。尽管遭受来自塔利班的重压，"呼罗珊省"分支的战略调适能力却在不断上升。以美国为主的国际部队大规模撤离阿富汗、塔利班面临着的较为孤立的外交环境，以及塔利班和巴基斯坦之间围绕巴基斯坦塔利班产生的长期纠纷等，都为"呼罗珊省"分支提供了更为有利的生存环境。[②] 2023 年年底到 2024 年 3 月期间，"伊斯兰国"极端组织在各大地区分支的恐袭次数分布发生了巨大的变化。"伊斯兰国"极端组织在叙利亚和伊拉克境内的恐袭次数分别从 2021 年高峰时期的接近 1200 次和接近 1500 次，下降到了 2024 年 3 月的均不到 300 次。[③] 如图 5 所示，"伊斯兰国"极端组织的西非分支发动的恐袭次数最多，其次分别为叙利亚分支、伊拉克分支、中非分支、莫桑比克分支、"呼罗珊省"分支、萨赫勒分支和东亚分支等。"伊斯兰国"极端组织在以西非为重点的地区持续壮大力量，频繁组织跨境恐怖活动，

---

① "Salafi-Jihadi Movement Update: September 29", https://www.iswresearch.org/search/label/ISIS.

② Amira Jadoon, et al. "From Tajikistan to Moscow and Iran: Mapping the Local and Transnational Threat of Islamic State Khorasan", *Combating Terrorism Center*, Vol. 17, No. 5, 2024, pp. 4-5.

③ "One Year of the Islamic State Worldwide Activity Map", https://www.washingtoninstitute.org/policy-analysis/one-year-islamic-state-worldwide-activity-map.

其活跃态势有超越"呼罗珊省"分支的势头。

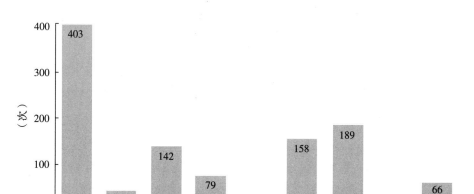

图5："伊斯兰国"极端组织在各地区"认领"的恐袭次数
（2023年1月—2024年1月）

资料来源：Aeron Y. Zelin and Ilana Winter,"One Year of the Islamic State Worldwide Activity Map", https://www. washingtoninstitute. org/policy - analysis/one - year - islamic - state-worldwide-activity-map。

2020年，政治暴力和恐怖主义国际研究中心发布的报告称，多个因素让萨赫勒对"伊斯兰国"极端组织等恐怖组织充满了吸引力。一是该地区各个国家的政治经济制度普遍脆弱，甚至彻底崩塌，而广袤的沙漠地带则有利于恐怖分子躲避政府军的追捕；二是来自中东和南亚地区的"伊斯兰国"极端组织分子善于用宗教来操纵非洲各国民众，长期遭受失业和贫困压力的非洲年轻人群体，轻易地接受了极端组织的蛊惑；三是生态环境恶化的不断加剧，让农民和游牧群体冲突加剧，犯罪活动日益泛滥。[1]与"伊斯兰国"极端组织曾经在叙伊两国一样，西非分支的行动极为残暴。截止到2020年1月，尼日利亚有多达23万人纷纷逃亡邻国如尼日尔和乍得。[2]萨赫勒地区已经成为各大极端组

---

[1] Atta Barkindo,"The Sahel：A New Theatre for Global Jihadist Groups?", *Terrorist Trends and Analysis*,Vol. 12,No. 2,2020,pp. 21-26.

[2] Elizabeth Pearson,"Boko Haram,the Islamic State,and the Question of the Female Suicide Bomber",in Jacob Zen,ed. *Boko Haram Beyond the Headlines：Analyses of Africa's Enduring Insurgency*,New York：Combating Terrorism Center,2018,pp. 33-52.

织活跃的全新大舞台。据经济与和平研究所在 2023 年发布的报告,在如图 6 所示的萨赫勒地区近年来兴起的暴恐浪潮所造成的死亡人数比东南亚、中东和北非加起来还要多。2022 年,该人数占据全球因极端主义暴力活动而死亡的总人数的 40%,而在 2007 年该比例仅为 1%。这种势头给非洲其他地区以及欧洲造成了严重的安全威胁。①

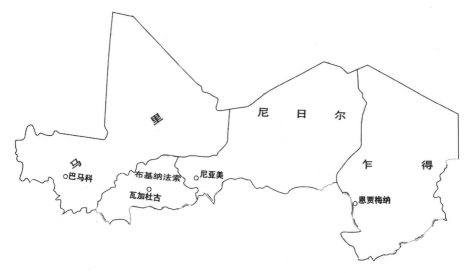

图6:恐袭分布较集中的萨赫勒地区国家和城市

资料来源:标准地图服务系统。审图号:GS(2023)2758 号。

2023 年以来,"伊斯兰国"极端组织在非洲地区的扩张并不满足于发动恐袭,而是试图再度控制大片非洲领土。这种野心在莫桑比克、马里和索马里等国甚至取得了一些进展,其跨国行动范围也在不断扩大。2023 年,摩洛哥和西班牙发生的 6 起与"伊斯兰国"极端组织有关的法律诉讼中,均涉及为马里分支招募成员的事务;索马里当局也逮捕了摩洛哥和叙利亚分支成员;菲律宾政府逮捕了来自比利时、埃

---

① Lucas Martin, "The Sahel, the Origins", https://www.atalayar.com/en/articulo/reports/the-sahel-the-origins/20240816060000204076.html.

及和印尼分支的犯罪嫌疑人;印度的武装极端分子试图前往阿富汗加入"呼罗珊省"分支等。① 可以说,"伊斯兰国"极端组织在非洲的大肆扩张,为其"东山再起"的野心提供了现实基础。

(三) 在叙伊两国境内的行动力也开始逐步回升

2017 年 12 月,虽然"伊斯兰国"极端组织在伊拉克宣布被打败,但该组织依然保持活跃。各类逊尼派极端分子依然窝藏在伊拉克各个省,且把叙利亚的阿尔霍尔(al-Hol)监狱当作孵化营。2022 年,尽管该组织的很多头目纷纷被击毙,但其依然保持了一定的活力。2022 年 2 月,美军在叙利亚的军事行动击毙了"伊斯兰国"极端组织的两名头目即艾尔库拉什(Abu Ibrahim Al-Hashimi Al-Qurashi)和埃尔穆哈耶尔(Abu Hamza El-Muhajer),随后"伊斯兰国"极端组织马上发动了名为"报复行动"(Revenge Campaign)的密集袭击行动,其活动在 2022 年 4 月到 5 月期间达到了高峰。随着这种趋势继续延续到 2023 年,美军中央司令部和"坚定决心行动"(Operation Inherent Resolve)小组在叙利亚和伊拉克对该组织进行了联合军事打击。在 2023 年 1 月,美国等多方力量在伊拉克对"伊斯兰国"极端组织进行了 33 次军事打击。②

2022 年 12 月 29 日,美军中央司令部在记者招待会上发布的消息称,大约有 1 万名"伊斯兰国"极端组织武装分子在叙利亚境内活动,伊拉克境内有 2 万人左右。2023 年 2 月,叙利亚与土耳其边境爆发地震,导致叙伊边境的局势更加混乱,两国境内的"伊斯兰国"极端组织成员趁势继续发动"破墙"军事行动,即从叙利亚阿尔霍尔等各大监狱中解救出更多"伊斯兰国"极端组织成员。阿尔霍尔监狱里羁押

---

① Aeron Y. Zelin and Ilana Winter, "One Year of the Islamic State Worldwide Activity Map", https://www. washingtoninstitute. org/policy-analysis/one-year-islamic-state-worldwide-activity-map.

② Virginie Sauner, "Daesh: Which Outlook for Iraq in 2023?", https://rudawrc. net/en/article/daesh-which-outlook-for-iraq-in-2023-2023-04-27.

着大量"伊斯兰国"极端组织成员,此处也因为居住着大量"伊斯兰国"极端组织成员的孩子而被称为"哈里发的孵化器"(Cubs of the Caliphate)。到 2023 年 1 月,这里居住的"伊斯兰国"极端组织成员的孩子总数超 25 000 人。①

---

① Virginie Sauner, "Daesh: Which Outlook for Iraq in 2023?", https://rudawrc. net/en/article/daesh-which-outlook-for-iraq-in-2023-2023-04-27.

第三章　国际反恐联盟与"伊斯兰国"极端组织的斗争

　　"9·11"事件爆发后，美国随即宣布将发动一场全球反恐战争，随后巴基斯坦、沙特、英国、法国、以色列、印度等多个国家纷纷宣布支持美国的反恐努力，以美国为领导的国际反恐联盟，以前所未有的力度在全球得以建立起来。2011年5月1日深夜，美军发动了专门猎杀本·拉登的"海神之矛行动"（Operation Neptune Spear），最终将藏匿在巴基斯坦阿布塔巴德（Abbottabad）一处偏僻小镇的本·拉登击毙。然而，作为基地组织最高领袖和受到全球各大恐怖组织"敬仰"的本·拉登之死，并没有让这场全球反恐战争画上句号。

　　2011年，美国从伊拉克仓促撤军。同年，叙利亚陷入内战深渊。由萨达姆政权时期解散部队军人组建的基地组织伊拉克分支，在叙利亚内战与美军撤离后留下"权力真空"的双重有利条件下，迅速发展壮大。他们在受到压迫的伊拉克逊尼派和其他少数派人群的同情与支持之下，不仅成功地从基地组织分离出来，还迅速地在2014年6月宣布成立"伊斯兰国"。该组织有着令人惊叹的领土占领速度，残忍的"炫耀暴力"的方式，娴熟的运用新媒体技术和宣传工具的能力，有效的财政创收能力，甚至具备了一定的"哈里发国"的治理能力。"伊斯兰国"极端组织的建立与壮大，成为全球暴恐生态中的标志性事件。

　　由于"伊斯兰国"极端组织的势力扩张速度、血腥残忍程度以及大规模作战能力都远超过其他恐怖组织，国际社会多方力量在美国、俄罗斯的带头组织推动下，迅速作出了联合军事行动的反应。同时，欧盟和联合国等组织也在接收大量叙利亚难民、提供人道主义援助、协调国际反恐联盟分歧方面作出了大量努力。另外，多个国家和国际组织也在"伊斯兰国"极端组织主要军事力量被击溃后，参与到叙利亚的国家重建和影响伊拉克权力更迭进程中去，这直接关系到能否大幅挤压国际恐怖主义和极端主义在未来的生存空间。

　　可以说，国际反恐联盟共同围剿和打击"伊斯兰国"极端组织的行动有着较高的复杂性，与以往任何一次国际反恐合作都有着较大的差异。从参与者情况来看，此次参与打击"伊斯兰国"极端组织的国际反恐成员众多、成分复杂，在主权国家和国际组织以外，还包括非国家行为体如叙利亚库尔德武装等；从联盟内关系互动来看，各个行为体摒弃前嫌，在"伊斯兰国"极端组织这个巨大的"感知威胁"的压力下弥合部分利益冲突和分歧，从而促使中东地区原有联盟阵线的权力结构产生异变，但又受到原有联盟阵线关系结构的深刻影响；从反恐周期来看，研究此次反恐合作需要延伸周期才能获得较为客观全面的了解，一方面，国际反恐联盟深受 2014 年"伊斯兰国"极端组织兴起之前各国对叙利亚危机和伊拉克国内事务进行干预的影响，一方面又需要跳出传统的、局限于军事打击恐怖主义的框架，尤其要将2018 年开启的叙利亚国家重建工作视为国际反恐联盟共同铲除恐怖主义滋生土壤的行动内容之一。总而言之，在国际反恐联盟共同打击"伊斯兰国"极端组织"一致目标"的表象下，暗藏着诸多不同利益与诉求的碰撞与妥协，反恐进程也覆盖了较长的时间跨度。

第一节　国际反恐联盟对"伊斯兰国"极端组织的军事打击

为了应对日益猖獗的"伊斯兰国"极端组织给地区安全和稳定带来的严重后果，2014年9月5日，9个北约成员国即英国、法国、澳大利亚、加拿大、丹麦、德国、意大利、波兰、土耳其召开会议，共同商定为歼灭"伊斯兰国"极端组织而结为"核心联盟"。此次会议上，"核心联盟"初步拟定了行动路线：与沙特合作，避免通过石油贸易间接资助恐怖组织；向伊拉克提供军事支持，包括考虑为伊拉克提供军事装备和培训；继续为叙利亚提供人道主义援助；将以"伊斯兰国"极端组织为代表的恐怖组织意识形态作出非法化处理，打击其宣传媒体的运作网络等。[①] 这也是后来不断扩充的国际反恐联盟的雏形。

一、美国联合反恐盟友以叙伊两国为主战场军事打击"伊斯兰国"极端组织

美国在对"伊斯兰国"极端组织采取军事行动之前，一直在叙利亚内战中扮演着反对阿萨德政府的角色，对于"伊斯兰国"极端组织兴起之后的复杂局面国内出现过不同的主张。

（一）美国国内就如何应对"伊斯兰国"极端组织的威胁展开争论

美国国内对于到底如何打击"伊斯兰国"极端组织，曾出现几种不同的主张。一是克制战略。沃尔特认为，克制战略应该建立在当地条件配合的基础上，而美国则应该与这个战场保持一定的距离；在遏制"伊斯兰国"极端组织扩张的同时，鼓励欧洲范围内的穆斯林群体实现更好的融合，提升整个中东地区的综合治理水平。因此，美国应

---

① 《美打击 ISIS 战略满月：盟友态度不一 "钱"景堪忧》，https://www.chinanews.com/mil/2014/10-14/6675563.shtml。

该采纳的是一种"甩手方式"（hands-off approach）。二是政治和解。哈里布（Lina Khatib）强调，政治和解是处理和"伊斯兰国"极端组织关系的一种最好的战略，有必要在伊拉克和叙利亚达成政治和解。三是直接进行军事打击。卡根（Fred Kagan）等专家认为，对"伊斯兰国"极端组织真正进行严厉的军事打击才是最有效的方式。[①]

在作战方式的选择上，美国认为空袭是歼灭"伊斯兰国"极端组织有生力量的有效手段。考虑到与基地组织从弱到强的发展模式不同，"伊斯兰国"极端组织从建立之初便展现出较强的军事作战能力，美国国家战略与国际问题研究中心在一篇分析报告中指出了对叙利亚进行空中打击的必要性和紧迫性。报告认为："目前，在巴格达西侧的战事依然进展得十分艰难，让伊拉克库尔德聚居地承受着巨大压力，同时也给叙利亚库尔德人带来了人道主义灾难。因此，空袭是扭转目前地面作战劣势的办法。空袭还能够避免军事援助的利益落入伊拉克和叙利亚宗派冲突任何一方手中，也能向伊拉克政府表明美国希望伊拉克实现国内政治稳定的诚意。进行空袭战斗，还能给那些摇摆不定的反恐盟友如卡塔尔和土耳其带来真正的压力，可以让他们真正意识到，如果继续利用'伊斯兰国'极端组织的崛起来反对库尔德人或者阿萨德政府，美国和其他国家都会与其走向对立。"[②]

在叙伊两国打击"伊斯兰国"极端组织的战斗初期，美国军队得到了各个盟友强有力的支持。美国在东部派驻重兵于伊拉克，并成功获得了来自库尔德武装的支持；在战场南部区域，以色列也积极对美国作出了军事支持的承诺；同时，英国、法国在地中海海域与美国共同集结了大量战舰和核潜艇，对"伊斯兰国"极端组织的继续扩张形成了致命威胁。然而，美军的军事行动也遭到了一系列的阻力，影响

---

① Hashim Al-Ribaki,"Competing Perspectives on Countering ISIS", *Perspectives on Terrorism*, Vol. 10, No. 2, 2016, pp. 117-119.

② Anthony H. Cordesman,"The Islamic State: The Case for Expanding the Air War", https://csis-website-prod. s3. amazonaws. com/s3fs-public/legacy_files/files/publication/140923_Missile_Strikes. pdf.

了其作战效果。

（二）美国联合多支力量对"伊斯兰国"极端组织进行军事打击

2014 年 10 月，在美军中央司令部的领导下，"坚定决心行动——联合特遣部队"（CJTF-OIR）成立，该部队由多国派出的军队组成。随后美国以叙利亚为主战场，同时也在伊拉克、利比亚等国家与多支军队合作，共同展开了歼灭"伊斯兰国"极端组织的军事行动。2014 年 9 月，美国国会通过了拨款 5 亿美元给叙利亚的议案，用于叙利亚反对派前往沙特进行战斗人员招募、培训和购买武器装备。但同时美国五角大楼也提出，要在军事上真正消灭"伊斯兰国"极端组织，需要叙利亚和伊拉克都具备强大的本土军事力量，仅靠美国和其他国家的空军部队是不足以消灭"伊斯兰国"极端组织的。[①]

1. 美军在叙利亚对"伊斯兰国"极端组织进行军事打击

在作战初期，美国带领叙利亚境内多支武装加入了联合打击"伊斯兰国"极端组织的军事合作，对遏制"伊斯兰国"极端组织的继续壮大发挥了重要作用。2014 年 8 月，美军对"伊斯兰国"极端组织所在的部分区域进行空袭，到 12 月开始与叙伊境内多个势力联合发动地面军事行动。2014 年 9 月初，美军与一些阿拉伯国家联合对叙利亚境内的"伊斯兰国"极端组织目标发动空袭，打击了该组织在拉卡、代尔祖尔和卡马尔（Kamal）等地的藏匿点。法国第一次对"伊斯兰国"极端组织在伊拉克的目标发动空袭。美国空军的侦察机则主要负责在叙利亚搜集"伊斯兰国"极端组织藏匿之处的相关信息。美军和叙利亚人民保卫军从"伊斯兰国"极端组织手中夺回了其控制了 5 个月之久的科巴尼。美军还和伊拉克安全部队在 2015 年 4 月 1 日夺回了萨拉赫丁（Salahaddin）首府提克里特等城市，有效地阻止了"伊斯兰国"极端组织的前进步伐。2015 年 4 月，"伊斯兰国"极端组织不得不从

---

① Tom Vanden Brook,"U. S. and Arab Allies Launch Airstrikes Against ISIL in Syria",https://www. usatoday. com/story/news/world/2014/09/22/syria/16005277/.

进攻姿态改为防守。而当"伊斯兰国"极端组织试图转向阿富汗和利比亚占据新的领地时，美军与利比亚地方部队在 2016 年 8 月开始联合作战，在 12 月重新夺回了北部港口城市苏尔特（Sirte）。① 经过美国和其在 2014 年 9 月组建的国际反恐联盟的共同努力，"伊斯兰国"极端组织在叙伊两国境内的成员规模从 2014 年的 3 万人以上减少到 2016 年年底 1.7 万人左右。到 2016 年年底，多个国家和组织联合对"伊斯兰国"极端组织在叙伊境内的 31 900 个目标进行了空袭。②

2018 年 4 月 14 日，美国总统特朗普宣布对叙利亚进行军事打击。在此之前，美国在中东的驻军和地中海美国舰队已经发射巡航导弹对叙利亚进行空袭。2018 年年底，特朗普政府宣布将从叙利亚撤军，导致叙利亚局势再次陷入动荡。美国不得不再次宣布将继续全力打击"伊斯兰国"极端组织。到 2019 年年初，"伊斯兰国"极端组织在叙伊两国的成员规模约为 1.8 万人，其中在叙利亚为 8000 人左右。2019 年 4 月，美国驻叙利亚军队开始训练一支总人数为 3 万人的"革命突击队"。③ 对此，美国盟友也纷纷表示支持，称将从经济到军事各个方面支持该"突击队"的行动。另外，尽管遭到了土耳其的反对，美国依然对叙利亚境内的库尔德民主联合党提供支持，同时为叙利亚人民保卫军提供武器；美国还在库尔德人控制的叙利亚北部亚梅兰（Rmeilan）设立了空军基地。④

然而，随着联合作战的不断推进，美国打击"伊斯兰国"极端组织和其反对阿萨德政府的目标产生了冲突。无论是对土耳其，还是对

---

① Jennifer Cafarella and Brandon Wallace, "America's Intervention：A Problem for ISIS", in Jennifer Cafarella, et al. eds. *ISIS's Second Comeback*, Washington, D. C. : Institute for the Study of War, 2019, pp. 32-35.

② Melissa G. Dalton, "Strengthening the Counter-ISIS Strategy", https：//csis-website-prod. s3. amazonaws. com/s3fs-public/publication/170104_Transition45-Dalton-Counter-ISIS-Strategy. pdf.

③ 《叙利亚乱了！美国宣布全力打击 ISIS 培训大批"革命突击队"》, https：//k. sina. cn/article_1662538853_6318546500100grnn. html。

④ Clarissa Ward and Tim Lister, "Inside Syria：The Farm Airstrip That's Part of the U. S. Fight Against ISIS", http：//edition. cnn. com/2016/02/02/middleeast/syria-isis-us-airstrip/index. html.

库尔德武装组织，美国都开始展示出了摇摆不定的姿态。一方面，美国担心土耳其在叙利亚西北部地区的强势军事干预会弱化自己的行动成果；另一方面，美国为了安抚土耳其的不满又随时准备"出卖"库尔德武装。相比之下，库尔德工人党在叙利亚北部地区的武装力量叙利亚人民保卫军则一直坚定地对"伊斯兰国"极端组织实行打压。2015年7月，"伊斯兰国"极端组织在土耳其苏鲁奇（Suruc）发动自杀式爆炸袭击，造成30多名土耳其人死亡，这促使土耳其进一步加大了对叙利亚境内库尔德工人党控制地区的军事打击力度。被土耳其和美国认定为恐怖组织的革命人民解放党/阵线（DHKP-C）是库尔德工人党的重要支持者，土耳其随后对该组织在叙利亚的驻点进行轰炸，并逮捕了该组织的600多名成员。① 这也是土耳其首次在叙利亚境内同时打击"伊斯兰国"极端组织和库尔德工人党势力。对此，库尔德工人党地区行政长官巴尔扎尼（Masoud Barzani）表示担忧，他认为土耳其对叙利亚和伊拉克两国境内库尔德工人党势力的轰炸将会产生巨大风险，他呼吁："和平才是解决多年来动乱的唯一方法。"除了遭到土耳其的军事打击以外，库尔德工人党同时面临着来自"伊斯兰国"极端组织的武装威胁。2015年7月，"伊斯兰国"极端组织在叙利亚北部地区的艾卜耶德（Tal Abyad）引爆两颗炸弹，破坏了土耳其通往拉卡的运输线。②

美国的摇摆立场导致叙利亚北部地区库尔德工人党等遭受了土耳其的进一步打压。2019年10月9日，土耳其对叙利亚东北部地区发动"和平之泉"军事行动，不仅派出了战机打击靠近土叙边界的库尔德武装，还在幼发拉底河以东的地区展开地面攻势。特朗普曾在10月7日宣布，如果土耳其打击叙利亚库尔德武装，美军愿意为土耳其让路。美国由支持库尔德人转向纵容土耳其对其进行军事打击，无疑和美国

① Susanna Capelouto and Gul Tuysuz, "Turkey Arrests Hundreds of Suspected Terrorists, Prime Minister Says", https://edition. cnn. com/2015/07/25/middleeast/turkey-syria-isis-attacks/index. html.

② "ISIS or Kurdish Rebels: Who Is Turkey Really Fighting Anyway?", https://carnegieendowment. org/2015/08/12/isis-or-kurdish-rebels-who-is-turkey-really-fighting-anyway-pub-61004.

方面不再支持库尔德工人党密切相关。10 月 16 日，特朗普在与意大利总统马塔雷拉联合召开的新闻发布会上称，库尔德工人党可能比"伊斯兰国"极端组织构成更大的恐怖主义威胁。同日，打击"伊斯兰国"极端组织的反恐联军开始从拉法基水泥公司（Lafarge Cement）、拉卡和塔布卡大坝（Tabqa Dam）3 个地区撤出，联军发言人卡金斯（Miles Cagins）表示，联军将继续从叙利亚东北部撤离。特朗普同时也表现出一种对叙土争端的漠视态度，称"不会介入叙利亚与土耳其的战争"。随后，《纽约时报》称特朗普此番言论是一种"误导"，称库尔德工人党是美国打击"伊斯兰国"极端组织的关键盟友。美国国家战略与国际问题研究中心的科德斯曼（Anthony Cordesman）也表示："库尔德工人党造成的人员伤亡和破坏事件远远比不上'伊斯兰国'极端组织，也从未在官方报告中被列为顶级恐怖组织。"[1] 显然，美军撤离叙利亚北部地区是土耳其趁机打压库尔德武装势力的前提，但特朗普政府抛弃其支持过的库尔德武装的做法，招致了库尔德人的诟病甚至痛恨。随后，美国又宣布要对土耳其的此番举动进行制裁。

尽管"伊斯兰国"极端组织曾在 2019 年到 2021 年期间短暂沉寂，却没有放弃卷土重来的野心，美军不得不继续以军事手段应对。2022 年 1 月，为了营救被关押的"伊斯兰国"极端组织高级指挥官，"伊斯兰国"极端组织在叙利亚和伊拉克发动了自 2019 年以来最大规模的军事行动，还袭击了叙利亚西北部的几所监狱。这些监狱中关押了至少 3000 名"伊斯兰国"极端组织成员。2 月，美国马上在叙利亚西北地区发动特别军事行动，击毙了"伊斯兰国"极端组织头目艾尔库拉什，此次行动几乎赶上了美军在 2019 年 10 月击毙巴格达迪的规模。在美国支持下，库尔德武装再次从"伊斯兰国"极端组织手中夺回了这些

---

① 《特朗普：库尔德人不是天使 库尔德工人党比 IS 还恶劣》，https://baijiahao.baidu.com/s?id=1647633056899376526&wfr=spider&for=pc。

监狱的控制权。[①]

2. 美军在伊拉克对"伊斯兰国"极端组织进行军事打击

2014 年 8 月 1 日到 9 月 20 日，美军对伊拉克境内的"伊斯兰国"极端组织目标发动了 190 多起空袭，在美国空中打击的掩护下，伊拉克的库尔德民兵武装组织人民动员力量在重新夺回了战略重地摩苏尔水坝，给了"伊斯兰国"极端组织沉痛一击。从 2016 年 1 月开始，人民动员力量开始逐步在战场上获得优势，控制区不断扩大。2016 年 8 月 14 日，5000 多名人民动员力量士兵从瓦尔达克（Wardak）附近不断推进，成功夺回了 16 个村庄。伊拉克总理阿巴迪下令要求人民动员力量停止继续进攻，美国方面也对此表示赞同，认为人民动员力量应该和其他与"伊斯兰国"极端组织作战的部队一样由伊拉克政府来管理。伊拉克政府还表示，如果人民动员力量继续推进作战范围直到尼尼微，他们就会被视为"占领者"。随后库尔德地区政府承诺人民动员力量不会进攻摩苏尔。9 月 8 日，伊拉克政府与库尔德地区政府代表进行了会谈，并称就攻打摩苏尔的问题"达成了友好共识"。[②]

在美国的支持下，伊拉克安全合作办公室于 2020 年在巴格达成立，用来协助国际反恐联盟，并为伊拉克安全部队提供各种支持。美军中央司令部指出，该办公室不是直接为伊拉克安全部队提供军事训练的，而是通过"22 号国外军事武器销售项目"来间接提供训练服务。伊拉克的空军力量依然非常薄弱，因此在打击境内"伊斯兰国"极端组织时，美国和国际反恐联盟各国空军部队发挥了重要作用。从 2015 年到 2018 年，国际反恐联盟成员国在伊拉克和叙利亚发动了 78 033 次空袭，进行了 43 581 次情报搜集活动；在 2019 年，联盟成员国

---

① Edmund DeMarche, "ISIS Leader Killed in US Special Operations Raid in Syria, Biden Says", https://www. foxnews. com/us/us – special – operations – forces – carry – out – successful – mission – in – northwest–syria.

② Seth J. Frantzman, *After ISIS: America, Iran and the Struggle for the Middle East*, New York: Gefen Publishing House, 2019, pp. 100–109.

空袭次数为 13 694 次,情报搜集和监控行动为 13 377 次。[1]

3. 美军开启了对非洲以及其他地区的打击"伊斯兰国"极端组织行动

多年来,非洲北部的突尼斯、阿尔及利亚和利比亚,以及西北部的毛里塔尼亚等国家一直在努力推行沙里亚法的统治模式。早在 20 世纪 90 年代,极端圣战主义就开始在阿尔及利亚扎根,后来逐步发展成为伊斯兰马格里布基地组织。[2] 非洲地区同时也活跃着大量其他的恐怖组织,这正是"伊斯兰国"极端组织所青睐的得天独厚的条件。因此,在叙利亚和伊拉克主阵地受挫后,"伊斯兰国"极端组织转而来到阿尔及利亚和利比亚等非洲国家,寻求建立新的活动基地。[3]

在北非和西北非地区,突尼斯、尼日尔、利比亚等国家均是恐怖主义的重灾区。在突尼斯,虽然"阿拉伯之春"浪潮并没有将其卷入混乱之中,获得了短暂的稳定,但依然没有逃过"伊斯兰国"极端组织的渗透。2015 年 6 月和 11 月,该组织成员陆续发动了两起恐袭。在阿尔及利亚,伊斯兰马格里布基地组织依然是威胁最大的恐怖组织。虽然"伊斯兰国"极端组织在 2014 年之初就在阿尔及利亚建立了分支哈里发战士旅(Jund al-Khilafah),但显然无法与伊斯兰马格里布基地组织抗衡。

在利比亚,"伊斯兰国"极端组织成员在 2016 年达到了 6000 多人,控制着长达 250 千米的海岸线。各种恐怖分子在此集结,共同对抗来自利比亚和突尼斯政府军队的军事打击。利比亚还是非洲移民进入欧洲的主要通道,"伊斯兰国"极端组织频繁在此进行走私活动,且

---

① Anthony H. Cordesman and Grace Hwang, "Iraq's Real Security Needs and Its 'Ghost-like' Security Posture", in Anthony H. Cordesman, *Strategic Dialogue: Shaping the Iraqi-U. S. Relationship*, Washington, D. C. : Center for Strategic and International Studies, 2020, pp. 61-97.

② Virginia Comolli, "Terrorism and Counterterrorism in Africa", in Jacinta Carroll, ed. *Counterterrorism Yearbook 2017*, Canberra: Australian Strategic Policy Institute, 2017, pp. 112-114.

③ 同②。

将成员混在移民队伍中通过利比亚输送到欧洲各国。① 面对利比亚的严峻形势，2016 年 5 月，利比亚政府军在美军支持下开始了与"伊斯兰国"极端组织争夺苏尔特城的斗争，12 月成功收复此地；同年 8 月，美国在利比亚对"伊斯兰国"极端组织发动了"奥德赛黎明行动"（Operation Odyssey Lightning），"伊斯兰国"极端组织靠近海岸线的分支据点黎波里军区（Wilayat Tarabulus）、拜尔盖军区（Wilayat al-Barqah）先后遭受重创，只剩下利比亚西南部地区的费赞军区（Wilayat Fizzan）可以勉强维持活动。②

由于此前的主要反恐行动主要在非洲北部和西部展开，非洲东部的反恐力度显得比较疲弱。2017 年 3 月，特朗普政府签署总统令，派遣美军非洲司令部前往索马里执行任务，且给予其更高的行动权。同年 11 月 3 日，美国在索马里对"伊斯兰国"极端组织索马里分支进行军事打击。美军非洲司令部宣布，这是美国对"非洲之角"的"伊斯兰国"极端组织首次执行的军事打击任务。③ 由此，"伊斯兰国"极端组织在连续失去叙利亚、伊拉克和利比亚等重要阵地后，又失去了在索马里建立据点的可能。

早在 2013 年，美国就开始对尼日尔派驻军队，到 2024 年在尼日尔两个军事基地部署了大约 1000 名驻军。其中的 201 空军基地为无人机基地，造价为 1.1 亿美元，是美国在非洲最大的无人机基地之一，能够使美国进行几乎涵盖整个萨赫勒地区的情报和监视活动。然而，以美国、欧洲以及萨赫勒地区国家为主的各方力量的合作，并没有彻底击退"伊斯兰国"极端组织在非洲继续活跃的步伐。2019 年 4 月 4 日，刚果（金）总统齐塞克迪在华盛顿参加大西洋委员会会议时强调，"伊斯兰国"极端组织在离开叙利亚后一直谋求在"非洲的心脏地区"

----

① Virginia Comolli, " Terrorism and Counterterrorism in Africa ", in Jacinta Carroll, ed. *Counterterrorism Yearbook 2017*, Canberra：Australian Strategic Policy Institute, 2017, pp. 121–125.

② Macro Arnaboidi, " ISIS in Sirte：From Caliphate to Insurgency ", https：//www. atlanticcouncil. org/blogs/menasource/isis-in-sirte-from-caliphate-to-insurgency/.

③ 同①, pp. 109–128。

建立支点，非洲迫切需要美国为其提供军事援助。①

为了更好地应对"伊斯兰国"极端组织、基地组织和博科圣地（Boko Haram）等恐怖主义威胁，提升非洲国家的本土反恐作战能力，美国与非洲一些国家合作进行军事演习，2021 年 6 月 18 日，在非洲西北部地区举行了名为"非洲雄狮"（African Lion）的大规模军事演习。参加此次军事演习的不仅有美国和其非洲盟友国摩洛哥、突尼斯、塞内加尔等国，还有意大利、荷兰、英国等西方国家。另外，埃及、卡塔尔、尼日利亚和马里等国家也派出观察员观摩了此次演习。②

综上所述，面对以"伊斯兰国"极端组织为代表的新兴恐怖势力的巨大威胁，2014 年到 2019 年期间，国际反恐联盟以及叙伊两国通过联合军事行动等方式，对"伊斯兰国"极端组织的有生力量造成了实质性的打击。2018 年，美军中央司令部发布报告总结了 2018 年打击"伊斯兰国"极端组织的"坚定决心行动"成果。报告称，参与此次行动的国家从 70 个国家和 4 个伙伴组织，发展到了 74 个国家和 5 个伙伴组织，有效遏制了"伊斯兰国"极端组织的扩张。在 2014 年到 2018 年期间，夺回了"伊斯兰国"极端组织宣称占领的 10 万平方千米土地的 99%，解放了曾经被该组织占领的叙利亚和伊拉克大部分城市，并保持了占领区的基本稳定；大量"伊斯兰国"极端组织的媒体网站、指挥和控制中心、武器藏匿点和其他设施遭到摧毁，400 多万流离失所的难民可以安心返回原居住地生活。

在各国联合军事行动下，"伊斯兰国"极端组织的战斗力遭到挫败。从 2014 年到 2016 年两年期间，国际反恐联盟和叙伊两国共同消

---

① Ashish Kumar Sen, "Congolese President Cites Threat from ISIS, Seeks US Help to Fight Terrorism", https://www. atlanticcouncil. org/blogs/new – atlanticist/congolese – president – cites – threat – from-isis-seeks-us-help-to-fight-terrorism/.

② "Major US Led War Games Involving 7000 Troops Wind up in Northwestern Africa", https://english. alarabiya. net/News/world/2021/06/18/Major–US–led–war–games–involving–7–000–troops–wind-up-in-northwestern–Africa–.

灭了4.5万名"伊斯兰国"极端组织武装分子。① 美军中央司令部在2018年发布的分析报告也称赞"坚定决心行动"中各国军事行动的成绩斐然,"伊斯兰国"极端组织成立之初的咄咄逼人之势失去了基本的支撑。

二、俄罗斯为击溃叙利亚境内的"伊斯兰国"极端组织作出重要贡献

(一)"伊斯兰国"极端组织的兴起对俄罗斯安全造成巨大威胁

长期以来,俄罗斯境外的恐怖势力对国内民众的渗透从未停止,诸如中亚基地组织、"乌兹别克斯坦伊斯兰运动"在俄罗斯拥有不少追随者,而这些组织随后又纷纷加入"伊斯兰国"极端组织。2018年4月17日,俄罗斯执法人员捣毁了一个针对俄罗斯南部罗斯托夫州实施恐袭的"伊斯兰国"极端主义暴恐团伙。② 早在2006年3月6日,俄罗斯政府就出台了《反恐怖主义法》,明确了俄罗斯武装力量可以打击境外的国际恐怖主义,该法为俄罗斯2015年9月在叙利亚空袭提供了国内合法性支持。③

两次车臣战争、2002年莫斯科剧院恐袭、2010年莫斯科地铁爆炸案等,以及车臣从未停止在北高加索地区建立一个伊斯兰国家的努力,长期以来占用了俄罗斯国家安全治理的大量资源,反恐事业一直是俄罗斯国家安全战略重点。④ 作为一个拥有2500万穆斯林人口的国家,俄罗斯从"伊斯兰国"极端组织在叙利亚和伊拉克的活跃态势中直接感受到了巨大的威胁。2015年9月,俄罗斯派兵叙利亚对"伊斯兰国"极端组织等暴恐势力进行了高密度打击。同年12月,叙利亚政府

---

① 《美众院报告称中央司令部美化打击"伊斯兰国"战果》,https://www.chinanews.com/gj/2016/08-12/7969685.shtml。

② 刘志勇、范耘铭:《俄罗斯跨境反恐实践评述及启示》,载《中国人民警察大学学报》,2022年第2期,第65页。

③ 同①。

④ 毕洪业:《叙利亚危机、新地区战争与俄罗斯中东战略》,载《外交评论》,2016年第5期,第61—80页。

和反对派接受了联合国第 2554 号决议,国际社会对叙利亚危机的解决重点开始向联合打击极端主义和恐怖主义的方向转轨。①

(二)俄罗斯对"伊斯兰国"极端组织采取了"空袭为主、海上打击为辅"的军事行动

俄罗斯在叙利亚境内打击"伊斯兰国"极端组织的军事行动,从 2015 年 9 月 30 日到 2016 年 3 月 15 日撤离主要兵力,主要作战方式为空中打击,并辅之以海上打击行动。俄罗斯空天军出动了"苏-24""苏-25""苏-34""图-22""图-160"等战机 9000 多次,平均每天出动战机超 50 架次,最高时接近 90 架次。俄罗斯空天军对分布在拉卡、哈马(Hama)、伊德利卜、拉塔基亚和阿勒颇等省的"伊斯兰国"极端组织目标进行了打击。为了让空中打击发挥更好的效果,俄罗斯海军还从里海、地中海等海域,出动潜艇和水面舰艇对极端组织进行强力打击。②

2016 年 3 月 15 日,俄罗斯自打击"伊斯兰国"极端组织行动开启以来,首次宣布将从叙利亚撤出大部分军事力量。在撤退前的 2016 年 1—2 月,俄罗斯明显加大了在叙利亚的空袭力度。③从空袭的空间分布来看,在 2015 年 9 月到 2016 年 4 月期间的空袭行动中,俄罗斯对阿勒颇空袭的次数为 187 次,伊德利卜、代尔祖尔、霍姆斯分别为 65 次、54 次和 54 次。而在哈马、大马士革、拉卡、德拉和哈塞克的空袭次数则较少,分别为 21 次、16 次、13 次、10 次和 1 次。从选择范围来看,俄罗斯的空袭行动并没有聚焦于那些与"伊斯兰天然气管

---

① 马晓霖:《奥巴马时代美国与沙特关系缘何渐行渐远?》,载《西亚非洲》,2016 年第 6 期,第 4—13 页。

② 邓猛等:《从俄恐袭叙境内 IS 看其兵力运用及打击成效》,载《现代军事》,2016 年第 5 期,第 50—54 页。

③ David Maher and Moritz Pieper, "Russian Intervention in Syria Exploring the Nexus Between Regime Consolidation and Energy Transnationalisation", *Political Studies*, Vol. 7, No. 2, 2020, p. 8.

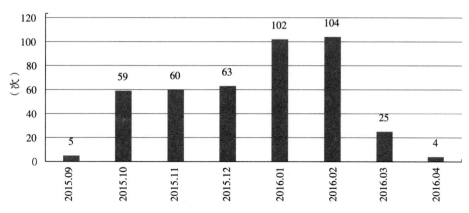

图 7：俄罗斯对叙利亚"伊斯兰国"极端组织空袭情况
（2015 年 9 月—2016 年 4 月）

资料来源：David Maher and Moritz Pieper, "Russian Intervention in Syria Exploring the Nexus Between Regime Consolidation and Energy Transnationalisation", *Political Studies*, Vol. 7, No. 2, 2020, p. 6。

道线"项目有关的重要区域，如代尔祖尔和霍姆斯的空袭次数均只占总次数的 13%。而作为反政府势力聚集地的阿勒颇和伊德利卜，则分别达到了 44% 和 15%。[1] 图 7 反映了俄罗斯对叙利亚"伊斯兰国"极端组织的空袭情况。

俄罗斯在 2015 年 9 月到 2016 年 4 月期间对阿勒颇频繁进行空袭的事实表明，它的打击目标瞄准的是阿萨德政府的反对派势力，尽管其中不乏与"伊斯兰天然气管道线"很近的区域。从 2016 年 1 月到 2 月期间，俄罗斯加大了对"伊斯兰国"极端组织所控制的阿勒颇东北部等地的打击力度。这些行为无疑为阿勒颇的库尔德军事武装和叙利亚民主军提供了巨大的支持。2016 年 2 月 1 日，"阿勒颇北部行动"（Northern Aleppo Offensive）打响，俄罗斯在此期间进行了高频率的空袭行动，以支持叙利亚民主军、黎巴嫩真主党，以及来自伊拉克和阿富汗的什叶派武装力量。此次集体军事行动从阿勒颇北部开始，不断

---

[1] David Maher and Moritz Pieper, "Russian Intervention in Syria Exploring the Nexus Between Regime Consolidation and Energy Transnationalisation", *Political Studies*, Vol. 7, No. 2, 2020, p. 8.

向纳布尔（Nubbul）和扎哈拉（Zahra）的各大城镇迅速推进。此次军事行动遭到了来自伊斯兰前线组织（the Islamic Front）、黎凡特前线组织（the Levant Front）和阿勒颇征服军（Fatah Halab）等反对派的顽固抵抗。3日后，在俄罗斯等盟友的支持下，叙利亚政府最终获得了此次行动的胜利。[1]

另外，在俄罗斯空军、伊朗和真主党地面部队的共同支持下，叙利亚政府军在伊德利卜和哈马多次击退了反对派力量；2015年12月，在俄罗斯空军支持下，叙利亚政府成功地夺回了南部的达拉（Dara）；俄罗斯还协助叙利亚政府夺回了东部的代尔祖尔。[2] 从2017年到2019年期间，根据"武装冲突位置和事件数据"，俄罗斯还为叙利亚提供了大量军事支援行动。例如，在此期间对阿勒颇的无人机打击和空袭行动中，俄罗斯空军行动次数占51%；在对哈马的空袭行动中，俄罗斯空军行动次数达到了总数的25%。这两个地区和"伊斯兰天然气管道线"项目关联度并不高，俄罗斯空军此举显然更多地偏向于协助叙利亚政府从反对派手中夺回领地。[3]

（三）俄罗斯还同时协助叙利亚进行军事现代化改革

俄罗斯于2015年9月进军叙利亚打击"伊斯兰国"极端组织的同时，还着手协助叙利亚进行军事现代化改革，帮助叙利亚组建了第四军团（the 4th Assault Corps）。第四军团囊括了第二步兵师（the 2nd Infantry Division）、第103共和国卫队（the 103rd Republican Guard Brigade）等超过20个军队分支，总人数超40 000人。俄罗斯还协助

---

① David Maher and Moritz Pieper, "Russian Intervention in Syria Exploring the Nexus Between Regime Consolidation and Energy Transnationalisation", *Political Studies*, Vol. 7, No. 2, 2020, p. 8.

② "Syrian Army Backed by Jets Clashes with Rebels Holding Southern Town", https://www.reuters. com/article/mideast - crisis - syria/syrian - army - backed - byjets - clashes - with - rebels - holding - southern-town-idUSL8N14J17C20151230.

③ Khaled Yacoub Oweis, "Syria After the Russian Intervention: Moscow Tips the Military Balance in Favor of the Regime, Pursues Parallel Diplocay", https://www.swp-berlin. org/en/publication/syria-after-the-russian-intervention/.

第四军团更新了坦克等重型武器。2016年11月，俄罗斯又协助叙利亚组建了第五军团。在组建第五军团的过程中，叙利亚政府军遇到了招募困难的问题，所招募到的新兵也成分复杂，且大多来自非常规作战军队分支。第五军团的总人数为10 000人左右。在武器方面，第五军团比第四军团有了明显的进步，装备了T-72B3坦克和T-90A坦克等重型武器。[①]

三、伊朗利用自身影响力，在叙伊两国成功动员多元化作战队伍

伊朗在打击"伊斯兰国"极端组织的军事行动过程中展示了相对较高的动员能力，它同时加入了伊拉克和叙利亚两个战场的行动。在伊拉克，伊朗派出了什叶派民兵武装组织人民动员力量与伊拉克安全部队进行合作，为伊拉克打击"伊斯兰国"极端组织提供了约8万人的军队支持。2017年11月21日，伊朗总统鲁哈尼宣布"伊斯兰国"极端组织已经被剿灭。当天伊朗伊斯兰革命卫队也在官网上公布了作战报告，声称："伊朗积极参与国际打击'伊斯兰国'极端组织的联合反恐行动，派遣了大批军事顾问与伊拉克和叙利亚人民并肩作战，在打败'伊斯兰国'极端组织的战斗中发挥了巨大的作用。"伊拉克马上对此积极回应。总理阿巴迪表示，伊拉克政府军正是因为有了伊朗支持的伊拉克人民动员力量的协助，才得以成功收复了"伊斯兰国"极端组织在伊拉克控制的最后一个城镇拉沃（Lavault），终结了"伊斯兰国"极端组织在伊拉克的有效存在。另外，伊朗还支持了伊拉克政府军重新整顿军力，协助军队训练并提供武器装备。[②]

在叙利亚，伊朗还运用其在伊斯兰世界的影响力，成功动员了11.5万人规模的队伍，包括真主党成员、叙利亚人、阿富汗人、巴基

---

① Anton Lavrov,"Armed Forces：An Analysis of Russian Assistance", https：//carnegie-mec. org/2020/03/26/efficiency-of-syrian-armed-forces-analysis-of-russian-assistance-pub-81150.

② 《鲁哈尼宣布IS被剿灭 伊朗开始主导战后中东?》,https：//www. sohu. com/a/206053420_115376。

斯坦人和伊拉克人。① 随着叙利亚政府军和美国支持的叙利亚反对派武装不断加强对"伊斯兰国"极端组织在叙利亚大本营的攻势，越来越多的"伊斯兰国"极端组织成员从拉卡逃到代尔祖尔。2017 年 6 月 7 日，伊朗首都德黑兰议会大厦和已故领袖霍梅尼的陵墓遭到了自杀式炸弹袭击和枪击，造成了至少 17 人死亡，随后"伊斯兰国"极端组织宣布对该事件负责。18 日，伊朗伊斯兰革命卫队向叙利亚境内"伊斯兰国"极端组织据点发动了地对地导弹袭击，以报复该组织在伊朗境内的恐袭活动。该次打击行动的目标为"伊斯兰国"极端组织在代尔祖尔的一处指挥中心和自杀式汽车炸弹制造营地。导弹袭击成功击毙了多名"伊斯兰国"极端组织成员。自"伊斯兰国"极端组织崛起以来，这是伊朗罕见地直接对叙利亚境内的"伊斯兰国"极端组织发动军事打击。②

四、阿富汗对"呼罗珊省"分支发动军事打击

从意识形态来看，阿富汗境内的"呼罗珊省"分支倡导的是将强硬的萨拉菲圣战主义作为自己的意识形态，但塔利班的意识形态则变得日益多元化。因此，2015 年后，大量的极端圣战主义者加入了"呼罗珊省"分支而不是塔利班。2015 年到 2018 年，"呼罗珊省"分支与地方塔利班武装分子在对抗过程中处于优势地位。然而，2019 年至 2020 年期间，塔利班开始对阿富汗东部地区的"呼罗珊省"分支据点进行猛烈攻击，有效打击了"呼罗珊省"分支的生存力量。在 2021 年 8 月之前，"呼罗珊省"分支被迫躲避到更加偏远的地区。到 2021 年 7 月，"呼罗珊省"分支大约有 8000 名成员，其中有 1100 多人在巴基斯坦境内，其他的绝大部分集中在阿富汗东部地区的楠格哈尔、库纳尔

---

① Melissa G. Dalton, "Strengthening the Counter-ISIS Strategy", https://csis-website-prod. s3. amazonaws. com/s3fs-public/publication/170104_Transition45-Dalton-Counter-ISIS-Strategy. pdf.

② 《伊朗首都德黑兰接连发生两起枪击事件》, https://china. cnr. cn/NewsFeeds/20170607/ t20170607_523790834. shtml.

和努里斯坦部落地区活动，有1300—1400人在阿富汗南部地区活动。①

从2021年8月到2022年8月，塔利班对"呼罗珊省"分支的打击行动经历了几个阶段，即无差别镇压、选择性镇压、窒息式镇压、和解谈判和与其核心成员的沟通。在无差别镇压阶段，"呼罗珊省"分支在阿富汗东部的楠格哈尔的据点遭到了密集式军事打击。2021年10月到11月，"呼罗珊省"分支有59名成员被处决。据人权观察组织的消息，2021年8月到2022年4月期间，楠格哈尔被击毙的疑似"呼罗珊省"分支成员有100多人。这些打击行动有效地破坏了"呼罗珊省"分支的招募活动，并迫使其头目和塔利班进行和解谈判。然而，从无差别镇压到选择性镇压的过渡并不顺利，各部落地区民众认为，选择性镇压会因为无法甄别真正的极端圣战分子而错杀无辜。但是也有人批评该政策过分地"心慈手软"，应该将所有宗教学校全部捣毁，从而杜绝更多萨拉菲圣战主义者加入"呼罗珊省"分支。②

2022年年底，塔利班决定要接管东南部地区的萨拉菲宗教学校，将一些被怀疑有萨拉菲意识倾向的大学老师解雇等。2023年2月，塔利班对巴达赫尚地区的3个宗教学校发动猛攻。在选择性镇压阶段，塔利班还逐步完善了情报系统，提高了追捕"呼罗珊省"分支成员的效率。到2022年下半年，塔利班成功地捣毁了大量"呼罗珊省"分支据点，破坏了该组织的资金来源渠道。随后塔利班又和该组织在楠格哈尔的数百名成员谈判，决定性地挫败了"呼罗珊省"分支在阿富汗的生存实力。而在窒息式镇压阶段，塔利班主要对"呼罗珊省"分支进行多个方面的围堵，即切断物资和资金的供应渠道。自2022年年初开始，阿富汗国家银行对"呼罗珊省"分支的地下资金网络加大了施

---

① Artonio Giustozzi, "The Taliban's Campaign Against the Islamic State: Explaining Initial Successes", https://www. rusi. org/explore – our – research/publications/occasional – papers/talibans – campaign-against-islamic-state-explaining-initial-successes.

② 同①。

压力度,① 在上述以军事为主的剿灭措施的重压下,"呼罗珊省"分支在阿富汗的发展势头暂时得到了有效控制。图 8 反映了 2022—2023 年"呼罗珊省"分支与塔利班的交火情况。

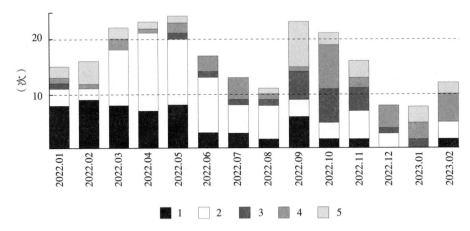

图 8:"呼罗珊省"分支与塔利班的交火情况(2022—2023 年)

资料来源:Antonio Giustozzi,"The Taliban's Campaign Against the Islamic State:Explaining Initial Successes",https://www. rusi. org/explore – our – research/publications/occasional-papers/talibans-campaign-against-islamic-state-explaining-initial-successes。

注:图中 1 代表枪战次数,2 代表爆炸次数,3 代表"呼罗珊省"分支承认的恐袭活动次数,4 代表塔利班打击"呼罗珊省"分支的交火次数,5 代表逮捕次数。

五、土耳其与库尔德武装的关系在军事打击"伊斯兰国"极端组织过程中更加复杂化

面对"伊斯兰国"极端组织突然崛起带来的巨大破坏力,土耳其也感受到了极大的压力。不断恶化的叙伊安全局势及叙土边境的持续动荡,以及由此产生的大量难民流入,让土耳其不得不将军事剿灭"伊斯兰国"极端组织视为最为迫切的任务。2016 年 3 月 22 日,土耳

① Antonio Giustozzi,"The Taliban's Campaign Against the Islamic State:Explaining Initial Successes",https://www. rusi. org/explore – our – research/publications/occasional – papers/talibans – campaign-against-islamic-state-explaining-initial-successes.

其首次派出 3 架 F–16 战机，对"伊斯兰国"极端组织在叙利亚的据点进行空中打击。在此之前的一次地面军事行动中，土耳其在叙利亚北部边境地区击毙了至少 5 名"伊斯兰国"极端组织武装分子。土耳其还同意对美国开放因吉尔利克空军基地（Incirlik Air Base），美国得以顺利地从土耳其进入叙利亚和伊拉克进行军事行动，为打击"伊斯兰国"极端组织提供了便利。土耳其国家风险研究中心的分析师萨钦（Ege Seckin）认为，此举象征着土耳其对叙利亚的外交政策实现了深刻的转变。他指出："土耳其地面部队和空军部队加入打击'伊斯兰国'极端组织的战线，是土耳其改变其叙利亚政策的重要标志……在过去，土耳其一直以打击叙利亚政府为主要目标，而不是'伊斯兰国'极端组织。"但同时他也强调："土耳其也在致力于遏制库尔德人寻求自治的企图，确保土耳其对叙利亚反对派武装势力拥有主导权。"①

值得注意的是，在对叙利亚境内"伊斯兰国"极端组织进行打击的同时，土耳其一直不断地强调叙利亚北部地区库尔德工人党势力对土耳其造成了安全威胁。2016 年 9 月 25 日，土耳其总统埃尔多安声明，土耳其希望加入美国所领导的从"伊斯兰国"极端组织手中解放叙利亚拉卡的军事行动，前提是库尔德人不能加入这场行动。西方媒体援引了埃尔多安的讲话："联合行动对我们而言非常重要，但如果美国承诺不接纳叙利亚库尔德民兵自卫队加入战斗，我们会随时准备和美国协同作战。"② 2018 年 5 月 40 日，土耳其外交部长恰武什奥卢（Mevlut Cavusoglu）在接受电视采访时表示，由于美国对土耳其奉行敌对政策，土耳其可能会关闭美国驻因吉尔利克空军基地。尽管美国一再强调，美国之所以支持叙利亚库尔德民兵自卫队是为了更好地打击"伊斯兰国"极端组织，但在土耳其看来是纵容叙利亚库尔德民兵自卫

---

① "ISIS or Kurdish Rebels：Who Is Turkey Really Fighting Anyway?"，https：//carnegieendowment. org/2015/08/12/isis-or-kurdish-rebels-who-is-turkey-really-fighting-anyway-pub-61004.

② 《土耳其称愿有条件与美合作夺取"伊斯兰国"大本营》，新华社伊斯坦布尔 2016 年 9 月 25 日电。

队与土耳其境内库尔德工人党勾结的行为。①

2018年3月19日，土耳其总统埃尔多安表示，土耳其方面将向阿弗林以东的其他地区进军，其军事行动将扩展至曼比季、科巴尼、泰勒艾卜耶德（Tal Abyad）和卡米什利（Kameshli）等地区。土耳其还表示，要将打击范围拓展到整个土叙边境的恐怖主义走廊。该地区长期以来受到库尔德武装的控制，其中的曼比季暂时驻扎了美国军队。对此，美方忧虑土耳其的打击重点依然服务于其长期以来的"打击库尔德势力"的目标。美方呼吁，各国应该将打击重点集中到"打击'伊斯兰国'极端组织"上来。2019年10月7日，随着美军有步骤地撤离叙利亚东北部，土耳其马上在10月9日对该地库尔德武装发动军事攻击。对此，库尔德武装叙利亚民主军严厉谴责美国背弃盟友、草率撤军的决定，称这一决定给了土耳其打击库尔德武装可乘之机。而土耳其则宣称，此举是为了扫除土耳其面临的安全威胁，并协助叙利亚难民顺利回归祖国。诚然，土耳其军队的上述行动着实对库尔德武装形成了军事压制，但土耳其也对打击"伊斯兰国"极端组织发挥了积极作用。例如，在土耳其的支持下，伊拉克逊尼派信徒组建了一支民族动员军（the National Mobilization），总共有1300名军人。这支军队为打败摩苏尔的"伊斯兰国"极端组织军队发挥了重要作用。②

2019年10月10日，土耳其支持的叙利亚反政府武装叙利亚国民军（SNA）宣称，在与叙利亚民主军交战后，他们已经攻下了叙利亚北部泰勒艾卜耶德周边的两处村镇。到2020年年初，叙利亚战乱进入了新阶段，伊德利卜的局势如何发展至关重要。叙利亚军队在俄罗斯空军的大规模空袭协助下，获得了伊德利卜南部大部分地区的控制权，反对派武装仓皇丢下武器装备逃窜。反对派武装在伊德利卜地区的失

---

① 《土耳其威胁关闭美国驻因吉利克空军基地》，https：//www.guancha.cn/military-affairs/2018_05_31_458503.shtml。

② Vrushal T. Ghoble, "Saudi Arabia-Iran Contention and the Role of Foreign Actors", *Strategic Analysis*, Vol. 43, No. 1, 2019, p. 45.

利，让土耳其总统埃尔多安大为不满。他再三对叙利亚发出警告，如果叙利亚军队继续打击伊德利卜反对派武装，土耳其将会对叙利亚发动战争。[①] 这就说明，土耳其在叙利亚的军事行动，除了长期以来坚定打击库尔德工人党的目标以外，还希望在叙利亚北部地区维持由自己支持的叙利亚反对派武装控制的局面。

因此，土耳其的军事行动并没有获得反恐合作伙伴的信任。在土耳其看来，大量从土叙边境涌入叙利亚的外国武装分子是对抗和削弱库尔德工人党势力的得力助手，因而会选择性地忽视其存在。因此，土耳其打击"伊斯兰国"极端组织的意图屡屡遭到质疑，被认为是为了更加便利地打击叙利亚库尔德势力的借口。叙利亚政府和美国均认为，即使土耳其在叙利亚开展了多次打击"伊斯兰国"极端组织的军事行动，但其偏袒外国武装分子的行为也纵容了"伊斯兰国"极端组织招募更多新成员的行为。另外，土耳其在叙利亚北部的军事行动，也被看作刻意为叙利亚难民制造安全区，从而阻挡更多的叙利亚难民涌入土耳其。

土耳其为了阻止俄罗斯支持的叙利亚政府军控制伊德利卜等重要据点，不断煽动反对派武装袭扰俄罗斯驻叙军事基地或叙利亚政府军。2020 年 2 月 1 日晚，叙利亚反对派武装发动无人机对俄罗斯空军在叙利亚境内的赫梅米姆空军基地（Khmeimim Air Base）发动打击。俄罗斯空军防空部队在发现目标后将其全部击落。随后，俄罗斯方面宣布赫梅米姆空军基地未遭受损失。在此之前，赫梅米姆空军基地已经多次遭受无人机袭扰。赫梅米姆空军基地位于叙利亚拉塔基亚（Latakia），建于 2015 年，比邻阿萨德国际机场。俄罗斯进军叙利亚后，赫梅米姆基地成为俄罗斯抗击"伊斯兰国"极端组织的军事行动战略中心。该基地长期驻扎俄军数量超过 1000 人，部署的飞机包括"苏-24""苏-25""苏-34"等型号的攻击机，以及"米-24""米-

---

① 《叙军伊德利卜势如破竹,埃尔多安撕下伪装,不惜冲突公然发出战书》,https://news. qq. com/rain/a/20200202A09K3K00。

28" 武装直升机和 "米-8" 通用直升机。① 赫梅米姆空军基地多次遭到亲美恐怖分子的袭击，其中以无人机袭击为主。如 2019 年 8 月 11 日，该空军基地的防空力量击落了 6 架来自恐怖分子的无人机。同年 7 月下旬，恐怖势力还从伊德利普（Idlib）地区用火箭弹袭击该空军基地，也迅速被俄军回击。②

六、英国、法国等欧洲国家也为军事打击 "伊斯兰国" 极端组织提供助力

"伊斯兰国" 极端组织带来的巨大安全隐患，让英国、法国等欧洲国家也迅速加入了这场战斗，有效地挫败了 "伊斯兰国" 极端组织的主体力量，迫使该组织不得不采取地下的小规模游击作战方式，或流窜至叙伊两国以外的区域。

（一）英国提供的军事支持

2014 年 9 月和 2015 年 12 月，英国议会下议院连续两次投票通过了对叙利亚境内 "伊斯兰国" 极端组织目标进行空袭的提案。随后英国皇家空军 "狂风" 战机（Tornado）从位于塞浦路斯的空军基地飞赴叙利亚，对 "伊斯兰国" 极端组织控制的一处油田中的 6 个目标进行空袭。2016 年 4 月 30 日，英国国防部发表声明，自 2014 年 9 月到 2016 年 3 月，英国皇家空军对伊拉克和叙利亚境内 "伊斯兰国" 极端组织的据点实施的空袭已经炸死了 996 名该组织成员。③ 2020 年，英国国防部对 "伊斯兰国" 极端组织的发展情况及其危害作出全新评估，指出 "伊斯兰国" 极端组织在叙利亚和伊拉克的主要目标转为扰乱地

---

① 《危机时刻俄罗斯陈兵东地中海,驻叙基地成俄对抗北约桥头堡?》,https://baijiahao. baidu. com/s? id=1724994409123689261&wfr=spider&for=pc。

② 《俄驻叙利亚赫梅米姆空军基地击落 6 架无人机》,https://news. sina. com. cn/w/2019-08-12/doc-ihytcern0242209. shtml。

③ "UK Launches First Airstrikes Against ISIS",https://www. china. org. cn/world/2014-10/01/content_33664388. htm。

方安全机构的工作，以及破坏这两个国家恢复治理水平的努力；该极端组织展现出了强大的韧性，频繁在西非、东南亚和埃及多地作乱。同时，英国国防部还指出，"伊斯兰国"极端组织和基地组织的存在严重威胁到了英国的安全；而且，西方国家在叙伊两国的存在被伊朗长期视为威胁，遭到了什叶派武装的敌视，处境非常危险。2020年3月12日，2名美国士兵和1名英国士兵在巴格达北部的军营被杀害。同年6月25日，伊拉克反恐服务局逮捕了14名真主党成员，[①] 什叶派与逊尼派在很多伊斯兰国家依然处于紧张对峙状态。

为了遏制"伊斯兰国"极端组织在伊拉克重新抬头，2023年5月底，英国国防部宣布，英国皇家空军的"狂风"战机在伊拉克安全部队的配合下，在当月初对伊拉克东北部山区进行了空袭，摧毁了"伊斯兰国"极端组织的两个潜伏小组。英国皇家空军作为英国参加叙伊两国反恐战事最核心的作战部队，为两国提供军事支持和安全巡逻。2024年7月，英国皇家空军开始在叙利亚西北地区使用"铺路Ⅳ"（Paveway Ⅳ）精确制导导弹，对各种外来袭击进行反击。[②]

在为打击"伊斯兰国"极端组织提供军事支持的同时，英国方面也认识到了反恐军事行动给叙伊两国带来的巨大伤害。在纪念叙利亚内战爆发13周年之际，英国、德国和法国发表了联合声明，谴责了过度的军事干预行为导致叙利亚平民的无辜伤亡。2023年2月6日，一场巨大地震重创土耳其和叙利亚两国，让饱受战争的叙利亚更是再添新伤。到2024年，需要人道主义救助的叙利亚民众达到了1670万人。声明还指出，随着叙利亚西北部地区的暴力活动不断升级，"伊斯兰国"极端组织还有使用高级生化武器的风险，坚决遏制其再度崛起是

---

① "Regional Threat Outlook: Daesh, Iraq and Syria (December 2020)", https://www. gov. uk/government/publications/regional-threat-outlook-report-daesh-iraq-and-syria/regional-threat-outlook-daesh-iraq-and-syria-december-2020-accessible-version.

② "RAF Air Strikes in Iraq and Syria: January to June 2024", https://www. gov. uk/government/publications/british-forces-air-strikes-in-iraq-monthly-list/raf-air-strikes-in-iraq-and-syria-january-to-april-2024.

当前反恐合作工作的"重中之重"。①

（二）法国提供的军事支持

长期以来，法国一直将中东北非地区视为发挥大国作用的重要舞台，在德斯坦和密特朗时期分别采取了"阿以平衡"和"不偏不倚"的中东政策。在叙利亚内战爆发后，法国最初奉行积极追随美国针对阿萨德政府的立场。2013年8月，叙利亚爆发了化学武器危机，法国与美国一起对阿萨德政府施压并宣称要进行军事干预。然而，在2014年年初"伊斯兰国"极端组织尚未成立之前，法国就已经感受到了叙伊境内极端组织泛滥的危险。法国内政部长瓦尔斯（Manuel Valls）在同年1月19日欧洲一号电台的节目上表示，目前法国"圣战者"大量涌入叙利亚的现象，将会成为法国今后数年不得不面对的最大危险。② 因此，法国试图颠覆阿萨德的立场在认识到"伊斯兰国"极端组织的巨大威胁后发生了改变，打击"伊斯兰国"极端组织成为法国的头等任务。③

在此次打击"伊斯兰国"极端组织的斗争开启之前，法国军队在约旦和阿联酋拥有空军基地，在阿布扎比有海军基地，在叙利亚外海也部署了军舰。④ 自2014年起，法国就参与了美国在叙利亚和伊拉克领导的反恐军事行动。2015年11月13日，法国巴黎发生了连环恐怖袭击事件。为了表示对极端分子的"零容忍"态度，法国在美国的协同合作下，于15日晚出动10架战机对叙利亚境内的"伊斯兰国"极端组织进行大规模轰炸，摧毁了该组织位于叙利亚北部城市拉卡的一

---

① "Thirteenth Anniversary of the Syrian Uprising: Joint Statement", https://www.gov.uk/government/news/thirteenth-anniversary-of-the-syrian-uprising-joint-statement.

② 《法国反恐部门逮捕8名年轻人 准备前往叙利亚参加"圣战"》，http://news.enorth.com.cn/system/2014/03/11/011736430.shtml。

③ 《法国军事介入叙利亚战局凸显"大国情结"》，http://www.beijingreview.com.cn/shishi/201804/t20180402_800125335.html。

④ 《法国空袭叙利亚 出动打击卡扎菲同款战机"阵风"》，http://news.sina.com.cn/w/2018-04-14/doc-ifzcyxmu3824472.shtml。

个指挥所和一个训练营。2015 年 11 月 27 日，法国总统奥朗德访问俄罗斯，随后双方领导人宣布，双方将会在叙利亚打击"伊斯兰国"极端组织和其他极端组织方面共享情报，以提高空袭的效果。此外，两国领导人还强调了达成反恐共识对赢得胜利至关重要。① 2018 年 3 月下旬到 4 月初，法国战机在叙利亚上空就执行了 23 次飞行任务。② 为了报复法国这个打击"伊斯兰国"极端组织国际联盟的重要成员，2018 年 5 月 12 日，"伊斯兰国"极端组织在巴黎再次发动恐袭，并马上宣称对此次行动负责，法国政府的安全政策也因此饱受社会各界指责。③

另外，在"伊斯兰国"极端组织从叙伊两国外溢至非洲大陆后，法国积极推动建立了由非洲本土国家组成的联合反恐军队如萨赫勒五国联合部队等，还为其应对该地区以"伊斯兰国"极端组织为代表的暴恐势力提供了军事指导。④ 为加强萨赫勒地区的经济和安全联系，萨赫勒五国集团（G5 Sahel）在 2014 年 2 月正式成立，成员国包括尼日尔、布基纳法索、乍得、马里和毛里塔尼亚，法国则是该组织最坚定的支持者。2017 年 6 月，法国在与马里共同发起"巴尔汗反恐行动"（Operation Barkhane）后，积极推动欧盟最终同意了奖励萨赫勒五国集团 5000 万欧元。萨赫勒五国集团随后成为非洲从欧盟获得安全支持的重要渠道。值得注意的是，为了协助叙利亚库尔德武装更好地打击"伊斯兰国"极端组织，法国军队还在 2018 年 3 月 29 日进驻曼比季地区，协助当地库尔德武装抵抗土耳其的攻击。⑤ 为了更好地推动叙利亚

---

① 《法俄同意共享叙利亚反恐情报：打击共同敌人》，https://world. huanqiu. com/article/9CaKrnJRO5W。

② 《法国空袭叙利亚 出动打击卡扎菲同款战机"阵风"》，http://news. sina. com. cn/w/2018-04-14/doc-ifzcyxmu3824472. shtml。

③ Florence Faucher and Gerome Truc, *Facing Terrorism in France: Lessons from the 2015 Paris Attack*, London: Palgrave Macmillan, 2022, pp. 121-125.

④ 《法国军事介入叙利亚战局凸显"大国情结"》，http://www. beijingreview. com. cn/shishi/201804/t20180402_800125335. html。

⑤ 《法俄同意共享叙利亚反恐情报：打击共同敌人》，https://world. huanqiu. com/article/9CaKrnJRO5W。

实现和平稳定，法国在2024年12月2日联合美国、德国和英国政府发表了有关当前叙利亚局势的声明，表示将会密切关注叙利亚局势发展，努力促进叙利亚冲突降级，以及防止出现更加严重的人道主义灾难。①

总之，国际反恐联盟共同军事打击"伊斯兰国"极端组织的行动，未能取得令人满意的效果。首先，从实践效果来看，虽然在合作初期阶段有效地打击了"伊斯兰国"极端组织的气焰，直接挫败了其建立全球"哈里发国"的野心，但作战方式的弊端也逐步显露出来。例如，美国以空袭为主，缺乏地面部队的有效配合，因此空袭手段只是起到了"缓解疼痛的镇静剂"的作用。"点穴"式垂直打击方式在"伊斯兰国"极端组织的灵活躲藏和再生能力面前收效甚微。其次，从合作协调度来看，伊拉克安全部队、叙伊两国境内的库尔德武装和部分逊尼派武装，也未能进行及时反应和灵活调度。美军在打击"伊斯兰国"极端组织的过程中，还需要和叙利亚与伊拉克政府协商授权问题，美军屡次不经授权而战激化了与合作国的矛盾。再次，从合作的意愿来看，虽然2014年成立的"核心联盟"不断接纳新成员，彼此的战略意图却有明显的差异，可谓"同床异梦"。很多盟国明确表示不会派兵作战；即使参与了军事行动的沙特、阿联酋、约旦、巴林和卡塔尔，也曾为了打击叙利亚、伊拉克和伊朗等国家的什叶派势力而支持过"伊斯兰国"极端组织。②

叙伊两国境内尤其是边界地区的军事冲突带来大量平民伤亡。截至2023年年底，战乱累计造成叙利亚35万人死亡，一半的人口流离失所。叙利亚依然处于领土分裂状态，各方势力范围并没有出现实质性的改变：政府控制着约63.8%的领土，从叙利亚南部延伸到中部省

---

① "Joint Statement on the Developments in Syria", https://www.gov.uk/government/news/joint-statement-on-the-developments-in-syria.

② Meir Litvak, "Iran and Saudi Arabia", in Joshua Teitelbaum, ed. *Saudi Arabia, the Gulf, and the New Regional Landscape*, Ramat Gan: Begin-Sadat Center for Strategic Studies, 2017, pp. 49–54.

份、沿海省份和北部省份阿勒颇的部分地区；库尔德人与美国共同控制叙利亚领土的 25.64%，集中在东部和东北部地区，这些区域主要生产石油、小麦和天然气等；反对派占据叙利亚领土 10.98% 的区域，主要是伊德利卜和与土耳其接壤的阿勒颇部分地区，其中东南部的坦夫（Tanf）设有美军基地。① 各大势力在打击"伊斯兰国"极端组织的军事行动中，形成了各据一方的格局。

第二节　国际反恐联盟围绕打击"伊斯兰国"极端组织进行的非军事行动

即使是美国也不得不承认，彻底歼灭"伊斯兰国"极端组织的有生力量和清除其带来的影响，光靠军事行动是不够的。② 除了进行联合军事围剿以外，美国、俄罗斯等国与联合国、欧盟等组织，纷纷以提供人道主义援助、提供难民庇护、进行外交斡旋等方式，为合力打击"伊斯兰国"极端组织的有生力量、解决以"伊斯兰国"极端组织为代表的暴恐势力所造成的民生灾难和社会动荡提供了大量的支持和帮助。英国、法国和德国也在纪念叙利亚内战爆发 13 周年的会议上呼吁，要通过联合国安理会第 2254 号决议来寻求一个属于叙利亚人民的、叙利亚主导的政治解决方案，这是实现叙利亚和平的唯一希望。③

一、俄罗斯通过斡旋协调多方力量共同反恐

俄罗斯在此次打击"伊斯兰国"极端组织的国际多方势力联合行动中发挥了强大的协调能力。俄罗斯在缓和土耳其与叙利亚北部地区

---

① 《中东 2023：制裁与战争阴影之下 和解为叙利亚带来新希望》，https://news. cctv. com/2023/12/27/ARTIeV1zxPLtuRUY8W4pUhAn231227. shtml。

② "Defeating ISIS Through Civil Resistance?", https://www. usip. org/blog/2016/07/defeating-isis-through-civil-resistance.

③ "Thirteenth Anniversary of the Syrian Uprising: Joint Statement", https://www. gov. uk/government/news/thirteenth-anniversary-of-the-syrian-uprising-joint-statement.

库尔德武装间冲突、美国与伊朗间矛盾、以色列与土耳其间矛盾中均发挥了重要作用;另外,俄罗斯还组织了多次国际反恐联盟成员的会谈,协调了叙利亚政府与反对派之间的一些争端等。

(一)在叙利亚南部地区协调叙利亚政府与反对派矛盾

以叙利亚南部德拉的安全事务为例。自 2015 年下半年正式加入叙利亚的抗击"伊斯兰国"极端组织行动以来,俄罗斯积极协助叙利亚政府武力打击"伊斯兰国"极端组织,同时积极协调各方的谈判活动,从而有效遏制了反对派势力的发展,使其不得不逃往叙利亚西部的东古塔(East Ghouta)和霍姆斯的北部地区。2018 年 6 月,俄罗斯促成反对派组织与叙利亚政府展开谈判。谈判规定在解散反对派势力的军事武装后,允许其持有轻型武器并为其提供各项民事服务,同时还规定,叙利亚政府不得在"和解地区"派驻军队,只能在这些地区的外围设置检查站。① 该谈判在力图让叙利亚南部地区保持中立地位的同时,也避免了让叙利亚政府对全国局势获得绝对的控制权。

2020 年 12 月,俄罗斯在叙利亚中央谈判委员会和反对派之间进行协调,双方签署了有高度包容性的协定。该协议规定,军队有权在该地逮捕任何反对派分子。同时,反对派分子如果在被逮捕后 6 日内愿意改变政治立场并加入叙利亚政府军队,则可以免除罪罚。② 俄罗斯试图通过说服叙利亚政府将部分管控权让渡给反对派势力,以实现双方的和解。

(二)协调本国与伊朗、土耳其以及伊朗与沙特、以色列的矛盾

可以说,如果没有俄罗斯的充分协调,这场打击"伊斯兰国"极端组织的联合军事行动的效果会大打折扣。尽管在协调过程中,也曾

---

① Abudullah Al-Jabassini,"Russia Rethinks the Status'quo in Southern Syria",https://www.mei.edu/publications/russia-rethinks-status-quo-southern-syria.

② 同①。

出现过因为利益分歧引发的军事摩擦，但俄罗斯凭借自身对于叙利亚政府的影响力，以及多边外交带来的"说服力"，有效推动了域外大国与地区势力在此达成基本的反恐共识。

首先，俄罗斯在叙利亚参与了对"伊斯兰国"极端组织的战斗后，分别与伊朗和土耳其协调利益冲突与缓和矛盾。2015年俄罗斯对叙利亚发动空中打击行动后不久，俄罗斯国防部长绍伊古（Sergei Shoigu）前往德黑兰进行访问，签署了两国之间的军事合作协议。2016年，俄罗斯利用在伊朗的空中军队发动了对叙利亚的空中打击行动，但随后伊朗马上终止了俄罗斯使用其军事基地的权利。俄罗斯也同样期待遏制伊朗的影响力。对于如何重建叙利亚军队，双方的观点也不同。[①]2015年11月，土耳其击落了俄罗斯战机也让俄土关系遇到巨大的挑战。埃尔多安在对形势作出进一步的分析后，主动调整了对俄外交策略。面对土耳其的示好，俄罗斯也给予了积极回应。[②]

其次，俄罗斯利用自身影响力还积极调节伊朗与沙特的分歧与矛盾。2016年1月2日，沙特内政部处决了47名恐怖主义犯罪分子，其中包括著名的什叶派教士阿尔尼姆尔（Nimr Bakr Alnimr），此举引发伊朗示威者冲击沙特驻伊朗大使馆，沙特在第二天宣布与伊朗断绝外交关系。在双方关系陷入严重对峙的时刻，俄罗斯马上表态愿意充当沙特与伊朗冲突的调解者，并表示希望借助政治调解叙利亚危机这一契机缓和沙特与伊朗的关系。2023年3月10日，沙特与伊朗在中国斡旋下恢复外交关系后，俄罗斯国家杜马国际事务委员会主席斯卢茨基（Leonid Slutsky）马上表示支持，认为此举符合俄罗斯在波斯湾地区推行的集体安全观，并有助于解决地区冲突。

另外，俄罗斯还积极调节伊朗与以色列之间的冲突。2018年5月

---

① Eugene Rumer, "Russia in the Middle East: Jack of All Trades, Master of None", https://carnegieendowment.org/2019/10/31/russia-in-middle-east-jack-of-all-trades-master-of-none-pub-80233.

② 李振环、汪嘉波：《俄罗斯战机被土耳其击落》，载《光明日报》，2015年11月25日，第12版。

9 日，内塔尼亚胡访问莫斯科，以色列与伊朗在叙利亚问题上的分歧在此次访问中得到了很好的调解，俄罗斯呼吁双方应该保持克制和冷静。[①]

二、美国推动国际反恐联盟会议机制的建立

除了具体的军事行动以外，美国还从人道主义援助和推动建立国际反恐联盟会议机制等方面，为打击"伊斯兰国"极端组织提供支持。

（一）对叙利亚和伊拉克的多种援助

美国在"伊斯兰国"极端组织活跃于伊拉克和叙利亚期间，对这两个国家提供了多种援助，涵盖难民救助、医疗教育和社会治安等方面。

1. 对叙利亚的非军事援助

2021 年 1 月，美国白宫发布报告指出，美国为叙利亚境内难民提供了紧急食品、居住场所、安全饮用水、紧急医疗、人道主义保护措施和其他的援助。到 2021 年 1 月，美国的人道主义援助已经涵盖了叙利亚的 14 个省，也覆盖了周边地区国家中的 565 万叙利亚籍难民。在西北部，美国从 2012 年到 2018 年提供了非军事援助来支持叙利亚反对派力量。这些援助包括：支持建立地方委员会、民间社会团体和组织来抗击基地组织和"伊斯兰国"极端组织等极端势力的威胁；为各大社区提供基础新闻记者和独立媒体，为消除极端势力的激进化宣传提供舆论屏障和知识普及；协助发展叙利亚小学教育事业；为自由叙利亚军、自由叙利亚警察（Free Syrian Police）提供支持，让他们能够更好地协助社区保护民众生命安全。[②]

---

① "Russia: Israel Behind Syria Strikes, Threatens Regional Stability", https://www.timesofisrael. com/russia-israel-behind-syria-strikes-threatens-regional-stability.

② "U. S. Relations With Syria: Bilateral Relations Fact Sheet", https://www.state.gov/u - s - relations-with-syria/.

在叙利亚的西南地区，美国也提供了一些非军事援助，支持温和反对派力量并推动执行"冲突降级"计划。"冲突降级"计划包括提升地方机构的治理能力、帮助地方政府恢复社会服务能力等。从 2011 年下半年到 2021 年 1 月，美国向叙利亚提供了 13 亿美元的稳定援助资金，其中包括在 2019 年 10 月开始拨付的 5000 万美元资金，重点用来援助和支持宗教和族群少数派群体。① 2023 年 2 月，土耳其和叙利亚边境地区发生地震。为了帮助叙利亚渡过难关，美国通过美国国际开发署在 2023 年 6 月 15 日宣布，将在原有援助计划的基础上，为叙利亚人民再提供价值 9.2 亿美元的人道主义援助。在 2023 财政年度，美国合计为叙利亚提供了 11 亿美元的人道主义援助。② 另外，2024 年 5 月 7 日，丹麦外交部与美国国际开发署宣布将共同为叙利亚西北部地区的民众提供各种人道主义支持。③

2. 对伊拉克的非军事援助

对伊拉克，美国在打击"伊斯兰国"极端组织、夺回各大城市控制权的过程中，给予了多次经济和人道主义支持。自"伊斯兰国"极端组织从前期酝酿到正式建立期间，伊拉克就饱受各种暴恐活动泛滥之苦。从 2013 年到 2015 年，伊拉克境内恐怖分子绑架平民的次数迅速上升。2016 年，恐怖分子策划的绑架案件比 2015 年增加了一倍多，涉及平民超 8500 人。2015 年，伊拉克境内暴恐活动袭击目标主要是军人、交通设施和警察等，到 2016 年则以袭击民众及其房屋财产为

① "U. S. Relations With Syria: Bilateral Relations Fact Sheet", https://www.state.gov/u-s-relations-with-syria/.

② "The United States Announces $920 Million in Additional Humanitarian Assistance for the People of Syria", https://www.usaid.gov/news-information/press-releases/jun-15-2023-united-states-announces-920-million-additional-humanitarian-assistance-people-syria.

③ "Ministry of Foreign Affairs of Denmark and USAID Partner to Support White Helmets in Northwest Syria", https://www.usaid.gov/syria/press-releases/may-07-2024-Ministry-of-Foreign-Affairs-of-Denmark-and-USAID-Partner-to-Support-White-Helmets-in-Northwest-Syria.

主，破坏力进一步扩大。①

"伊斯兰国" 极端组织兴起后，美国还通过协调国际货币基金组织和世界银行等组织，为伊拉克的政治反腐和经济改革提供支持。长期的社会分裂与暴力冲突让伊拉克经济发展陷入停滞。2014 年后，与"伊斯兰国" 极端组织战斗给伊拉克政府带来了巨大的经济压力。2017 年，伊拉克仅石油出口收入就较 2013 年下跌了 50% 多。② 2018 年，伊拉克的国家预算中有多达 25% 的开支拨付给了军事和安全机构，军队、联邦和地方警察机构以及人民动员力量的人数总计 130 多万。2016 年，为了缓解经济困顿，更好地打击 "伊斯兰国" 极端组织和其他武装分子，伊拉克政府与国际货币基金组织和世界银行就经济政策调整和财政改革等问题达成了协议。国际货币基金组织承诺提供 53.4 亿美元的贷款，伊拉克则承诺将会努力提高经济发展水平，减少财政预算赤字。③

2017 年，伊拉克宣布打击 "伊斯兰国" 极端组织的斗争取得了阶段性胜利。2021 年 7 月 26 日，美国总统拜登与伊拉克总理卡迪米（Mustafa Kadhemi）在白宫会晤时表示，要在当年年末结束美军在伊拉克的作战任务，从共同作战转向为伊拉克军队提供训练、咨询和情报信息共享等支持。此次会晤还涵盖了关于能源、经济发展、人权和人道主义救助、医疗和教育事业发展等多个民生议题。考虑到 2011 年奥巴马政府时期美军撤离导致伊拉克暴力冲突升级的情况，伊拉克对结束打击 "伊斯兰国" 极端组织任务后美军撤离也感到了焦虑。对此，美国承诺将会给伊拉克军方随时提供支持。另外，美国还决定为伊拉

---

① Anthony H. Cordesman, "Terrorism and U. S. Wars: Syria and Iraq", in Anthony H. Cordesman, ed. *Global Trends in Terrorism: 1970-2016*, Washington, D. C.: Center for Strategic & International Studies, 2017, pp. 228-258.

② Ahmed Aboulenein and Ahmed Rasheed, "Iraqi Parliament Approves Budget, Kurdish Lawmakers Boycott Vote", https://www. reuters. com/article/us - mideast - crisis - iraq - budget/iraqi - parliament - approves-budget-kurdish-lawmakers-boycott-vote- idUSKCN1GF0PP.

③ Harith Hasan, *Beyond Security: Stabilization, Governance, and Socioeconomic Challenges in Iraq*, Washington, D. C.: Atlantic Council, 2018, pp. 22-32.

克提供 500 万剂辉瑞疫苗；为联合国行动小组提供 520 万美元经费，协助其监测伊拉克在 2021 年 10 月举行的立法选举；承诺为伊拉克难民额外提供 1.55 亿美元的人道主义援助等。①

（二）推动建立国际反恐联盟部长级会议机制

2014 年 9 月 10 日，美国宣布正式建立由美国主导的、打击"伊斯兰国"极端组织的国际联盟。这个联盟要对"伊斯兰国"极端组织的军事行动能力、领土控制能力、在极端组织中的领导力、筹措资金的能力，以及网络传播能力进行多维度打击，旨在消除"伊斯兰国"极端组织对全球安全和美国国家安全的威胁。2016 年 2 月 2 日，打击"伊斯兰国"极端组织国际反恐联盟部长级会议于罗马召开。会议由美国国务卿克里与意大利外交与国际合作部长詹蒂洛尼（Gentiloni）共同主持。参会的国家包括来自英国、德国、法国、土耳其、埃及、伊拉克在内的 23 个国家，欧盟和联合国代表也出席了会议。②

叙利亚和伊拉克对该组织的成立予以热烈回应。2016 年 7 月 19 日，伊拉克外交部长贾法里（Ibrahim Al-Jaafari）在访问美国期间呼吁，伊拉克迫切需要美国组织的国际反恐联盟提供反恐和重建国家的支持。他还表示，希望各个国家能够摒弃过去的恩怨，共同对抗以"伊斯兰国"极端组织为代表的暴恐势力，团结一致，在击溃"伊斯兰国"极端组织后共同维系地区的稳定。③ 2021 年 6 月 28 日，在罗马召开的打击"伊斯兰国"极端组织国际反恐联盟部长级会议上，美国国防部再次强调国际反恐联盟在打击"伊斯兰国"极端组织问题上依然非常坚定。表 3 为打击"伊斯兰国"极端组织国际反恐联盟部长级

---

① *The General Framework of US-Iraqi Understandings*, Doha: Arab Center for Research & Policy Studies, 2021, pp. 2-4.

② "The Global Coalition to Defeat ISIS", https://www.state.gov/the-global-coalition-to-defeat-isis/.

③ "Iraqi Foreign Minister on Aid, ISIS and Reconciliation", https://www.usip.org/events/iraqi-foreign-minister-aid-isis-and-reconciliation.

会议成员情况。

表3：打击"伊斯兰国"极端组织国际反恐联盟部长级会议成员

地区/国际组织	国家或组织机构代表
非洲	喀麦隆、中非共和国、乍得、刚果(金)、吉布提、埃及、埃塞俄比亚、几内亚、肯尼亚、利比亚、毛里塔尼亚、摩洛哥、尼日利亚、尼日尔、索马里、突尼斯
美洲	加拿大、巴拿马、美国
欧洲	阿尔巴尼亚、奥地利、比利时、波黑、保加利亚、克罗地亚、塞浦路斯、捷克、丹麦、爱沙尼亚、芬兰、法国、格鲁吉亚、德国、希腊、匈牙利、冰岛、爱尔兰、意大利、科索沃、拉脱维亚、立陶宛、卢森堡、摩尔多瓦、黑山、荷兰、北马其顿、挪威、波兰、葡萄牙、罗马尼亚、塞尔维亚、斯洛文尼亚、西班牙、瑞典、土耳其、乌克兰、英国
亚太地区	阿富汗、澳大利亚、斐济、日本、马来西亚、新西兰、菲律宾、新加坡、韩国
中东	巴林、伊拉克、约旦、科威特、黎巴嫩、阿曼、卡塔尔、沙特、阿联酋、也门
组织机构	阿拉伯国家联盟、萨赫勒-撒哈拉组织、欧盟、国际刑警组织、北约

资料来源："The Global Coalition to Defeat ISIS", https://www.state.gov/the-global-coalition-to-defeat-isis/。

总体而言，打击"伊斯兰国"极端组织国际反恐联盟的行动主要围绕着这几个方向展开：击破以"伊斯兰国"极端组织为代表的极端新生势力的资金来源网络和银行系统；打破由杂志、网络和社交媒体组成的宣传体系；进一步稳定从"伊斯兰国"极端组织控制下夺回的"解放地区"的稳定；为叙利亚、伊拉克和阿富汗等"伊斯兰国"极端组织活动的重灾区提供军事支持，与其国家部队、地方政府安全机构以及民兵组织保持良好的军事合作，并为其提供武器和训练方面的支持；贯彻联合国安理会在2014年通过的第2178号决议，阻止外国恐怖主义战斗人员进入叙伊境内等。① 虽然该联盟一直被认为过于松散,且成员彼此很难达成战略共识,但它为打击"伊斯兰国"极端组织建立了具有象征意义的全球合作模式,在政治和道义上给"伊斯兰国"极端组织带来了压制。

三、土耳其对待叙利亚难民的复杂立场

显然,土耳其进行打击"伊斯兰国"极端组织斗争的战略意图非常复杂。一方面,土耳其也希望叙利亚尤其是两国边界地区实现和平稳定,从而减少来自叙利亚的难民,降低土耳其接纳难民的经济社会成本;另一方面,土耳其长期将本国和其他国家尤其是土耳其和伊拉克境内的库尔德武装视为恐怖组织,长期坚决地打压其自治愿望,因此忌惮叙伊两国的库尔德武装在美军的支持下发展壮大。2016 年 3 月 9 日,土耳其政府宣布关闭巴卜萨拉马(Bab al-Salam)和巴卜哈瓦(Bab al-Hawa)两处边境通道。8 月 13 日,土耳其开始建造 3 米高、900 长的叙土边境墙,并在其一侧挖出 4 米深的壕沟作为辅助巩固措施。2016 年 1 月 8 日,土耳其开始对叙利亚移民进行护照限制。这显然与此前土耳其长期对叙利亚开放边境措施形成了巨大反差。对此,与土耳其有着长期合作关系的叙利亚反对派对此并没有提出反对意见,欧盟因考虑到土耳其是叙利亚恐怖分子前往欧洲的主要通道,对此则持欢迎态度。尽管土耳其声称是为了防止极端分子的进入而执行了这一系列的措施,但实际上未能有效防范土耳其免除暴恐势力的侵扰。2016 年 8 月 20 日,在距离叙利亚边境 40 千米左右的土耳其南部城市加济安泰普遭到恐怖袭击,造成至少 51 人死亡。土耳其经过调查后认为此举很可能是"伊斯兰国"极端组织所为。②

---

① "Our Mission: 87 Partners United in Ensuring Daesh's Enduring Defeat", https://theglobalcoalition. org/en/.

② Haid Haid, "Keeping Syrian Refugees out Has Not Made Turkey Secure", https://www.chathamhouse. org/2016/11/keeping-syrian-refugees-out-has-not-made-turkey-secure.

土耳其封锁边境和限制叙利亚移民进入的其他措施，让叙利亚难民陷入了无处可去的处境。此前约旦也下令禁止叙利亚移民在无特殊原因情况下在约旦滞留4年以上；2015年1月，黎巴嫩也加大了对叙利亚移民进入的管控力度，叙利亚难民极难进入黎巴嫩境内。约旦、黎巴嫩和土耳其先后阻隔叙利亚移民的措施，让非法移民与走私活动更加猖獗。2016年年初，一个前往土耳其的"中等风险"的偷渡路线的黑市价格达到了人均1500美元。2016年4月，叙利亚发布了《叙利亚人权观察报告》。报告中记录了11名叙利亚难民在通过边境进入土耳其时被杀害的消息。边境的封锁还导致在土耳其境内的叙利亚记者、民事社会组织者和社会活动家的行动网络被切断。①

总之，在这种双重战略意图的影响下，土耳其一方面与"伊斯兰国"极端组织进行军事对抗，一方面则利用边境开放问题、库尔德人"恐怖主义威胁"问题，以及提防伊朗和真主党在叙伊两国境内挤压其势力范围等问题，对叙利亚边境地区发动军事行动。

四、联合国成为进行多边协商和提供人道援助的重要平台

联合国主要从制定决议与作出反恐合作决策、探索政治解决路径与长期跟踪调研实地情况等方式来发挥自身的独特作用，是国际反恐联盟中非常重要的一股力量。

（一）通过与打击"伊斯兰国"极端组织有关的多项决议

自"伊斯兰国"极端组织兴起后，联合国通过的多项决议一方面包含了对叙伊两国的援助计划，如难民安置、疾病护理与治疗、儿童教育、失业救助等，以及号召其他国家参与对国际反恐合作的支持等具体内容；另一方面，这些决议也有"维护国际社会良知"的价值。

---

① Haid Haid, "Keeping Syrian Refugees out Has Not Made Turkey Secure", https://www.chathamhouse.org/2016/11/keeping-syrian-refugees-out-has-not-made-turkey-secure.

通过这些决议，联合国向国际社会彰显了人道主义关怀，并对恐怖极端势力予以严厉声讨与舆论威慑。例如，在 2015 年通过的第 2258 号决议中，首先就特别重申了维护叙利亚主权、独立、统一和领土完整及遵守《联合国宪章》宗旨的承诺；另外，该决议还使用了一系列具有鲜明感情色彩的表述，例如，“深为忧虑”叙利亚境内不断恶化的人道主义局势；对叙利亚暴力冲突导致的包括数千名儿童在内的 25 万多人被杀害的事实表示“愤慨”等，为国际反恐合作传递了强烈的情感与道德关怀的信号。

同时，与此相关的各种决议内容之间有着紧密的衔接，使得国际社会了解叙利亚和伊拉克及其周边地区的情况时，能够有较为完整的“信息链”。如第 2258 号决议中就提出，对安理会第 2139 号、第 2165 号和第 2191 号决议未得到有效执行表示严重关切。[①] 这 3 项决议都是在 2014 年安理会的会议上通过的。这样一来，联合国决议对反恐合作的支持就有了连贯性与操作上的可持续性。

（二）积极探索叙伊两国和阿富汗的国家重建路径

联合国安理会在探索政治解决叙利亚内战的路径上走在前面。2021 年，联合国安理会的 15 人工作小组讨论叙利亚问题达 12 次；自 2012 年以来，联合国安理会已经通过了近 30 项有关叙利亚的决议。例如，2021 年 7 月 9 日，联合国安理会通过了第 2585 号决议，将叙利亚跨境人道救援授权延长 12 个月。联合国发布了“2021 年至 2022 年地区移民和复兴计划”以援助前往周边地区的 600 万叙利亚难民。自 2011 年以来，联合国人权委员会坚持对叙利亚境内违反国际法的行为进行跟踪调查等。[②] 2024 年 7 月，联合国特使裴凯儒（Geir Pedersen）在安理会表示，影响叙利亚的地区冲突威胁并没有减弱，尤其是以色

---

① 《第 2258（2015）号决议——安全理事会 2015 年 12 月 22 日第 7595 次会议通过》，https://documents. un. org/doc/undoc/gen/n15/447/60/pdf/n1544760. pdf。

② “Syria”，https://news. un. org/en/focus/syria。

列对这个饱受战争蹂躏的国家最近屡次发动了袭击。叙利亚的冲突、复杂和分裂依然是深刻的，有必要敦促各方协助叙利亚执行安理会有关和平进程路线图的第2254号决议问题。①

伊拉克重建工作是从2003年开始的，联合国安理会成立了联合国伊拉克援助团，旨在为促成伊拉克多方政治对话与和解向政府提供建议，并在选举和安全部门改革方面提供各种帮助。② "伊斯兰国"极端组织在2014年异军突起后，让原本就陷入政治派别分化、经济社会发展停滞局面的伊拉克重建工作陷入中断。③ 在伊拉克于2017年击溃"伊斯兰国"极端组织后，联合国继续协助伊拉克推动重建工作。

首先，联合国努力促进伊拉克实现民族和解。联合国在2017年1月成立了伊拉克援助团，通过与伊拉克政府合作实现伊拉克各民族之间的对话与和解。伊拉克的大学适龄人群即15岁到24岁之间的年轻人群体在国家总人数中占据了五分之一，在伊拉克民族和解中扮演重要角色。因此，伊拉克援助团积极联系民间组织艾尔·阿玛尔协会，与数个名牌大学确立了合作关系，为伊拉克的民族和解尤其是年轻人打破种族和阶级偏见打下了良好的社会基础。④

其次，联合国协助伊拉克解决击溃"伊斯兰国"极端组织后的种种遗留问题。联合国难民署统计，到2018年4月30日，约210万伊拉克人流离失所。⑤ 2018年年底，联合国大会通过了《全球移民协议》并使其成为解决伊拉克难民的重要政策框架之一。⑥。为了深入调查取

---

① 《联合国秘书长叙利亚问题特使:恐怖主义威胁正在复苏》,https://www.chinanews.com.cn/gj/2024/07-23/10255757.shtml。

② 黄培昭:《伊拉克战后重建举步维艰》,载《人民日报》,2018年2月13日,第21版。

③ 王丽影、王林聪:《伊拉克国家重建困境的根源及出路》,载《西亚非洲》,2019年第3期,第102页。

④ "UN Engages Youth on National Reconciliation in Iraq", https://www.un.org/en/academic-impact/un-engages-youth-national-reconciliation-iraq.

⑤ 王丽影、王林聪:《伊拉克国家重建困境的根源及出路》,载《西亚非洲》,2019年第3期,第107页。

⑥ "UNHCR Country Portfolio Evaluation: Iraq", https://www.unhcr.org/sites/default/files/legacy-pdf/5f6df4a04.pdf.

证，联合国安理会于 2017 年成立了联合国促进对"伊斯兰国"极端组织罪行追责调查小组，该调查组长期对"伊斯兰国"极端组织对雅兹迪妇女的残害行为、在伊拉克北部进行恐怖统治和其他罪行进行了调查取证。①。

再次，联合国还号召重要国际组织和其他国家为伊拉克国家重建出谋划策。2018 年 2 月 12 日，击溃了"伊斯兰国"极端组织后的首次伊拉克重建国际会议在科威特开幕。此次重建会议由科威特、伊拉克、联合国、欧盟和世界银行五方共同主持，全球 70 多个国家和国际组织纷纷派出代表出席，表明国际社会对伊拉克国家重建工作的高度重视。② 2019 年 10 月到 2020 年年初，伊拉克再次爆发大规模反政府示威游行，国家再次陷入剧烈动荡之中。尽管国际社会对伊拉克的援助强度因此而下滑，联合国可持续发展合作框架（UNSDCF）却担负起协调多方关系、输送各项援助和加深与伊拉克政府沟通的重要使命。③。

2024 年 5 月 10 日，伊拉克政府要求联合国在 2025 年前结束已有 20 余年历史的政治特派团。伊拉克总理苏达尼（Muhammad Shia Sudani）描述了他所说的伊拉克历届政府的"积极发展和成就"，也称赞了联合国伊拉克援助团多年来克服了"巨大的、各种各样的挑战"。④ 同年 9 月 17 日，联合国促进对"伊斯兰国"极端组织罪行追责调查小组也将结束在伊拉克的任务。对于该工作组的离开，一名在"伊斯兰国"极端组织暴行中幸存下来的雅兹迪妇女担忧地说道："他们离开了，谁还能来推动他们的工作呢？谁来处理他们获取的有关

① "Allannah Travers, As UNITAD's Mandate Ends, ISIL Survivors Still Lack Justice", https://www.washingtoninstitute.org/policy-analysis/unitads-mandate-ends-isil-survivors-still-lack-justice.

② 黄培昭:《伊拉克战后重建举步维艰》,载《人民日报》,2018 年 2 月 13 日,第 21 版。

③ "UNHCR Country Portfolio Evaluation: Iraq", https://www.unhcr.org/sites/default/files/legacy-pdf/5f6df4a04.pdf.

④ 《伊拉克要求联合国特派团撤离》,https://m.gmw.cn/2024-05/11/content_1303734224.htm。

'伊斯兰国'极端组织的罪行证据呢？"① 因此，尽管联合国在伊拉克设置的部分行动小组或协议陆续结束了任务，但其在协助伊拉克缓和教派冲突、推动多方政治对话、运送援助到伊拉克等方面发挥了不可替代的作用。

对于阿富汗，联合国教科文组织多次呼吁国际社会要确保阿富汗的女性接受教育。在塔利班重返阿富汗政坛后，联合国在 2023 年 11 月完成了关于阿富汗形势的评估报告，并在 12 月底通过了第 2721 号决议，鼓励联合国会员国和所有其他利益相关方"考虑独立评估和执行其建议"。2024 年 6 月，联合国举行了第三次阿富汗问题特别会议，阿富汗派代表参加了会议。

（三）对叙伊两国和阿富汗等国家的安全、经济、社会发展和人道危机等情况进行长期跟踪和科学评测

自 2011 年叙利亚爆发内战以来，联合国对叙利亚综合情况进行全面分析、跟踪和评估，是国际社会了解叙利亚最新情况的重要窗口。据联合国统计，从叙利亚爆发内战以来，叙利亚的难民危机始终十分严峻，在流离失所的 1340 万难民中，有约 610 万人是儿童；到 2022 年年初，全国有 1460 万人需要人道主义援助，比 2021 年增加了 120 万人。

在谈到如何解决因恐怖主义造成的难民大幅增加等问题时，欧洲多个国家领导人曾在 2015 年的联合国大会年度一般性讨论会上表达了深入合作的坚定决心。例如：保加利亚总统普列夫内利耶夫（Rosen Asenov Plevneliev）表示，需要通过政府间合作、立法工作和地区组织的支持，来有效解决暴力极端主义产生更多难民的问题。克罗地亚总统基塔罗维奇（Kolinda Grabar Kitarovic）强调，一定要在恐怖主义和

---

① "Iraqi Civil Society and Survivor Networks Position on the Request of Iraq to Terminate UNITAD's Mandate in September 2024", https://c4jr.org/wp-content/uploads/2024/03/C4JR-report_ENG.pdf.

其他暴力冲突的早期阶段予以重击，还号召要为打击叙利亚境内的"伊斯兰国"极端组织进行广泛动员，否则全球难民危机将会加剧。① 根据联合国难民高级专员公署的最新调查报告，到2023年年底，全球被迫成为难民的人数达到了1.17亿人。

2023年，阿富汗新增难民人数74.14万人，难民总人数达到了640万人。② 叙利亚新增难民人数为17.4万人，难民总人数达到了720万人，其中有1380万叙利亚难民分布在大约137个国家。在2023年全年统计的难民总人数中，阿富汗难民人数再次位列全球第一。而来自叙利亚的难民人数在2023年为640万人，比2022年略有上升。其中有接近四分之三的难民分布在土耳其、黎巴嫩和约旦。这3个国家接纳的叙利亚难民人数分别为320万人、78.49万人和64.91万人。③ 大量叙利亚难民正在成为这些国家经济社会发展的包袱。暴恐势力的猖獗与政府治理能力的低下，使叙利亚、阿富汗和伊拉克等国家的安全和经济社会发展陷入了恶性循环。联合国各大机构就"伊斯兰国"极端组织兴起前后直至2022年的情况，进行分类总结并发布各种分国别、分主题、分领域的调研报告，数据准确而又丰富，为国际反恐联盟开展行动提供了翔实的信息库。

五、欧盟加强内外反恐合作的制度协调，为难民提供庇护并出台措施惩戒外国战斗人员

与"9·11"事件爆发后到"伊斯兰国"极端组织成立期间的反恐合作相比，欧盟在"伊斯兰国"极端组织成立后不断进行内外反恐合作的制度协调；大量叙利亚难民在国内动荡加剧下被迫从叙利亚经

---

① "Global Response to Terrorism Vital for Solving Refugee Crisis, European Leaders Tell UN", https://news. un. org/en/story/2015/09/510802-global-response-terrorism-vital-solving-refugee-crisis-european-leaders-tell-un.

② "Global Trends: Forced Displaced in 2023", https://www. unhcr. org/global-trends-report-2023.

③ 同②。

过土耳其前往欧洲避难，很多欧洲国家也打开国门予以接纳。

（一）在全新反恐形势下加强内外行动协调能力

2015年1月，设在巴黎的《查理周刊》办公室遭到恐袭；11月13日，巴黎再次遭遇严重恐袭，是自2004年马德里恐袭以来最为严重的一次。2016年，布鲁塞尔机场和欧盟总部附近的马尔比克（Maalbeek）地铁先后遭受自杀式恐怖袭击。此外，法国、德国、比利时、澳大利亚也先后遭到恐怖分子的袭击。

然而，在欧盟加强内外关系推动反恐合作的同时，也出现了一种新的危机。一方面，欧盟各成员国认识到集体行动的重要性，应努力集中各国优势资源，让反恐讯息沟通得更为流畅和便捷等；另一方面，欧盟不断上升的恐怖主义威胁，也让很多国家的民族主义团体趁机兴起，如法国的"民族阵线"（National Front）、荷兰的"荷兰自由党"（the Dutch Party for Freedom）、希腊的"金色黎明"（Golden Dawn）、匈牙利的"尤比克党"（Jobbik）等。这些民族主义政党或者组织都较为排斥和惧怕外来者，尤其是来自中东的穆斯林，因而希望能够以安全的名义关闭国家边界。欧盟对外行动署在这种背景下开始推行一系列政策，作为对2015年到2016年期间重大恐袭事件的一种回应，这也成为欧盟不断加强与外部联系、推动外向型反恐安全合作的直接体现。可以说，欧盟的诸多反应是其"危机驱动型策略"的直接体现。[1]

---

[1] Mai'a K. Davis Cross, "Counter-Terrorism in the EU's External Relations", *Journal of European Integration*, Vol. 39, No. 5, 2017, p. 610.

表4：欧盟对外拓展反恐合作关系的制度协调（2015—2016 年）

	2015—2016年的加速决策行为	2015年1月《查理周刊》恐袭后的新政策	2015年11月恐袭后的新政策	2016年恐袭后的新政策
情报共享	签署航班乘客订座登记系统协议；与美国共享航班信息	与土耳其和沙特进行信息共享；建立欧洲反恐中心	情报共享延伸到更多第三方	关注加入"伊斯兰国"极端组织的外国好战分子；防止恐怖组织在难民营进行招募或激进化活动
欧盟内外安全合作	就反恐进行对外政治对话；开始制定欧盟全球战略	进行反恐能力建设；借鉴反恐成功国家的经验	制定共同防务条例；欧盟防卫署开始制定防务白皮书	制定欧盟反恐战略；制定各项法规，为给恐怖主义策划行动定罪提供法律依据
正式外交行为	和第三方共同制定反恐战略	向欧盟对外行动署派遣安全专家	重新启动对于叙利亚问题的维也纳谈判；与摩洛哥、叙利亚和伊拉克进行新的合作	加强欧盟与第三方的外交活动；特别强调土耳其和利比亚的外交活动
非正式外交行为	召开全球反恐论坛	与互联网公司建立欧盟级别的反恐论坛	努力成为一个全球安全服务提供者	在全球展开合作共同打击"伊斯兰国"极端组织

资料来源：Mai'a K. Davis Cross, "Counter-Terrorism in the EU's External Relations", *Journal of European Integration*, Vol. 39, No. 5, 2017, p. 612。

从表4可以看出，情报信息的共享在国际反恐合作中占据着非常重要的地位。在2015年1月《查理周刊》遭遇恐袭后，欧盟对外行动署马上采取行动修改欧盟反恐政策，尤其重点修改和情报共享相关的内容。此举被欧盟反恐事务专员科肖夫（Gilles de Kerchove）称赞为"非常及时的措施"，他在此前还曾大力呼吁，欧盟必须马上执行美国已经执行了一段时间的航班乘客订座登记系统。① 该系统可以跟踪记录任何乘客进入欧盟国家之前的所有旅行路线,从而确定其采取激进化行动的可能性。《查理周刊》事件爆发时,已经有 16 个欧盟国家执行了该规定。在 2015 年 11 月法国恐袭发生一周后,欧洲理事会和欧盟议会马上决定以维护欧洲安全的名义缔结欧盟范围的协议。

从欧盟内部和向外双向拓展反恐安全合作的范围来看,《查理周刊》事件后,欧盟对外行动署开始与相关的欧盟机构与成员国合作,就欧盟如何拓展和第三方的合作进行探讨,旨在通过反恐政治对话,确保与第三方开展连贯而有效的合作。第三方合作者包括的国家和国际组织主要有联合国、美国、俄罗斯、加拿大、土耳其、巴基斯坦、沙特、阿联酋和澳大利亚等。而到同年的 11 月之后,欧盟在推动反恐理念和规则融合方面更进了一步。欧盟开始首次探讨如何实施《欧盟共同防务条款》,旨在与第三方进行反恐合作时,同时运用政治权威的"硬实力"与公共外交的"软实力"。欧盟外交和安全政策高级代表莫盖里尼(Federica Mogherini)在法国遭受 2015 年 11 月恐袭后公开宣称:"这不仅是对欧洲的恐袭,是对人类文明的打击。这需要我们团结合作,共享信息,共享反恐政治议程,集中我们所有国家的外交、经济和军事方面的努力,只有这样才能对抗这种威胁。"②

(二) 协调解决难民问题

2003 年的伊拉克战争,以及 2014 年以来与"伊斯兰国"极端组织的斗争,令伊拉克陷入了严重的人道主义灾难。到 2016 年 7 月,有28 万民众在内乱中丧生,1350 万人需要人道主义援助,480 万人注册了难民身份。③ 有以叙利亚难民为主的约 270 万难民在土耳其生活,占

---

① Mai'a K. Davis Cross, "Counter-Terrorism in the EU's External Relations", *Journal of European Integration*, Vol. 39, No. 5, 2017, p. 616.

② 同①。

③ "Syria", http://www.globalr2p.org/regions/syria.

土耳其总人口的 3%；有以叙利亚难民为主的约 100 万难民滞留在黎巴嫩，占黎巴嫩总人口的 22%；约旦境内难民数量达到了 60 万人，占总人口的 9%。[①]

从 2011 年叙利亚内战爆发到 2016 年 6 月，欧盟和其成员国共同为叙利亚难民提供了高达 55 亿美元的人道主义援助，另外，还在 2016 年 2 月于伦敦召开的"支持叙利亚大会"上决定拨付 33 亿美元的援助资金给叙利亚。[②] 另外，为了协调非洲暴恐浪潮的重灾区萨赫勒地区，欧盟推动建立了该地区移民、发展和安全三位一体的行动目标。2015 年 4 月，欧盟外交事务委员会根据"2011 年萨赫勒战略"的内容框架，通过了"萨赫勒地区行动计划"。该行动计划的内容到 2016 年 6 月进行了修订，明确了在萨赫勒地区实现安全的四大重要目标：预防和打击激进化；为年轻人创造和谐的社会环境；完善移民事务和促进社会流动性的发展；完善边境管理，打击走私活动和跨境有组织犯罪活动。[③]

在欧洲各国看来，2019 年土耳其进军叙利亚北部地区的军事行动损害了欧洲的安全，给欧盟带来了更多的安全隐患。例如：会再次引发欧洲国家的难民潮；让大量的圣战极端分子轻松地流窜到欧洲国家，引发新一轮欧洲国家暴恐浪潮；加速北约内部的分裂；等等。为更好地应对土耳其带来的安全隐患，欧盟在 2019 年 10 月 17 日到 18 日召开峰会。会议认为，要缓解此次土耳其进军叙利亚西北部地区的消极影响，必须从以下几个方面努力：首先，要加强对来自叙利亚库尔德人控制范围的圣战分子的入境检查力度。其次，欧盟各国要努力推动

---

① "Syria Regional Refugee Response", http://data. unhcr. org/syrianrefugees/regional. php.

② "Syria Crisis ECHO Factsheet", https://civil-protection-humanitarian-aid. ec. europa. eu/where/middle-east-and-northern-africa/syria_en.

③ Bernardo Venturi, "The EU and the Sahel: A Laboratory of Experimentation for the Security-Migration-Development Nexus", https://www. jstor. org/stable/pdf/resrep17523. pdf? refreqid=fastly-default% 3Af5b51317f4165108e96d7a5ba9cc9b77&ab _ segments = 0% 2Fbasic _ search _ gsv2% 2Fcontrol&initiator=search-results&acceptTC=1.

美国、联合国和俄罗斯之间的多边对话，以结束该地区的动乱局势。再次，欧盟需要与土耳其进行协商，尽可能地让难民前往土耳其，直到叙利亚建立起有效的政府治理体系；欧盟要继续为叙利亚难民提供人道主义援助。①

（三）针对欧盟成员国外国战斗人员出台各种措施

从叙利亚内战爆发到"伊斯兰国"极端组织在叙伊两国兴起并发展壮大，一大批来自欧盟国家的外国战斗人员格外引人注目。2013年2月，来自11个欧盟国家的70—442名外国战斗人员参加了叙利亚内战，占据当时参加叙利亚内战外国战斗人员总人数（2000—5000人）的7%—11%；2013年12月，来自15个欧盟成员国的参加叙利亚内战的外国战斗人员增加到了396—1930人，而此时叙利亚内战中的外国战斗人员总人数增加到3300—11 000人，欧盟成员国外国战斗人员比例增加到了12%—18%；2015年1月，来自14个欧盟成员国的参与叙伊战事的外国战斗人员增加到了3500—3900人，在所有的外国战斗人员中占了18%—20%。②

欧盟认为，在叙利亚内战和"伊斯兰国"极端组织兴起后，欧盟成员国外国战斗人员由于形成了一定规模，且具备了意识形态的极端宗教偏好，因而是一种巨大的潜在威胁。随后的事实也证明，这些外国战斗人员通过各种形式制造了一系列的恐袭事件。例如：2014年5月24日，一位法国穆斯林在比利时布鲁塞尔犹太博物馆枪杀了4名游客，此人曾经在叙利亚参战一年；2015年1月7日，法国巴黎发生《查理周刊》恐袭事件，随后对嫌疑人的调查表明，他们除了与基地组织也门分支以及"伊斯兰国"极端组织有某种关系以外，也受到了回

① Marc Pierini, "Time for Europe to Act Strategically in the Middle East", https://carnegieeurope. eu/strategiceurope/80093.
② 张帆：《试析欧盟及其成员国对"外籍战事"威胁的反应》，载《欧洲研究》，2016年第2期，第59页。

国的外国战斗人员鼓动的影响；2016年3月22日，布鲁塞尔市郊的扎芬特姆机场出发大厅发生了爆炸，"伊斯兰国"极端组织宣布对该事件负责，调查显示爆炸嫌疑人具有外国战斗人员背景。① 这一系列的事件表明，如何处理叙伊战场上外国战斗人员问题，是欧盟各成员国必须重视的挑战。

表5：欧盟有关成员国应对外国战斗人员的举措

措施	英国	法国	比利时	德国
硬措施：行政（对于A类人员）	现有法律将外出参战行为视为犯罪行为	赋予司法部门广泛的诉讼权；2014年通过新的反恐立法，对疑似准备参与海外恐怖培训的人员限制旅行，严厉惩罚煽动恐怖主义的人员	2013年2月，修订反恐立法，将公开煽动暴恐、招募恐怖分子、提供和接受恐怖主义培训列为可提起诉讼的犯罪行为	现有法律并未将外国战斗人员外出旅行到冲突地区视为犯罪，只有前往冲突地区且实际建立或参加了恐怖组织，从事恐怖活动，才能被定为犯罪
硬措施：司法（对于A类人员）	没收护照，对疑似准备前往海外冲突地区的双重国籍人士，取消其英国国籍	2015年2月起，扩充执法队伍，改善情报分享，增强监控；没收疑似参加叙利亚内战人士的护照	2013年，内政部成立叙利亚特别行动组，采取强制措施，阻止民众外出参战；2013年，情报和司法部门联合成立威胁评估协调组，收集、拟定潜在的外出参战者名单	对疑似准备前往海外冲突地区的民众，安全部门和警察及时对之提出警告，必要时没收其护照

① Daniel L. Byman, "What the Brussels Attacks Tell Us About the State of ISIS and Europe Today", https://www.brookings.edu/articles/what-the-brussels-attacks-tell-us-about-the-state-of-isis-and-europe-today/.

续表

措施	英国	法国	比利时	德国
软措施：反激进化（对于A类人员）	建立与执法部门、学校、社区、监狱和清真寺密切相关的反激进化网络	2015年2月开始，以监狱为重点执行反激进化战略	2013年4月，出台新的反激进化战略，强调动员社会力量阻止民众外出参战，一些市政部门促进警察与社区的接触，为潜在外出者家庭提供咨询服务，防止其外出参战	2012年以来，实施联邦政府、州和地方政府相互协调，执法部门与社区、学校、家庭密切配合的反激进化战略，防止民众外出参战
硬措施：行政（对于B类人员）	2015年通过反恐和安全立法	2012年12月通过立法，赋予司法部门对参加过海外恐怖训练的回归外国战斗人员提起诉讼的权力	2013年3月，修订反恐立法，有关条款可以用于起诉回归外国战斗人员	根据现有法律，可以对在海外冲突地区建立或参加恐怖组织、从事恐怖活动的回归外国战斗人员提起诉讼
硬措施：司法（对于B类人员）	对疑似从事恐怖活动的回归外国战斗人员实施软禁，限制其使用电话和互联网	2015年2月开始，增强对回归外国战斗人员的监控	威胁评估协调组收集和拟定外国战斗人员名单，用以强化对有关人员的监控	2012年以来，增强边境警戒，以及时掌握回归战斗人员的信息，并且强化随后的监控措施

续表

措施	英国	法国	比利时	德国
软措施：反激进化（对于 B 类人员）	强化反激进化战略，建立与执法部门、学校、社区、监狱、清真寺密切联系的反激进化网络	2015 年 2 月起，实施反激进化战略，以监狱为重点，防止外国战斗人员以监狱作为平台传播极端思想	威胁评估协调组与地方政府、社区、家庭配合，出台各种旨在将回归外国战斗人员重新纳入社会的倡议和计划	2012 年以来，实施联邦政府、州和地方政府相互协调，执法部门与社区、学校、家庭密切配合的反激进化战略，旨在帮助回归外国战斗人员重新融入社会

资料来源：作者根据文献整理。参见张帆：《试析欧盟及其成员国对"外籍战士"威胁的反应》，载《欧洲研究》，2016 年第 2 期，第 62—65 页。

注：A 类人员为外出参战人员，B 类人员为回归人员。

如表 5 所示，上述几个欧盟成员国出台的关于如何处理外国战斗人员的政策和措施各有侧重，但是内容上有着高度的相似性。这就为欧盟国家在协调针对外国战斗人员的相互引渡、对犯罪行为进行法律认定，提供了政策合作基础。除了成员国制定各自的举措以外，欧盟也出台了一系列政策措施。从 2013 年开始，欧盟将应对外国战斗人员问题列为反恐事务中最重要的事项之一；2013 年 6 月，欧盟司法和内政部长理事会针对外国战斗人员提出了 22 条应对措施；2015 年 1 月，法国和其他几个欧盟成员国内政部长在会议中承诺，针对外国战斗人员层面的威胁，应在欧盟制度框架内加强合作；在随后的里加部长级非正式会议上，欧盟司法和内政部长理事会再次重申这一承诺。[①]

[①]　张帆：《试析欧盟及其成员国对"外籍战士"威胁的反应》，载《欧洲研究》，2016 年第 2 期，第 70 页。

六、中国维护叙利亚主权完整并为其提供人道主义援助

虽然中国没有直接参与叙伊境内军事打击"伊斯兰国"极端组织的联合行动，但也以自己的方式为这场反恐合作贡献了自己的力量。

（一）表达坚定的反恐决心和维护叙利亚主权完整

中国坚定反恐立场，并为叙利亚反恐事业提供了物质上和道义上的支持。多年来，中国一贯主张通过协助有关国家提升治理能力来消除恐怖主义滋生的土壤；积极参与其他恐怖主义重灾区如阿富汗、巴基斯坦等国的反恐合作。在叙利亚爆发内战之初，中国就明确表示坚决反对一切粗暴干涉叙利亚内部事务的行为。2011年10月4日，联合国安理会就法国、英国等提交的制裁叙利亚问题决议草案进行表决，俄罗斯和中国反对，印度、南非、巴西、黎巴嫩弃权，法国、英国、德国、葡萄牙和美国等表示赞成，决议草案未能通过。中国常驻联合国代表李保东在表决后表示，中国高度关注叙利亚局势的发展，呼吁叙利亚各方保持克制，避免一切形式的暴力行为和流血冲突。李保东还反复强调要尊重《联合国宪章》宗旨原则及不干涉内政原则，希望由叙利亚政府来主导，推动具有包容性的政治进程，从而让局势走向缓和。

（二）慷慨援助叙利亚并推动完善国际援助制度

中国对叙利亚的援助主要从实物和资金援助，以及协助国际组织和国际社会完善对叙利亚援助机制两个方面展开。2011年叙利亚内战爆发以来，在黎巴嫩的叙利亚难民儿童人数不断增加。2016年9月，中国在联合国难民和移民问题峰会上承诺，向有关国家和国际组织再提供价值1亿美元的人道主义援助。同月，中国政府向世界粮食计划署提供200万美元无偿援助资金，用于支持世界粮食计划署向约旦和

黎巴嫩境内的叙利亚难民供应主食和营养品。① 2017 年 2 月，中国政府与联合国儿童基金会签署了援助协议。到 2018 年年初，滞留在黎巴嫩的叙利亚难民接近 150 万人，其中 70% 生活在贫困线以下。2018 年 4 月 12 日，由中国政府向联合国儿童基金会提供的指定用途资金援助项目正式签署。该项目旨在为滞留在黎巴嫩的叙利亚难民尤其是儿童和妇女提供各种援助，总援助金额为 100 万美元。② 2017 年 1 月 18 日，习近平主席在联合国日内瓦总部发表演讲，承诺中国将会向叙利亚难民和流离失所者提供 2 亿元人民币新的人道援助。③ 中国还为世界粮食计划署的一项计划提供了 150 万美元资金，帮助新抵达约旦的叙利亚难民解决生活难题。向世界卫生组织、世界粮食计划署和红十字国际委员会捐赠 100 万美元，用来改善叙利亚的粮食安全和卫生服务。2022 年 1 月 16 日，中国政府向叙利亚紧急粮食援助交接仪式在大马士革举行，至此，中方援助的 3 批大米共计 4270 吨已经全部抵达叙利亚。④

同时，中国还通过参与联合国有关叙利亚事务的决策与讨论活动，为优化对叙利亚的援助方式贡献中国智慧。2014 年，联合国安理会通过决议，授权联合国人道主义机构及其执行伙伴可跨越边界线和冲突线，向叙利亚人民提供紧急人道主义救援。安理会后来多次延长这一授权，中国政府驻联合国代表也多次在决议通过后作解释性发言。例如，在 2021 年 7 月召开关于联合国安理会第 2585 号决议的讨论会上，中国常驻联合国代表张军在发言中指出，跨境人道救援机制是在特定形势下作出的特殊安排，应结合地面形势发展，及时对这一机制的有

① 《联合国驻约旦官员感谢中国为叙利亚难民提供援助》，新华社安曼 2017 年 3 月 6 日电。

② 《中国的友谊和帮助永远不会被忘记——中国援助在黎叙利亚难民项目执行完毕》，http://www.xinhuanet.com/world/2018-04/14/c_129850453.htm。

③ 《习近平主席在联合国日内瓦总部的演讲（全文）》，http://www.xinhuanet.com/world/2017-01/19/c_1120340081.htm。

④ 《中国政府紧急援助叙利亚的 4270 吨大米已全部抵达》，人民网大马士革 2022 年 1 月 16 日电。

效性和适用性进行评估和必要调整，使跨境机制逐步向跨线方式过渡。单边制裁是改善人道局势的主要障碍。中方期待安理会成员继续为消除单边制裁负面影响采取切实措施，为从根本上克服叙利亚人道局势面临的挑战，保障叙利亚人民的福祉创造有利条件。① 2023 年 1 月 9 日，中国常驻联合国代表张军再次就联合国安理会通过的第 2642 号决议表达中国立场，表示中方继续关注叙利亚人道局势，并希望逐渐将人道主义援助方式向跨线援助改进。② 多年来，中国以积极的姿态不断协助安理会总结各项决议在落实过程中的经验和不足，同安理会和国际社会共同改善叙利亚人道准入、增加叙利亚人道资源，为持续改善全体叙利亚人民的人道处境作出了贡献。③

（三）不断推动反恐和去极端化国际合作

"伊斯兰国"极端组织不断发展壮大，也警示极端主义意识形态会迅速蔓延，并成为国际极端主义和恐怖主义的重要武器。开展反恐和去极端化的国际合作，反对将恐怖主义同特定的民族、宗教挂钩，是中国一直以来坚持的立场。2016 年 1 月，中国政府发布了《中国对阿拉伯国家政策文件》。该文件提出，要在中国和阿拉伯国家之间"搭建双多边宗教交流平台，倡导宗教和谐和宽容，探索去极端化领域合作，共同遏制极端主义滋生蔓延"。④ 同月，习近平主席在访问埃及时于阿拉伯国家联盟总部发表了重要讲话，指出，中阿双方"将会在中阿合作论坛框架内召开文明对话与去极端化圆桌会议，组织 100 名宗教

---

① 《联合国安理会通过叙利亚跨境人道救援授权延期决议》，新华社联合国 2021 年 7 月 9 日电。

② 《联合国安理会通过再次延长叙利亚跨境人道救援决议》，http://news.cnr.cn/native/gd/20230110/t20230110_526118831.shtml。

③ 《联合国安理会通过叙利亚跨境人道救援授权延期决议》，新华社联合国 2023 年 1 月 9 日电。

④ 《中国对阿拉伯国家政策文件》，https://www.gov.cn/xinwen/2016-01/14/content_5032764.htm。

界知名人士互访"。① 随着新一轮巴以冲突爆发，中东地区冲突风险日益加剧，中国更坚定了与阿拉伯国家加深合作，为降低武装冲突外溢的风险作出自己的努力。2024 年 5 月 30 日召开的中阿合作论坛第十届部长级会议上，双方表示将会积极构建"五大合作格局"，还通过了《中国和阿拉伯国家关于巴勒斯坦问题的联合声明》等文件。中国以积极的姿态协助和推动中东地区冲突的和平解决，得到了国际社会的普遍赞誉。

综上所述，经过多个国家、国际组织和非国家行为体在军事和非军事方面的多方行动，截至 2016 年年底，35 000 名恐怖分子被消灭，9000 名恐怖分子最终放下武器投降。自从 2017 年 5 月以来，多名恐怖组织的头目被打死，这些人包括最高领导人巴格达迪、代尔祖尔"埃米尔"（也是"伊斯兰国"极端组织的财政负责人）谢马利（Muhammad Shemali）、"军事部长"哈利莫夫（Gulmurod khalimov）等。到 2019 年，叙利亚政府基本控制了全国领土的 85% 左右，② "伊斯兰国"极端组织发动大规模军事行动已失去现实可能。

第三节　协助叙利亚和阿富汗进行国家重建：国际反恐联盟的重要延续

从狭义上看，国际反恐合作首先是指针对恐怖主义和极端主义组织在进行具体军事打击方面的合作，其成效也是根据恐怖组织人员的伤亡人数、联盟军方和平民伤亡人数、恐怖组织生态空间被挤压的程度以及反弹能力来进行评测。其次，在非军事冲突状态下的国际反恐

---

① 《共同开创中阿关系的美好未来——在阿拉伯国家联盟总部的演讲》，http://politics. people. com. cn/n1/2016/0121/c1001-28074924. html。

② 朱长生：《俄罗斯在叙利亚反恐军事行动评析》，载《俄罗斯东欧中亚研究》，2017 年第 5 期，第 19—26 页。

合作则指的是在跨境警务合作、情报分享、共建反激进化项目和共同完善与恐怖主义犯罪相关的国家法规条例等方面的跨境合作。显然，这种对国际反恐合作的传统理解，难以阐释打击"伊斯兰国"极端组织极为复杂的过程。

在类似叙利亚和伊拉克这样内乱丛生的国家，协助国家重建也是铲除恐怖主义社会土壤的重要步骤。对于通过国家重建来铲除恐怖主义滋生土壤的问题，伊拉克议会发言人加布里（Al-Jabouri）也表达了同样的观点："后'伊斯兰国'极端组织时代的伊拉克能否重建国家，主要看伊拉克社会能否恢复法治，尊重公民权，并成功解散政府正规军以外的民间武装组织。如果无法实现这些，伊拉克整个国家都有崩溃的危险。"① 从长远意义来看，有关国家从不同领域参与叙利亚重建，包括帮助叙利亚建立强有力的政府机构体系，恢复备受打击的国民经济，让千疮百孔的医疗卫生、教育文化、交通运输回归到正常水平，等等，是叙利亚消除恐怖主义和极端主义滋生土壤的重要推动力量。因此，在打击"伊斯兰国"极端组织接近尾声阶段，国内外势力如何考量并以何种方式推动叙利亚国家重建，以及如何影响伊拉克国内政治进程等，也应该被视为检验国际反恐联盟成效的重要参考。

叙利亚内战和恐怖主义的肆虐，给叙利亚的政治、经济和社会发展带来了致命冲击。从2011年到2021年整整10年期间，叙利亚经济损失达533亿美元，基础设施破坏率达40%，工业陷入瘫痪，粮食危机日益严重，民众生活不断恶化，社会法治遭到践踏。2019年年底，叙利亚的全国人口贫困率达86%，而这个比例在2010年为1%；到2021年1月，叙利亚内战和其他战乱夺取了38万人的生命，联合国难民署登记的难民数量达到559万人。② 总的来说，叙利亚国家重建需要

---

① "Interview with Fouad Massum", http://www.bbc.com/arabic/multimedia/2016/06/160613_iraq_fouad_massum_full_iv/.

② 侯宇翔、李圣辉：《俄美在叙利亚问题上的博弈及其新发展》，载《俄罗斯东欧中亚研究》，2021年第4期，第32页。

从 4 个方面着手：在政治上努力实现政府与反对派之间就权力分配达成共识，而库尔德人的政治权力问题则需要中央政府和地方自治机构共同参与协商安排；在经济领域争取更多国际援助，并马上着手解决最紧迫的经济问题；在对外关系方面，需要与周边国家就边界问题、恐怖主义问题达成合作协议，重点要实现边界稳定，逐步恢复在中东地区的正常外交并改善与其他国家的外交关系；在安全方面则是需要推动政府军和反动军之间的和解。从外来参与看，中国与联合国致力于发挥积极作用，而美国和俄罗斯的参与可能是"喜忧参半"，最终结果将会取决于各自决策的制定和实施；欧盟试图在叙利亚重建中扭转此前的边缘化局面。

一、中国：为叙利亚重建事业"输血"

在纷繁复杂的中东地区利益博弈中，中国是有希望带来和解的重要力量。中国尊重本地区各国尤其是饱受战乱蹂躏国家民众的意愿，积极斡旋调解利益冲突各方在叙利亚的矛盾和分歧，并为叙利亚重建提供中国智慧和方案，为叙利亚的国家重建事业"输血"。

（一）提升中叙两国经贸合作水平

为了帮助叙利亚建设一个新的和平稳定的国家，中国注重从提升经贸往来关系来帮助其经济恢复活力。2019 年，中国与叙利亚的双边货物和服务贸易额为 13 亿美元，叙利亚在中国的出口市场中排在第 111 位，占中国出口总额的 0.1%；在中国进口市场中排在第 179 名。中叙双边贸易还有很大的提升空间。与阿联酋等海湾国家相比，叙利亚是在中国贸易清单上排名较为靠后的国家。2019 年，阿联酋成为中国第 21 大出口市场，占中国出口总额的 1.3%；是中国第 29 大进口市场，占中国进口总额的 0.7%。①

2017 年，中国阿拉伯交流协会曾 4 次访问叙利亚。在访问大马士革和霍姆斯时，中方表示，中国大型企业有着巨大的经营规模和丰富的海外运作经验，可以在叙利亚的重建工作中发挥重要作用。同年，北京主办了首届叙利亚重建项目洽谈会，承诺投资 20 亿美元建设产业园区；中国还计划在叙利亚核心城市开设代表处和办公机构，派遣常驻代表团在当地展开实地调研并制定投资和经营计划。2018 年的中阿合作论坛上，中方宣布了贷款和援助计划，其中就包含了对叙利亚的援助内容。同年在叙利亚举办的第 60 届大马士革国际博览会上，有200 多家中国企业参加；2019 年 4 月的第二届"一带一路"国际合作高峰论坛上，叙利亚再次应中国方面的邀请参加了此次盛会。②

当然，需要注意的是，美国所谓的《叙利亚平民保护法》（也称"凯撒法案"）影响力还未消除。该法案规定，将对所有与叙利亚政府打交道的国家、公司和个人进行起诉，该法案的内容还扩大到了任何与叙利亚有经济往来的个人、机构、公司和国家。该法案直接影响了中国企业在叙利亚的投资，如中国与叙利亚通信部于 2015 年签署的维护通信基础设施的合同就因此被搁置。③

（二）协调周边国家的纷争并帮助设计重建国家思路

在美国退出《伊朗核协议》之后，中国加强与欧洲合作，努力推动该计划继续发挥积极作用。中国政府反复强调在中东地区进行经济贸易合作、文化教育交流的重要性。中国政府还努力提升与伊朗和沙特的合作关系，推动中东重要矛盾和分歧的有效解决。④

---

① 《中国与叙利亚：从援助政策到战后重建中的经济伙伴关系》，https://www.thepaper.cn/newsDetail_forward_18031634。

② 同①。

③ 同①。

④ "Reshaping Middle East Policy：U. S. and Chinese Approaches"，https://carnegietsinghua. org/2019/04/16/reshaping-middle-east-policy-u. s. -and-chinese-approaches-event-7090.

自 2011 年叙利亚内战爆发以来，中国政府坚决反对使用武力解决方式，主张政治解决叙利亚问题，先后提出了"六点主张""四点倡议""五个坚持""四步走"的和平解决方案，中国还提出了共建"一带一路"倡议与叙利亚战后重建相互对接的发展思路，得到了叙利亚政府的积极响应。当然，当下叙利亚的局势依然面临着诸多的不确定性，需要谨慎规避各种安全风险。①

（三）推动积极协商以促进叙利亚问题的政治解决

2016 年 9 月 21 日，在联合国安理会的高级别会谈中，中方强调，叙利亚冲突双方必须尽快用谈判来结束冲突。中方还提出了几点建议：一是坚持以政治途径来解决叙利亚反对派和政府之间的矛盾；二是坚持标本兼治，彻底铲除导致国内纷争的历史问题；三是坚持多边主义合作和谈判来解决国内争端。随后，中方在多个场合强调叙利亚问题的政治解决路径，指出应该在联合国政策框架下，遵守国际关系的基本原则，即维护叙利亚的主权独立和领土完整，尤其强调了要在利益攸关方之间进行协调，避免有关国家间冲突干扰到叙利亚的和平进程。

二、俄罗斯与美国：给叙利亚国家重建带来"喜忧参半"的效果

无论是俄罗斯还是美国，均可能在叙利亚国家重建中扮演"双刃剑"的角色，一方面可以提供所需要的人道主义援助，一方面又可能因为政策失当或战略偏差而给叙利亚重建工作带来新的挑战。

（一）俄罗斯通过参与叙利亚国家重建构建战略支点

俄罗斯在叙利亚内战、打击"伊斯兰国"极端组织的联合作战等一系列事件中，在叙利亚问题上获得了一定的影响力和发言权。俄罗

---

① 王新刚主编：《叙利亚蓝皮书：叙利亚发展报告（2019）》，北京：社会科学文献出版社，2020 年版，第 202—220 页。

斯主导的阿斯塔纳机制虽然未能在核心问题上实现突破,但是在抑制摩擦、降低冲突和实现军事和解方面发挥了积极作用。在俄罗斯积极推动下,2018年1月30日在索契召开的叙利亚全国对话大会上,与会各方一致同意在联合国框架内开展叙利亚制宪工作。① 俄罗斯将会借助它在叙利亚国家重建进程的发言权,继续努力推动政府和反对派之间早日实现政治和解。

在协助叙利亚经济重建方面,俄罗斯与叙利亚签署了一系列重要的重建投资合同。俄罗斯工商会主席卡特琳(Sergey Katyrin)透露,俄罗斯企业可以在叙利亚经济重建红利分配中享受"第一优先特权"。该特权将涵盖能源和基础设施建设等金额巨大的领域。2018年1月,俄叙双方签署协议,授予了俄罗斯从叙利亚直接控制的地区开采原油和天然气的独家特权;同年3月,俄罗斯又获得了霍姆斯发电项目的中标资格。值得注意的是,俄叙两国大量重建合同的签署招致了伊朗方面的警觉。2018年2月,俄罗斯与伊朗同时参与叙利亚磷酸盐行业的为期50年的重大招标活动,俄罗斯的最终胜出让伊朗感到极为不满。②

为了确保这些重建项目能够顺利实施并收到款项,俄罗斯清楚地认识到,叙利亚目前资金极为匮乏,还需要多方游说有关国家为叙利亚筹措资金。然而,俄罗斯此举并没有收到理想的效果,欧盟和美国纷纷拒绝了提供资金,沙特更是因为担心叙利亚的"背叛"而婉拒。2018年8月18日,俄罗斯呼吁德国积极参与叙利亚重建,但最终并没有得到德国总理默克尔参与重建的承诺。③ 因此,俄罗斯虽然试图继续在叙利亚问题上发挥积极斡旋作用,但其将叙利亚构建为战略支点的意图也非常明显。

---

① 游涵、王然:《俄罗斯与叙利亚国家重建》,载《现代国际关系》,2022年第1期,第28页。

② 《伊朗配合,俄罗斯公司拿下叙利亚多个天然气和油田,美国匆忙介入》,https://www.sohu.com/a/362204418_120355094。

③ 《叙利亚战后重建投资机遇和风险》,http://sy.mofcom.gov.cn/xlygk/art/2021/art_3c49fb9acc444f83894b558341f7a94f.html。

（二）美国参与叙利亚国家重建的地缘政治利益考量

美国方面认为，美国继续留在叙利亚比离开叙利亚要危险得多。① 美国虽然曾支持叙利亚反对派和政府军一起加入歼灭"伊斯兰国"极端组织的斗争，但在战后重建问题上依然希望限制俄罗斯和伊朗的行动力。美国虽然认为叙利亚不再是其核心利益，但也希望各项人道主义援助物资和资金不要流入叙利亚政府手中并用于对反对派控制区的军事打击。

另外，美国和俄罗斯在叙利亚与周边国家过境点上存在分歧，这种分歧如不能及时解决，对叙利亚的边境安全将是一个长期隐患。以美国为首的西方国家一直要求重新开放其他新的过境点，但是俄罗斯表示反对，因为这直接决定了叙利亚反对派武装能否获得境外军事和物资支持。2021 年 7 月 9 日，联合国安理会就叙利亚危机召开会议并通过第 2585 号决议，将叙利亚跨境人道救援授权延长 12 个月，直至 2022 年 7 月 10 日。②

总的来说，尽管美国将持续对叙利亚实施"避免深度介入"的策略，但这并不代表美国会停止通过其中东盟友协助其在叙利亚实现更多战略利益。另外，有分析认为，由于美国非常忌惮伊朗影响力的上升，它会继续支持其盟友以色列空袭叙利亚的伊朗军事基地；美国对叙利亚的制裁政策尤其是对叙利亚政府高级官员的制裁在短期内也不会取消；对叙利亚政府只是暂时放弃了颠覆计划，并不意味着美国转而支持叙利亚政府，叙利亚反对派依然是美国继续支持的力量。③ 叙利亚政治问题专家阿什卡尔（Ahmad Ashkar）认为，美国政府利用美国全国民主基金会等工具，以"促进民主"之名破坏他国稳定，危害地

---

① Arron David Miller, "Opinion: Leaving Syria Is Far Less Risky than Staying", https://www.npr.org/2019/01/19/686489841/opinion-leaving-syria-is-far-less-risky-than-staying.

② 《联合国安理会通过叙利亚跨境人道救援授权延期决议》, http://www.xinhuanet.com/photo/2021-07/10/c_1127641259_2.htm.

③ 《叙利亚战后重建投资机遇和风险》, http://sy.mofcom.gov.cn/xlygk/art/2021/art _3c49fb9acc444f83894b558341f7a94f.html.

区和平；美国在叙利亚以"民主"为借口支持分裂主义势力和极端势力，试图颠覆叙利亚政府，又以"反恐"为借口掌控富含油气资源的地区。① 从这些事实可以看出，美国参与叙利亚国家重建的地缘政治利益考虑与外交战略甚至有引发新的地区冲突的可能。

三、联合国：需要继续在叙利亚国家重建中发挥作用

联合国可以在以下几个方面积极参与叙利亚重建。

（一）推动叙利亚新宪法的制定

在叙利亚内乱频发时期，联合国于 2015 年通过第 2254 号决议，积极参与叙利亚事务。2019 年日内瓦进程确定在该决议基础上，建立一个宪法委员会，由 45 个成员组成起草小组来制定新宪法。2021 年 1 月，宪法委员会围绕"叙利亚宪法基本原则"召开小组会议，但未能就推动各方就具体宪法内容达成共识。这给联合国协调叙利亚政治事务的信心造成一定打击，联合国叙利亚问题特使佩德森（Geir Otto Pedersen）提起此事时失望地认为："我们本以为很容易实现的事情，却最终失败了。"②

（二）为叙利亚避免更多军事侵扰提供法理保障

尽管日内瓦进程没有达成实质性共识，但联合国仍然致力于在其他领域为叙利亚国家重建发挥重要作用。如在安全领域，针对以色列经常对叙利亚境内目标发动军事打击，联合国多次进行谴责，形成一定的国际舆论压力。2022 年 5 月 21 日，叙利亚外交部敦促联合国安理

① 《专访:美国借民主之名危害地区和平——访叙利亚政治问题专家艾哈迈德·阿什卡尔》，新华社大马士革 2022 年 5 月 17 日电。

② "Transcript of Remarks by Mr. Geir O. Pedersen, UN Special Envoy for Syria, Folllowing the Conclusion of the Fifth Session of the Small Body of the Syrian Constitutional Committee", *UN News*, January 29, 2021.

会严肃谴责以色列对叙利亚频繁采取的敌对行为，希望联合国明确要求以色列根据联合国相关决议，即尊重脱离接触的第 350 号决议的要求，结束对部分地区的非法占领。①

（三）为叙利亚人道主义灾难提供亟须的援助

早在 2014 年 5 月，澳大利亚、卢森堡和约旦就计划实施联合国安理会的一项新决议，授权 4 条边境通道为叙利亚运送人道主义援助物资，其中 2 条通过土耳其、1 条通过约旦、1 条通过伊拉克，可以帮助 200 多万叙利亚民众摆脱生存危机。②

当然，联合国在叙利亚问题上也屡次遭受打击和挫折。2011 年 8 月，叙利亚内战爆发后不久，联合国叙利亚国际调查委员会成立，专门负责调查 2011 年 3 月叙利亚爆发示威游行后的侵犯人权行为。尽管该机构已经公布了 10 余份战争罪行报告，但是对罪行的判决和处理却迟迟无法推进。③ 同时，新冠疫情全球蔓延加重了叙利亚的人道主义灾难，粮食危机尤为严重，联合国在叙利亚国家重建工作中面临的挑战也更为严峻。

四、欧盟：为叙利亚国家重建设置战略目标

2017 年 4 月 3 日，欧盟外长会议在卢森堡举行，呼吁各方根据联合国安理会第 2254 号决议确定路线图，推进叙利亚民主政治转型，早日结束内乱。欧盟外交和安全政策高级代表莫盖里尼表示，国际社会持续关注叙利亚局势非常必要，叙利亚冲突造成叙利亚境内 1350 万人需要紧急人道主义援助，包括 630 万在国内的流离失所者，还有 500

---

① 《叙利亚外交部敦促联合国和安理会谴责以色列对叙利亚的空袭》，https://cj.sina.com.cn/articles/view/1686546714/6486a91a02001ohu1。

② 《联合国拟跨境援助叙利亚人民不需要叙当局批准》，https://world.chinadaily.com.cn/2014-05/30/content_17554488.htm。

③ 《联合国叙利亚调查委员会成员辞职 称叙利亚每一方都很坏》，https://www.guancha.cn/global-news/2017_08_07_421787.shtml。

万难民生活在周边地区或者邻国。①

  会议上宣布的欧盟对叙利亚问题的战略目标集中在 6 个方面，其中最重要的目标就是推动叙利亚实现政治过渡，结束战争，其他目标还包括：根据联合国安理会第 2254 号决议和日内瓦公报精神，促进叙利亚实现有意义和包容性的过渡；通过及时、有效和有原则的方式，重点解决叙利亚境内最脆弱的人道主义需求；加强叙利亚社会组织建设，促进民主、人权和言论自由；推动对战争罪的清算，促进叙利亚民族和解进程和过渡时期的司法；支持叙利亚人民和叙利亚社会的适应能力。②

  2019 年 3 月 23 日，美国白宫宣布，在伊拉克和叙利亚所有被"伊斯兰国"极端组织控制的地区已经获得全面解放。这个曾经在巅峰时期在叙伊两国占领了接近葡萄牙国土的土地、控制了多达 1000 万人口的恐怖主义组织，终于在国际反恐力量的联合打击下退出大规模作战的军事舞台，只留下一些残余势力零星地活动。

---

  ① 《欧盟通过关于叙利亚问题的战略》，https://news. cri. cn/uc-eco/20170404/75edbe69-9f37-f6cc-6c35-52e644391cba. html。

  ② 同①。

第四章 "突破"与"掣肘"：国际反恐联盟的效力评估

纵览从叙利亚内战爆发到"伊斯兰国"极端组织兴起，再到"伊斯兰国"极端组织被击溃和叙利亚启动国家重建，诸多行为体的斡旋与协调，是在多种利益冲突、斗争与合作的复杂纠缠下艰难推进的。一方面，打击"伊斯兰国"极端组织的国际反恐联盟脱胎于原有中东博弈格局中两大阵线的"母体"，受到了原有关系框架的严重束缚；另一方面，国际反恐联盟的关系结构又出现了一些"变异"。尽管这些成员之间协调分歧的行为较为短暂且脆弱，但它在多年来纷争不断的中东安全治理进程中是较为罕见的。

当然，原有地区联盟关系中固有矛盾的顽固和危害表明，未来在中东地区打击国际极端主义与恐怖主义的道路依然布满荆棘，原有的联盟阵线对立架构难以被根本打破：一方面，国际反恐联盟成员的反恐利益受到其他利益的重重压制，因而很难融合为长期一致的共同目标；另一方面，这些对以往矛盾的调适以及所开拓的合作新空间也表明，各行为体通过追求部分"利益折中"来寻找合作契机，才是现实、可行的选择。

第一节　国际反恐联盟的多维度"突破"

从 2014 年"伊斯兰国"极端组织兴起，到其主体作战能力被遏制，再到塔利班重新执政后在复杂局面中应对"呼罗珊省"分支的迅速扩张，国际反恐斗争可谓一波未平，一波又起。数十个国家以及国际组织等对以"伊斯兰国"极端组织为代表的暴恐极端势力进行了联合围剿。虽然"呼罗珊省"分支有超越叙伊两国境内曾经的"伊斯兰国"极端组织总部之势，但以"伊斯兰国"极端组织代表的新生代恐怖主义从出现、猖獗、逐步衰退再到被迫分散到全球其他地区重新组织力量，也见证了国际反恐联盟中有关国家原有矛盾和分歧在追求共同安全的考量下暂时消融和化解的过程。

自冷战结束以来，中东地区博弈格局的"主线"基本稳固了下来。虽然美国等外部势力的政策调整的确引发了中东原有格局的变化，但沙特与伊朗分别作为逊尼派和什叶派的"领头羊"，引领各自的追随者组成两大阵线的对立格局，依然左右着中东地区的安全局势。尽管如此，这场联合围剿"伊斯兰国"极端组织的共同行动，无论是国家还是非国家行为体，所有参与者的协调与合作，都体现出国际反恐联盟的重构实现了一些新突破。无论是对新生代恐怖组织威胁的认知，还是反复磨合管控分歧、通过"利益折中"等方式来找到反恐利益的最大公约数等，都为未来国际反恐合作提供了新启发。

一、反恐合作参与方均对"伊斯兰国"极端组织引发的"威胁感知"达成共识

（一）"伊斯兰国"极端组织带来的"威胁感知"出现多维升级

打击"伊斯兰国"极端组织所代表的国际极端主义和恐怖主义势力的斗争，与小布什时期美国进行的国际反恐合作有着明显区别。"伊斯兰国"极端组织所代表的国际恐怖主义势力突然坐大，令国际社会措手不及，"威胁感知"达到了史无前例的高度。"伊斯兰国"极端组织超越宗教信仰对立、针对一切反对本组织"建国理想"的泛化敌对态度，令以往恐怖组织的传统"敌我界限"变得模糊。一方面，"伊斯兰国"极端组织"敌人"的范畴扩大到了穆斯林内部，而非简单的西方世界或非穆斯林群体；另一方面，"伊斯兰国"极端组织"成员"范围也扩大到了西方世界内部，以往的"敌人"也可以被煽动、感召从而加入其中，变身为"忠实信徒"，还能便利地隐匿在西方国家宣传极端意识形态并发动恐怖袭击。因此，相较其他的国际恐怖组织而言，"伊斯兰国"极端组织重新定义了原有伊斯兰极端组织关于"叛变者"与"忠诚者"之间的界限，给现有国际反恐合作中情报分享、犯罪侦查、国际旅行管制、反跨界洗钱等具体工作带来了较大挑战。

另外，由于大量来自西方世界的外国战斗人员加入了"伊斯兰国"极端组织，他们无形中延长了极端组织破坏力的时空维度。根据欧洲刑警组织于2017年发布的《欧洲联盟恐怖主义形势与趋势报告》调查结果，长期接受极端组织思想灌输的个人，一旦能够熟练使用武器并有过实战经验，他们退出组织回国后仍非常危险，可能与国外恐怖主义势力保持联系。[1] 可以说，"伊斯兰国"极端组织成立后各种残暴行径所带来的"震撼后果"，以及在其军事实力被击溃后，外国战斗人员回流后带来的潜在威胁，迫使各国不得不团结起来，暂时搁置矛盾，共同歼灭恐怖分子。

对于"伊斯兰国"极端组织的兴起，美国、土耳其、沙特、以色列、中国、伊朗、俄罗斯、欧盟、联合国等国家以及国际和地区组织，纷纷表达了对以该组织为代表的国际极端主义势力的忧惧与焦虑。2011年叙利亚内战爆发以来，俄罗斯坚决反对在叙利亚再次采取与对利比亚相同的干预手段，并为此在联合国安理会多次动用否决权，但伊斯兰极端主义威胁不断加剧也让俄罗斯的反恐"神经"再度紧绷。

---

① 《ISIS未成年新娘历经磨难想回家,欧洲国家却很为难》,https://www.bjnews.com.cn/world/2019/02/14/546953.html。

截至 2015 年 5 月，"伊斯兰国"极端组织在俄罗斯联邦招募的成员数量达到了 2000 人，在整个独联体国家中招募的人数约为 7000 人。在"伊斯兰国"极端组织宣布将俄罗斯作为打击目标并威胁要在车臣和高加索地区开战后，普京表示："对我们来说，'伊斯兰国'极端组织还没有构成直接威胁，但是我们的公民出现在那里（达吉斯坦共和国），这的确让人感到非常忧虑。"①

就中国而言，2014 年，有超过 100 名新疆人接受了中东地区"伊斯兰国"极端组织军事训练后回国并为下一步暴恐活动作准备。这一消息也引起中国政府的高度关注。②"伊斯兰国"极端组织势力的肆虐将危及中国共建"一带一路"倡议的实践。"伊斯兰国"极端组织的重要据点伊拉克更是影响中国未来能源安全的重要国家。它的石油储备在 2017 年年底位列全球第 5，接近 1.49 亿桶，是石油输出国组织（OPEC）中的第二大石油生产国。③ 美国能源信息部信息显示，中国在 2013 年年底超过美国成为最大的原油进口国，在 2015 年占全球石油消费增长的四分之一左右；2014 年中东对中国的石油供应量达到了日均 320 万桶。④因此，打击以"伊斯兰国"极端组织为代表的国际极端主义和恐怖主义势力，维护中东地区稳定，对中国也具有重要现实意义。

---

① 毕洪业：《叙利亚危机、新地区战争与俄罗斯中东战略》，载《外交评论》，2016 年第 5 期，第 61—80 页。

② Mordenchai Chaziza,"China's Middle East Policy：The ISIS Factor", *Middle East Policy*, Vol. 23, No. 1, 2016, pp. 25-33.

③ Anchi Hoh,"Covid and China's BRI in Iraq and Syria", *Middle East Policy*, Vol. 28, No. 2, 2021, pp. 31-47.

④ Mordenchai Chaziza,"China's Middle East Policy：The ISIS Factor", *Middle East Policy*, Vol. 23, No. 1, 2016, pp. 25-33.

（二）"伊斯兰国"极端组织通过"无差别冲击"方式传递"威胁感知"

"9·11"事件后对于基地组织的"威胁感知"，是通过美国这个中心传递给其反恐盟友的，因而这种感知程度是逐步减弱的，美国成为对其"威胁感知"最强烈的国家。美国将支持其反恐战争与提供援助相挂钩，形成一个反恐语境下的美国联盟外交新准则。通过以美国为主导的反恐合作关系再将这种"威胁感知"传递至其盟友。因此，美国的反恐盟友更多感受到的是一种美式反恐道德的压迫感，以及对配合美国就能带来丰厚援助的期待感，但对基地组织本身带来的"威胁感知"则因"阶梯式传递"而变得相对温和。总之，美国的反恐盟友更关注的是能得到多少军事、经济援助，或改善自身的国际地位，而不完全是打击恐怖组织本身。

与之相比，促成数十个行为体共同在叙伊两国行动一致或接近一致的，则是它们都强烈感受到以"伊斯兰国"极端组织代表的国际极端主义有了冲击国际秩序的破坏力。与此前"9·11"事件后从美国到盟友的由中心向外围的"阶梯式传递""威胁感知"模式不同，基于"伊斯兰国"极端组织产生的"威胁感知"是以"无差别冲击"方式传递的。伊斯兰世界和西方世界同时成为这种跨境极端主义的受害者。为了获得全球圣战主义领域的"至高领导地位"，"伊斯兰国"极端组织致力于将任何反对其狭隘意识形态者都毫不犹豫地清除。[①] 因此，这种"威胁感知"传递模式的变化，是在利益复杂交错、行为体数量众多的情况下还能形成国际反恐联盟的现实基础。各方能够在巨大的安全威胁面前暂时搁置矛盾。例如，在打击"伊斯兰国"极端组织的过程中，虽然特朗普曾扬言要马上对伊朗重拾打压政策，但在打击"伊

---

① Sanjeev Kumar, "ISIS and the Sectarian Political Ontology: Radical Islam, Violent Jihadism and the Claims for Revival of the Caliphate", *Indian Quarterly*, Vol. 74, No. 2, 2018, pp. 119-137.

斯兰国"极端组织等问题上,还是保持了相对稳定的"共存"模式。①

随着对"伊斯兰国"极端组织的"威胁感知"不断深化并达成共识,有关国家开始探索进一步协调在叙利亚和伊拉克的军事行动。例如:在2020年,叙利亚民主军、政府军和伊拉克人民动员力量、政府军等联合在伊拉克展开了名为"半岛雄狮1号"(al-Jazeera Lions 1)的联合军事行动;同年9月,多方武装也在叙利亚代尔祖尔开展了军事行动(QSD)。在此之前,俄罗斯曾与代尔祖尔的国民防务武装(the National Defense Militia)共同发起"白色沙漠行动"(White Desert Campaign)。这些军事行动都是为了实现几个方面的目标:逮捕"伊斯兰国"极端组织的头目并追捕其成员;加强对"伊斯兰国"极端组织各大据点所在区域的控制;切断为"伊斯兰国"极端组织提供各种后勤保障的渠道并瓦解其后勤保障网络体系等。② 由此,多支武装部队协同作战的能力得到了明显提高。

二、国际反恐联盟通过"利益折中"而非利益全面融合来实现合作

根据经典联盟理论观点,联盟成员数量越多,身份认同与意识形态的差异越大,彼此之间实现全面利益融合就越困难,而"利益折中"则在联盟无法实现利益全面融合的前提下,为开展合作提供了可能。另外,在成员从利益冲突过渡到"利益折中"的过程中,还可以增强彼此协调、促进良性互动,从而在一定程度上减少部分成员"搭便车"的行为,有效提升联盟的凝聚力和效力。③ 事实上,中东地区多层次、多领域的复杂利益博弈格局,决定了在该地区进行合作的协调难度极

---

① Paul Salem, "Trump's Meagre Mideast Record", https://www.mei.edu/publications/2017 - review-year-war-trump-and-geopolitical-shifts.

② "The Security Campaign Against ISIS Analysis", https://jusoor.co/en/details/the - security - campaigns-against-isis..-analysis.

③ Marie Hojnacki, "Organized Interests' Advocacy Behavior in Alliances", *Political Research Quarterly*, Vol. 51, No. 2, 1998, p. 437.

大，全面的利益融合几乎没有操作的空间。因此，在涉及多个国家、多种宗教信仰、多个族群冲突的叙伊两国复杂局势下，很难复制简单的双边或三边反恐合作利益协调模式。

（一）"利益折中"提升国际反恐联盟合作的灵活性与包容性

自叙利亚内战爆发至"伊斯兰国"极端组织的兴起，各大行为体将反恐利益视为其整体利益的一部分，在承认其他利益关系存在冲突的情况下，就反恐利益的一致性达成共识；各方也能够在关系受阻时避开利益冲突点，寻找其他可以融合的利益点。尽管在中东博弈格局中存在实质性的竞争关系，美国与俄罗斯还是通过这种方式在打击"伊斯兰国"极端组织事务上保持合作。正如中东研究所反恐和极端主义计划非常驻研究员登特（Elizabeth Dent）和德国马歇尔基金会保卫民主联盟中东研究员塔巴塔巴伊（Arian Tabatabaei）在《外交事务》上发表的联合报告所言，尽管美国意识到俄罗斯在叙利亚的影响力有限，并且俄罗斯渴望与伊朗结成合作伙伴关系，但是美国仍然认为双方有部分利益一致的地方，因此与俄罗斯保持了在叙利亚事务上的合作。[1]

在这个寻求"利益折中"、避免合作中断的进程中，最为明显的是美国、俄罗斯、土耳其的三角关系互动。与"美国+沙特"和"美国+伊朗"这两组"对抗性互动"的联盟[2]相比，美国、俄罗斯、土耳其在诸多叙利亚事务上保持了积极协调、维持合作的态势，具体如表6所示。

---

[1] 《半岛电视台中文网：伊朗无意离开叙利亚》，https://zhuanlan.zhihu.com/p/342628226。

[2] 对抗性联盟关系在前文已经有所论述，即以美国为轴心，美国与沙特关系缓和便冲击美国与伊朗的关系，而美国与伊朗关系缓和也同样阻碍美国与沙特关系的发展，是一种"零和博弈"式的对抗关系。

表 6：美国、俄罗斯、土耳其在叙利亚战事中通过"利益折中"进行协调合作

立场与行动关系状态	俄土(-)美土(+)	俄土(-)	俄土(+)美土(-)	俄土(+)	俄土(-)
标志性事件	2011年，叙利亚内战爆发前后	2015年11月，土耳其击落俄罗斯飞机，俄罗斯对土耳其进行制裁	2016年7月，土耳其国内发生颠覆埃尔多安政权的未遂政变	2016年12月和2017年5月，土耳其、俄罗斯、伊朗开启阿斯塔纳机制	2019年，美国宣布从叙利亚撤军；同年3月，土耳其击落叙利亚政府军战机
主要的立场	土耳其与美国共同支持叙利亚反对派，俄罗斯支持叙利亚政府	土耳其惧怕俄罗斯支持的叙利亚北部库尔德势力壮大	俄罗斯协助土耳其镇压政变，土耳其逮捕美国牧师和美国驻土耳其使馆人员，美国与土耳其交恶	避免俄罗斯支持的政府军与土耳其支持的反对派发生武装冲突	土耳其担忧叙利亚北部势力再次落入叙利亚政府军与俄罗斯之手

资料来源：作者汇编多个文献整理成该表格。参见官小飞：《伊德利卜停火后，俄土关系将何去何从》，载《军事文摘》，2020年第6期，第35—38页；Yerevan Saeed, "Kurds Are Fleeing Iraq in the Face of Uncertainty", https://www.washingtoninstitute.org/policy-analysis/kurds-are-fleeing-iraq-face-uncertainty; John Saleh, "Syrian Kurdish Concerns over Russian-Turkish Comprise in Syria", https://www.washingtoninstitute.org/policy-analysis/kurds-are-fleeing-iraq-face-uncertainty.

注：(+)代表关系改善，(-)代表关系交恶。

美国、俄罗斯、土耳其关系虽然在叙利亚内战爆发到2019年间各种矛盾和纷争不断，但合作却没有中断，尤其在土耳其爆发推翻埃尔多安的未遂政变后，俄罗斯及时对埃尔多安政府给予支持，帮助其渡过了危机。这也成了随后土耳其、俄罗斯和伊朗能够得以开启阿斯塔纳和谈的现实基础，也避免了俄罗斯与土耳其各自支持的叙利亚政府军和叙利亚反对派武装短期内爆发冲突。

（二）“利益折中”推动国际反恐联盟合作机制化

在联合打击“伊斯兰国”极端组织期间，日内瓦进程、阿斯塔纳机制等陆续启动，尽管最后收效甚微，但还是为协调多方矛盾促成停火协议、推动叙利亚政府与反对派和平谈判提供了先例，并对叙利亚国家重建继续发挥作用。

1. 日内瓦进程

为了推动政治解决叙利亚问题、铲除国际极端主义和恐怖主义滋生的社会土壤，联合国于 2012 年开启了日内瓦进程，主要目的是推动建立“一个具有全面行政权力的过渡机构”。2015 年，安理会通过第 2254 号决议，政治解决叙利亚问题的路线图出炉。在该机制的指导下，联合国敦促各方停火，制定新宪法并在联合国监督下进行大选等。[①] 日内瓦进程针对叙利亚总统阿萨德的去留、叙利亚政府和反对派矛盾调解的程序进行了多次谈判。2017 年 11 月 28 日启动的第 8 轮谈判确定了 4 个主题，即组建民族团结政府、修订宪法、重新举行大选和反恐。对于日内瓦和谈中的反对派和叙利亚政府意见分歧迟迟难以弥合的问题，中国政府叙利亚问题特使解晓岩则乐观地表示，随着反恐局势的改善，叙利亚问题有关各方立场有望变得更为灵活，有望通过对话妥善解决。[②] 2019 年，日内瓦进程确定了在安理会第 2254 号决议上建立宪法委员会，成立包含 45 个成员的宪法起草小组。2021 年 1 月，叙利亚宪法委员会围绕“叙利亚的宪法基本原则”召开会议，但是未能取得任何进展。[③] 尽管如此，日内瓦进程给反对派提供了发声的

[①] “Resolution 2254 (2015)”, https://www. securitycouncilreport. org/atf/cf/% 7B65BFCF9B - 6D27-4E9C-8CD3-CF6E4FF96FF9%7D/s_res_2254. pdf.

[②] 《新闻分析：叙利亚问题日内瓦和谈仍面临挑战》, http://www. xinhuanet. com/world/2017- 11/29/c_1122030227. htm。

[③] “Transcript of Remarks by Mr. Geir O. Pedersen, UN Special Envoy for Syria, Following the Conclusion of the Fifth Session of the Small Body of the Syrian Constitute Committee”, https// specialenvoysyria. unmissions. org/transcript-remarks-united-nations-special-envoy-syria-mr-geir-o- pedersen-following-conclusion-fifth.

机会,在多个国家和联合国的敦促下,反对派和政府能够以和平方式交流彼此意见。虽然尚未取得实质性的进展,但从某种程度上遏制了双方交火行为。

2. 打击"伊斯兰国"极端组织的国际联盟部长级会议

2014年,美国提出倡议,呼吁世界各国和国际组织派出外交部长、国防部长以及其他同级别官员每年举办一次国际会议,一方面对叙利亚和伊拉克境内"伊斯兰国"极端组织的战事情况进行摸底和考察,另一方面对未来联合反恐行动面临的局势进行预测,并制定下一步反恐战略目标以及工作重点。① 该倡议得到了众多国家和一些国际组织的积极响应,这也是国际反恐联盟在打击"伊斯兰国"极端组织过程中在实现合作机制化方面的一个重要进步。

3. 阿斯塔纳机制

阿斯塔纳机制在2017年由俄罗斯、土耳其和伊朗共同发起,前期9轮会谈均在阿斯塔纳举行,2018年1月在俄罗斯索契举行了第10轮会谈。阿斯塔纳机制是在联合国维也纳、日内瓦和谈机制推进乏力背景下,为落实安理会第2254号决议、推动叙利亚早日结束战争而另外开辟的一个多边协调机制。在阿斯塔纳机制指导下,促成各方成立了4个"冲突降级区"。2018年1月30日,叙利亚全国对话大会在索契举行,会议达成了12点共识,为实现叙利亚各派力量之间的和解和开启叙利亚重建奠定了重要基石。

在阿斯塔纳和谈机制的协调下,各方矛盾得到一定缓解。据美联社援引的一个非官方组织消息,2018年叙利亚战争造成了近2万人死亡,是自叙利亚内战爆发以来死亡人数最少的一年。叙利亚人权观察组织称,在丧生的2万人中,有大约6500人是平民。但联合国数据显示,2018年在叙利亚出现了一波最大的难民潮,仅半年内就有100多万人离开家园。2018年9月,由于叙利亚政府军在"冲突降级区"的

---

① "Iraq Takes Part in Anti-ISIS Ministerial Meeting in Morocco",https://www.rudaw.net/english/world/11052022.

活动违反了停火协议，俄罗斯和土耳其又经过协商后达成了《索契协定》。至 2018 年年底，叛乱分子和极端组织活动基本上被迫隐匿在北部的伊德利卜。美国支持的以库尔德民兵武装为首的叙利亚民主军，控制着叙利亚东北部地区。① 2021 年 2 月 16 日，第 15 轮阿斯塔纳进程再次启动，就释放人质、寻找失踪者和交换尸体交换意见并达成共识。② 阿斯塔纳和谈虽然未能在核心问题上实现突破，但是在抑制摩擦、降低冲突和实现军事和解方面还是发挥了积极作用。

表 7：打击"伊斯兰国"极端组织的国际联盟部长级会议的主要议题

会议时间	会议地点	参会人员情况	会议探讨的主要内容
2016 年 7 月 21 日	华盛顿	45 个国家的外交部长和国防部长以及国际组织的高级代表	会议认为"伊斯兰国"极端组织虽然损失惨重，但在向全球性恐怖组织转化；加强对叙利亚、伊拉克和利比亚的反恐协助；确立打击"伊斯兰国"极端组织的 3 个行动目标
2017 年 3 月 24 日	华盛顿	68 个国家和国际组织派出代表	会议确定打击"伊斯兰国"极端组织是美国在中东的首要任务；要恢复地区稳定，让叙伊两国难民重返祖国；确定了国际联盟在与"伊斯兰国"极端组织较量中占据了上风
2018 年 2 月 13 日	科威特	75 个国家和国际组织派出代表	会议制定了继续反恐指导性原则，如继续打击向"伊斯兰国"极端组织提供资金的行为，阻止外国恐怖分子前往叙利亚和伊拉克，加强合作削弱"伊斯兰国"极端组织的宣传和招募能力等

---

① 《叙利亚战争 2018 年致近 2 万人死亡》，https://baijiahao.baidu.com/s? id = 1622001078268914257&wfr=spider&for=pc。
② 侯宇翔、李圣辉：《俄美在叙利亚问题上的博弈及其新发展》，载《俄罗斯东欧中亚研究》，2021 年第 4 期，第 30—35 页。

续表

会议时间	会议地点	参会人员情况	会议探讨的主要内容
2022年5月10日	摩洛哥马拉喀什	超过50个国家和国际组织派出代表	彻底歼灭活跃在中东地区、非洲和阿富汗的"伊斯兰国"极端组织残余势力;确保在叙利亚和伊拉克彻底打败"伊斯兰国"极端组织是首要任务;加强对"伊斯兰国"极端组织的媒体宣传和招募的打击力度

资料来源:参见《打击"伊斯兰国"国际联盟部长级会议在科威特举行》,新华社2018年2月13日电;《打击"伊斯兰国"国际联盟举行部长级会议》,载《光明日报》,2017年3月24日,第10版;《打击"伊斯兰国"国际反恐联盟部长级会议在罗马召开》,https://news.cri.cn/201623/4b81d2c4-3cfd-9cb2-1143-e7e68d9346f6.html;"Iraq Takes Part in Anti-ISIS Ministerial Meeting in Morocco",https://www.rudaw.net/english/world/11052022。

从表7中不难看出,打击"伊斯兰国"极端组织的国际联盟部长级会议,是一次推动国际共同协商反恐重大事务的重要探索,通过跟踪和分析每个阶段的反恐态势、预测恐怖主义发展态势、呼吁各方积极提供协作以及明确下一步战略任务和目标,为中东建立国际反恐长期合作机制奠定了基础。

三、立体式的"联盟体系"突破传统联盟的二元对立格局

打击"伊斯兰国"极端组织的国际反恐联盟涵盖的行为体类别极为广泛,不仅包含传统的主权国家,还包含了一些非国家行为体,如宗派势力集团、其他族群等,与此前以美国为主导、反恐目标国为跟随者或打击对象的模式有很大差异。这种差异性直接反映为成员间利益关系十分复杂,利益融合、差异、对立、重叠等多种模式同时存在。而从联盟的动态演绎来看,打击"伊斯兰国"极端组织的国际反恐联盟不只是数个行为体的简单联合,它是容纳了多个次级联盟且相互影响的"立体联盟网",也可以称之为"联盟体系"。在这个为打击"伊

斯兰国"极端组织而形成的"立体联盟体网"中，原有的沙特与伊朗各自率领其代理人形成的逊尼派与什叶派对峙的中东博弈格局，由于美国与俄罗斯的"有限对立"关系而产生了矛盾协调的新空间。

（一）中东两大联盟阵线的对立格局出现了一些松动

1. 美俄"有限对立"的关系开始走向相互妥协与合作

在"伊斯兰国"极端组织的威胁下，美俄"有限对立"的天平开始倾向合作。2015 年 11 月，美国与俄罗斯共同组建了国际叙利亚支持小组，共同推动了在联合国《日内瓦三号决议》框架下有关叙利亚问题的协调；2016 年 2 月，为了共同打击"伊斯兰国"极端组织，两国就叙利亚各方停止敌对行动达成临时协议。① 另外，美国对逊尼派阵营中的沙特施加影响，敦促其向"温和化"转变。多年来，沙特一直致力于在全球提升自身宗教领袖者地位，努力向多个国家输出萨拉菲主义意识形态，但沙特与美国的反恐合作关系，一定程度上遏制了沙特的这种行为。例如，自 20 世纪 80 年代以来，沙特投入大量资金在印尼建造萨拉菲宗教学校，向穆斯林群体灌输萨拉菲主义的核心主旨即绝对的"一神论"（Tawhid）思想。虽然这些宗教学校都不愿意给自己贴上"瓦哈比"（Wahabi）的标签，实际上却充当了宣传萨拉菲意识形态的社会网络组织。美国对沙特此种行为多次提出警告。②

2. 沙特与俄罗斯的对立逐步被打破

叙利亚内战爆发后，沙特与俄罗斯之间依然是对立状态。俄罗斯谴责沙特等海湾君主制国家"正在以叙利亚人民的鲜血与苦难去追逐自己的地缘政治目标和野心"。沙特则指责"俄罗斯的双手沾满了叙利

---

① "Joint Statement of the United States and the Russian Federation, as Co-Chairs of the ISSG, on Cessation of Hostilities in Syria", http://www.state.gov/r/pa/prs/ps/2016/02/253115.htm.

② 这些宣扬沙特萨拉菲正统伊斯兰教义的学校（salafi madrasa），与印尼当地已有的伊斯兰教育机构如爪哇经学校（pesantren）和伊斯兰宗教启蒙学校（madrasah）有明显的区别。其中爪哇经学校与印尼伊斯兰教士联合会（Nahdlatul Ulama）的宣传主旨保持高度一致。

亚平民的鲜血"。① 在严重对立的关系下，叙利亚沦为两国代理人战争的舞台。但在推翻阿萨德政府失败后，"伊斯兰国"极端组织带来的现实威胁迫使沙特与俄罗斯开始走近，打破了严重对立关系。2015年8月，俄罗斯外交部长拉夫罗夫（Sergey Lavrov）与沙特外交大臣朱拜尔（Adel Bin Ahmed Al-Jubeir）会晤。会晤期间，双方共同呼吁要联手打击"伊斯兰国"极端组织，并指出各种空中打击不足以歼灭"伊斯兰国"极端组织的有生力量，地面打击十分必要。②

随着沙特认识到推翻阿萨德政府已经不再可能，且俄罗斯也认识到该政府尚无法真正掌控叙利亚全境领土。在共同的失望情绪驱使下，俄罗斯与沙特也就进一步开启了协调的步骤，双方均认为将冲突管控在可接受范围内，才是更为现实的选择。2015年10月，沙特副王储萨勒曼（Muhammad Bin Salman）访问莫斯科，表示愿意与俄罗斯共同寻求政治解决叙利亚问题的方式。该意向得到了俄罗斯方面的积极回应。③ 沙特和以色列与俄罗斯矛盾的缓解，不仅给打击"伊斯兰国"极端组织的战场增添了胜算，还降低了彼此冲突加剧叙利亚动荡的可能。

（二）俄罗斯协调缓和国际反恐联盟内部的矛盾

自从出兵叙利亚加入对"伊斯兰国"极端组织的联合行动，俄罗斯不仅以迅速果断的军事行动加深了叙利亚政府的信任，还是有关国家在叙利亚境内错综复杂矛盾的有影响力的调解者。由于联合打击"伊斯兰国"极端组织的行动是在叙利亚常年复杂且利益交织的局面下展开的，这场战争从一开始就注定不会是一场纯粹而简单的、仅与极

---

① 王琼、李坤泽：《"磁性协调"："阿拉伯之春"后的俄罗斯与沙特的新型关系模式》，载《学术探索》，2021年第11期，第52~55页。

② 《俄与沙特呼吁共同打击"伊斯兰国"》，https://international. caixin. com/2015-08-12/100838546. html。

③ 《沙特向普京示好背后有何玄机?》，http://www. xinhuanet. com/world/2015-10/14/c_128316417_2. htm。

端分子对抗的行动。事实证明，俄罗斯在协调美国、土耳其、伊朗、伊拉克、以色列、叙利亚、黎巴嫩、沙特等多个国家复杂关系方面扮演重要角色。

1. 缓和土耳其和美国可能因美军撤离产生的矛盾

在美国"领导地位"与行动实效备受质疑的情况下，俄罗斯却开始在叙利亚事务上体现出强大斡旋能力。2019 年 10 月，土耳其进军叙利亚东北部地区后，美国不得不马上从该地边境区域撤出。对此，美国已经明确地向俄罗斯表示，打算派遣高级代表团前往叙利亚，与叙利亚军方协商新的对策。而土耳其未来的行动将对美国决策走向产生重大影响。2020 年 2 月，普京与埃尔多安进行紧急磋商，就如何实现伊德利卜地区局势稳定交换意见。在此前召开的联合国安理会紧急会议上，俄罗斯方面宣称，叙利亚军队有权消灭伊德利卜及叙利亚全境内的任何恐怖分子。俄罗斯呼吁有关国家重返《阿斯塔纳协定》，避免土耳其和叙利亚军队出现更多伤亡。而对于土耳其大举进军叙利亚东北部地区的做法，叙利亚则明确谴责其为"侵略行为"，并谴责土耳其暗中为恐怖分子继续提供支持。[①]

2. 通过改善外部生态来协调沙特与伊朗的关系

为了缓和俄罗斯、叙利亚、伊朗、土耳其、美国之间的矛盾可能带来的负面影响，俄罗斯还试图通过"外围缓和"来创造更大的协调空间，遂转而向一些阿拉伯国家，尤其是叙利亚的邻国黎巴嫩和伊拉克抛出了橄榄枝。2019 年 8 月 1 日至 2 日，伊拉克和黎巴嫩首次以观察员身份参加了安卡拉峰会。在此之前，俄罗斯在 6 月 20 日派出特使前往叙利亚，并与黎巴嫩总统协商叙利亚难民回归的问题。叙利亚难民回归的三方协定签署后，俄罗斯在阿拉伯世界的声誉得到明显提升，

---

① Samuel Ramani, "Russia's Efforts to Expand the Astana Process in Syria", https://www.mei.edu/publications/russias-efforts-expand-astana-process-syria.

该举被视为俄罗斯在叙利亚的成功外交案例。①

除了伊拉克和黎巴嫩,俄罗斯还与沙特和阿联酋改善关系。2018年6月,埃俄两国举行双方外交部长与国防部长的"2+2"对话,俄罗斯称赞埃及能源公司在叙利亚创造大量就业机会,是叙利亚政府的"宝贵伙伴"。2018年12月,阿联酋在叙利亚首都重新开启大使馆工作。俄罗斯与阿联酋领导人在2019年1月31日的会谈中均表示,反对在叙利亚建立"安全地带"的提议。俄罗斯还提出,阿联酋将是帮助叙利亚重返阿拉伯国家联盟的重要伙伴,并能缓和沙特对阿萨德政权的敌对态度。俄罗斯还鼓励阿联酋企业前往叙利亚进行投资贸易活动。2019年8月30日,阿联酋商务代表团访问叙利亚,俄罗斯对此表示赞赏,并希望阿联酋能够抵制美国在叙利亚压制私营企业发展的压力。② 俄罗斯在鼓励阿拉伯国家加入阿斯塔纳协定的同时,还呼吁欧洲国家如德国和法国参与到俄叙对话中来。为了缓解俄罗斯、土耳其、伊朗和美国之间复杂矛盾给反恐合作带来的负面影响,俄罗斯加强了对阿拉伯世界和欧洲的工作,有效帮助叙利亚摆脱了孤立无援的外交处境。

四、伊斯兰国家与穆斯林群体的反恐作用得到加强

面临来自"伊斯兰国"极端组织的巨大威胁,不仅海湾国家开始重启对话协商对策,以叙伊两国为代表的多个伊斯兰国家开始涌现打击"一个教派独掌权力"的社会浪潮。虽然与美国和俄罗斯的军事打击相比,这些转变的反恐效果并不显著,但它们却是抗击"伊斯兰国"极端组织的重要力量。

首先,"伊斯兰国"极端组织的建立和坐大,让海湾国家共同意识到,国际极端主义和恐怖主义泛滥带来的灾难将是不可逆转的。沙特、约旦、阿联酋、巴基斯坦、巴林、土耳其、突尼斯、塞纳加尔、索马

---

① Samuel Ramani, "Russia's Efforts to Expand the Astana Process in Syria", https://www.mei.edu/publications/russias-efforts-expand-astana-process-syria.

② 同①。

里、巴勒斯坦、黎巴嫩、马来西亚、埃及、摩洛哥、也门、尼日利亚和科威特等纷纷表达了对国际极端主义和恐怖主义蔓延的担忧。正如美国国防部长卡特（Ashton Carter）所说："作为这个新联盟的领导者，沙特也将获得更多来自美国和北约的支持。"① 虽然这些国家还未开启有效反恐合作，但它们对"伊斯兰国"极端组织带来的安全威胁形成了一种共识。这种共识是未来牵引众多海湾国家投身国际反恐合作的认知前提。

其次，分散在叙伊两国各地的本土受害者开始团结起来，在对抗"伊斯兰国"极端组织等暴恐组织中发挥了重要角色。2014 年，"伊斯兰国"极端组织在提克里特的前美军军事基地斯派克营发动袭击，残忍杀害了 1000 多人，其中大部分为逊尼派人士。面对这种触目惊心的屠杀行为以及伊拉克当局无力应对的局面，伊拉克什叶派最高领袖西斯塔尼（Sayyid Ali Al-Husayni Al-Sistani）号召所有什叶派男性团结起来保卫国家，抵抗"伊斯兰国"极端组织的入侵。随后，伊拉克人民动员力量成立，这支队伍承担了反击"伊斯兰国"极端组织的大部分作战行动。由于其战斗力迅速超过了脆弱的伊拉克安全部队，伊拉克人民动员力量便成了抗击"伊斯兰国"极端组织的强劲力量。②

最后，在叙伊两国外围国家中，开始出现了促进多个教派之间和平对话的积极变化。自 2015 年以来，黎巴嫩出现多种宗教团体结成的新联盟，努力推动不同教派和平对话。2019 年，黎巴嫩社会各界发动示威游行，并喊出了"他们指的是他们中的每一个"（All of them means all of them）的口号，反对政府排斥普通民众参与决策的做法。虽然抗议活动将社会不平等和政府腐败问题全都归结于教派矛盾，但

---

① John Matthew McInnis, "Iran's Strategic Thinking: Origins and Evolution", https://www.aei.org/wp-content/uploads/2015/05/Irans-Strategic-Thinking.pdf.

② Renad Mansour, "From Militia to State Force: The Transformation of al-Hashd al-Shaabi", https://carnegieendowment.org/middle-east/diwan/2015/11/from-militia-to-state-force-the-transformation-of-al-hashd-shaabi?lang=en.

也表达了反对某一个教派垄断政治的立场。① 这显然是黎巴嫩政局发展的积极变化。叙伊两国可借鉴这种做法,通过推动多个教派之间的对话和沟通,有效缓解教派和种族冲突。

第二节　国际反恐联盟受到多方面"掣肘"

从 2019 年 3 月"伊斯兰国"极端组织的大规模作战能力几乎被击溃,到如今仍然保持一定的活跃态势甚至有卷土重来的苗头,一方面得益于其强大的组织韧性,另一方面也反映出国际反恐联盟还存在诸多短板,甚至有许多无法克服的、制约未来国际反恐合作的"掣肘"。

一、打击"伊斯兰国"极端组织的国际反恐联盟属于"后发式"集体反应,缺乏"预备式"合作

为阻止"伊斯兰国"极端组织继续坐大,数十个反恐行为体在以叙利亚为主的战场采取多种行动予以反击,但这只是一种面临巨大威胁的"后发式"反应。由于缺乏对以该组织为代表的极端主义势力危害的提前预警,以及彼此之间的政策协调准备,国际反恐联盟严重缺乏机制化合作保障,其脆弱性主要表现在以下几个方面。

(一)"伊斯兰国"极端组织肆虐的国家大多缺乏完善的安全治理体系

无论是在叙利亚、伊拉克、阿富汗,还是在非洲地区,"伊斯兰国"极端组织在这些地方的兴起和发展,不仅直接受益于其长期动乱的背景和落后的国家安全治理体系,也进一步造成了国家安全治理体系的恶化。事实表明,即使这些受到"伊斯兰国"极端组织肆虐的国

---

① Roschanack Shaery‐Yazdi, "Rethinking Sectarianism: Violence and Coexistence in Lebanon", *Islam and Christian‐Muslim Relations*, Vol. 31, No. 3, 2020, pp. 325-340.

家和地区能够在危机下临时搭建合作机制,也会因脆弱的安全治理能力而显得力不从心。

在"呼罗珊省"分支肆虐最严重的国家——阿富汗,各武装部队尤其是重新执政后的塔利班所掌控的武装力量严重不足,难以迅速歼灭"呼罗珊省"分支。2021年塔利班重新执政后,计划以4万士兵组成多个战斗小组,2万人在军队从事后勤保障和行政工作,警察队伍规模为4—6万人。随后,塔利班马上调整了组建计划。2022年1月,塔利班决定将军队和警察队伍总人数扩充到15万人,以对付"呼罗珊省"分支在阿富汗东部的活动。然而,这些力量是明显不足的。同时,塔利班也认识到如果无法掌控领土并进行有效的政府治理,仅凭对"呼罗珊省"分支进行大规模军事打击无法达到满意的效果。鉴于"呼罗珊省"分支在2021年8月之前能够与库纳尔的每个地区都取得联系,并且在那里建立军事基地和训练中心,塔利班于2022年3月在库纳尔发动较大规模的军事行动。同样,在丹加姆(Dangam)地区,由于"呼罗珊省"分支在塔利班再次执政之前已占据了30%的地区,塔利班也对该地区的"呼罗珊省"分支开展了大规模军事行动。① 但是这些武装力量的战斗力还远远不足以歼灭"呼罗珊省"分支。

在伊拉克,这些问题同样严重。类似伊拉克人民动员力量这种武装组织,更多的是被各大部落首领、政党负责人或地方派系势力头目掌管。这种复杂的权力结构将会让人民动员力量面临几种可怕的困境。这支武装既有可能对国家凝聚力和民族团结产生威胁,加剧政府腐败,也有可能解散、重组、分化成新势力。如何实质性地解决这些问题,需要美国、欧洲和伊拉克共同面对。另外,伊拉克政府军还没有很好地吸纳库尔德武装。各种派系的武装鱼龙混杂,什叶派和逊尼派民兵武装在2020年达到了19.3万人左右。他们的组成极为复杂,包括巴

---

① Antonio Giustozzi, "The Taliban's Campaign Against the Islamic State: Explaining Initial Successes", https://www. rusi. org/explore - our - research/publications/occasional - papers/talibans - campaign-against-islamic-state-explaining-initial-successes.

达尔组织 (Badr Organization) 和什叶派真主党旅 (Kataib Hizbullah)
等。①

　　而在非洲，许多国家因为资源枯竭、经济停滞和政局动荡等因素，
无法抽调足够的军事力量来开启反恐合作。2014 年，布基纳法索、乍
得、马里、毛里塔尼亚和尼日尔成立了萨赫勒五国集团，以共同对抗
以 "伊斯兰国" 极端组织为代表的各种暴恐组织。2017 年 2 月，这 5
个国家决定成立由 5000 人组成的萨赫勒五国联合部队；同年 7 月，萨
赫勒五国联合部队正式启动，立刻得到了美国和法国等欧洲国家的支
持。② 集团成员国一致认为，萨赫勒五国联合部队的启动代表着一种更
为广泛的 "用非洲的办法来解决非洲的问题" 的发展趋势，因为西方
国家在非洲地区的驻军和安全行动并没有发挥显著的效果；它也被视
为联合国行动计划，是对联合国稳定马里计划和 "新月形沙丘行动"
(Operation Barkhane) 的重要补充。为了更好地协助联合国在非洲的反
恐行动，2013 年，在联合国稳定马里计划框架下派出的 13 000 多名士
兵中，有 35% 来自萨赫勒五国联合部队。

　　然而，成立数年的萨赫勒五国联合部队被诟病为 "能力无法支撑
其抱负"。自成立之初，该部队的行动目标就涵盖了打击恐怖主义、有
组织犯罪、人口贩卖和恢复国家权威、协助难民回到原籍、提供人道
主义救助以及推动执行有关国家经济开发项目等，但萨赫勒五国联合
部队缺乏足够雄厚的实力来完成这些目标。2018 年 5 月，一名来自萨
赫勒五国联合部队的马里士兵在布克塞 (Boulkessi) 突然对民众开火，
造成 12 人死亡。类似事件屡次发生也损害了萨赫勒五国联合部队的民
众基础和社会形象，甚至其存在的合法性也受到质疑。另外，萨赫勒

① Anthony H. Cordesman and Grace Hwang, "Iraq's Real Security Needs and Its ' Ghost-like ' Security Posture", in Anthony H. Cordesman, *Strategic Dialogue: Shaping the Iraqi-U. S. Relationship*, Washington, D. C. : Center for Strategic and International Studies, 2020, pp. 61-97.

② Signe Marie Cold-Ravnkilde, "International Support of the G5 Sahel Joint Force: A Fragile Military Response", https://www. researchgate. net/publication/330369975_International_support_of_the_G5_Sahel_joint_Force_A_Fragile_Military_Response.

五国联合部队面临着诸多困境，如地区安全形势恶化，行动能力、装备和专业训练缺乏物资和技术支持，成员国因长期打击恐怖主义和治理社会动乱而耗费巨大，无法提供多余的人力和物力来支持联合部队的发展。2017年6月，美国和英国驳回了法国向联合国安理会提出执行《联合国宪章》第7条授权的请求，即不得借助联合国安理会决议的形式来为萨赫勒五国联合部队提供经济和军事支持。在寻求安理会支持无果后，萨赫勒五国联合部队的运作和经济来源不得不依赖于社会个体资助和捐赠。然而，由于资助者们的资金存在支付延期的问题，该部队武器装备和军事训练项目均受到一定程度的影响。①

（二）诸多国家打击"伊斯兰国"极端组织的立场摇摆不定

作为打击"伊斯兰国"极端组织过程中最重要的参与者之一，土耳其一直在支持叙利亚反对派和叙利亚政府之间摇摆不定，打击"伊斯兰国"极端组织的立场经常被其打压库尔德势力的战略考虑所压制。土耳其南部和叙利亚之间，存在着一段较长的边界线。因此，在"伊斯兰国"极端组织兴起之初，土耳其采取的是支持其打击叙利亚政府的立场，但随着"伊斯兰国"极端组织不断壮大并渗透到土耳其境内，土耳其不得不考虑撤回对叙利亚反对派力量的支持。随后，土耳其马上封锁了边境。在国际力量联合打击"伊斯兰国"极端组织的过程中，土耳其在叙利亚反对派势力和"伊斯兰国"极端组织之间来回摇摆，即使在撤回对叙利亚反对派的支持后，土耳其也在协助美国打击"伊斯兰国"极端组织时显得"三心二意"。②

另外，叙利亚政府打击"伊斯兰国"极端组织时表现出的摇摆态度，屡遭美国等反恐伙伴的诟病。例如，叙利亚政府军对苏韦达

---

① Signe Marie，"International Support of the G5 Sahel Joint Force：A Fragile Military Response"，https://www. researchgate. net/publication/330369975_International_support_of_the_G5_Sahel_joint_Force_A_Fragile_Military_Response.

② 龚正：《"伊斯兰国"冲击美国中东战略》，载《现代国际关系》，2014年第9期，第61页。

(Sweida) 的"伊斯兰国"极端组织进行"选择性打击"的做法，让美国高度怀疑其打击"伊斯兰国"极端组织的决心。叙利亚南部城市苏韦达是德鲁兹（Druz）少数民族聚集地，德鲁兹社区管理者长期对叙利亚内战奉行中立政策，自行管理内部经济和安全事务。而该地区的宗教领袖对内战看法不一，一些宗教领袖承诺将保护自己管辖的地区民众，而另一派则自称为"'哈里发国'尊严守护者"。无论是少数民族聚集地的管理者，还是多个地区的宗教领袖，长期以来都对叙利亚内战奉行较为独立的中立政策，竭力避免卷入国家内战纷争之中。①

2014年，"伊斯兰国"极端组织在挺进苏韦达时，叙利亚政府暗中给"伊斯兰国"极端组织提供情报，使其顺利地进入了该地区；叙利亚政府还试图剥夺"'哈里发国'尊严守护者"的军事装备，但其领袖阿尔巴鲁斯（Wahid Al-Bal'ous）拒绝了这一要求。另外，当叙利亚政府军在东古塔和雅尔默克盆地（Yarmouk Basin）对反对派开展军事行动时，却未能得到该地区民众支持。这一系列事件反复激发了叙利亚政府与德鲁兹地区民众之间的矛盾。2015年，叙利亚政府处死了阿尔巴鲁斯。② 2018年7月，苏韦达再次遭到"伊斯兰国"极端组织的自杀式袭击，造成了200多人死亡。这一事件让本以为"伊斯兰国"极端组织已遭受重创的国际社会感到震惊。鉴于叙利亚政府与苏韦达之间的长期矛盾，以及叙利亚政府军以往在此地军事行动中屡次绕开"伊斯兰国"极端组织驻扎点等问题，美国指责叙利亚政府在镇压反对派时没有底线，不仅让普通民众付出了生命代价，还暗地里勾结"伊斯兰国"极端组织。③ 各种冲突和相互猜忌伤害了美国与叙利亚之间的信任基础，给双方反恐合作增加了很多不确定性。

---

① Lina Khatib, "The Syrian Regime is Using ISIS to Punish Civilians", https://www.chathamhouse.org/2018/07/syrian-regime-using-isis-punish-civilians.

② 同①。

③ 同①。

(三) 一些停战协定未得到较好落实与维护

事实证明,在开展打击"伊斯兰国"极端组织行动以来,有关叙利亚境内停火的协议屡遭破坏。2018 年 2 月 24 日,联合国安理会一致通过第 2401 号决议,要求叙利亚境内冲突各方立刻停火至少 30 天。但在停火决议通过后,还是能在大马士革郊区、阿勒颇、拉塔基亚和伊德利卜等地区检测到违反停火协议的情况。[①] 同年 9 月,俄罗斯和土耳其签署了《伊德利卜协议》,规定俄罗斯支持的叙利亚政府、土耳其支持的反对派和他们各自在伊德利卜的支持者从当天午夜起停止"一切军事行动"。土耳其和俄罗斯共同声明,他们致力于叙利亚的领土完整、国际反恐斗争,以及按照联合国的要求解决冲突等。然而,停火协议随即破裂,叙利亚军队与叛乱分子和土耳其军队均发生了严重冲突。[②] 土耳其在 M4 高速公路两侧的安全区和俄罗斯军队开展联合巡逻。叙利亚政府军还动用了重炮部队,对伊德利卜南部和哈马地区的反对派武装要塞进行炮击,此举还鼓舞了黎巴嫩真主党的士气。在这种情况下,土耳其不得不求助美国出兵,对叙利亚境内的伊朗武装进行压制,阻止伊朗军事影响力进一步扩大。另外,土耳其对俄罗斯拒绝对伊拉克和叙利亚政府施压表示不满;俄罗斯也指责土耳其怂恿叙利亚反对派违反停火协议,以扩大自己的地盘;俄罗斯还表示,因为伊朗军队不在俄罗斯管辖范围内,所以俄罗斯对此也"无能为力"。[③]

叙利亚停火协议之所以屡遭破坏,实施起来困难重重,主要有几个方面的因素所致。一是土耳其很难放弃在叙利亚北部地区打击叙库尔德武装的计划。由于叙利亚北部库尔德武装受到美国扶持,在土耳其与美国的矛盾因叙利亚问题而进一步激化后,土耳其更不可能随意

---

① 《叙利亚停火协议实施缘何难乎其难》,http://www.beijingreview.com.cn/shishi/201802/t20180227_800118594.html。

② 《俄罗斯指责土耳其破坏索契协议》,https://baijiahao.baidu.com/s? id = 1658370320190145633&wfr=spider&for=pc。

③ 宫小飞:《"伊斯兰国"遭重创后前景评估》,载《和平与发展》,2018 年第 2 期,第 72—80 页。

放弃打击叙库尔德武装的行动。二是全面落实停火协议缺乏严格的监管力量和有效的实施措施。由于叙利亚境内的反政府武装并未解除武器，叙利亚政府又无力恢复对全国的控制，政治和解的推进举步维艰，这表明停火协议的落实缺乏切实有效的支撑。三是联合国安理会等国际机构在为实现停火协议提供人道主义救援物资入境时，因缺乏基本安全保障而无法顺利实施。①

二、国际反恐联盟中次级联盟成员间出现新矛盾，土耳其成为联盟中的最不稳定因素

据前文所述，打击"伊斯兰国"极端组织的国际反恐联盟不是一个多点位平铺的平面，而是由多组"子联盟"即次级联盟组成且不断分化组合的立体化体系。一方面，该联盟体系脱胎于原有的中东两大联盟阵线，因而对原有关系结构有严重的"路径依赖"；另一方面，该联盟体系内部次级联盟之间不断发生分化组合以及"零和演变"，即某一组关系的恶化必然带来另外一组关系的改善，这些现象给国际反恐联盟带来了更大的复杂性和不稳定性。

（一）国际反恐联盟受到内外矛盾的双重压制

1. 以色列责难美国未能约束伊朗在叙利亚的影响力

在叙利亚问题的处理上，由于伊朗的存在，美国与以色列经常出现严重分歧。虽然双方在打击伊朗势力上的立场一致，但在具体实践中，两国频频发生矛盾。从 2013 年伊朗介入叙利亚战争到 2020 年 7 月 1 日，以色列给伊朗造成的损失超过 300 亿美元，但却没有真正将伊朗势力从叙利亚驱逐出去。2020 年 2 月，以色列国防军宣布，将加大对伊朗的打击力度。面对伊朗在叙利亚始终无法被真正削弱的局面，

---

① 《叙利亚停火协议实施缘何难乎其难》，http://www.beijingreview.com.cn/shishi/201802/t20180227_800118594.html。

以色列将其归咎于美国。以方认为，正是因为美国对伊朗的纵容，束缚了以色列在叙利亚打击伊朗势力的行动。①

随后，以伊朗武装部队总参谋长巴盖里（Mohammad Bagheri）为首的高级军事代表团访问大马士革，与叙利亚签署了一系列协议，其中包括帮助叙利亚政府增强防空能力。由于叙利亚防空部队一直由俄罗斯提供支持，这一系列协议的签署让观察者们开始猜测，伊朗是否有取代俄罗斯在叙利亚角色的意图。值得注意的是，伊朗与叙利亚之间也并非没有矛盾。伊朗武装控制的一些什叶派聚集地区，已经不再听从叙利亚政府指令，伤害了叙利亚政府的权威性。②

2. 俄罗斯与伊朗在叙利亚问题上存在分歧

俄罗斯与伊朗在战后叙利亚军队重组问题上也存在巨大分歧。俄罗斯希望在叙利亚境内将零散的非正规兵力进行收编，以内战之前的形式重组政府军。俄罗斯方面尤其强调，重组后的叙利亚政府军队要能够执行统一的指令，进行从上至下的垂直化管理。叙利亚国防部也曾表态，愿意将叙利亚民主军收编为正规军。叙利亚民主军也对此积极回应，表示只要库尔德地方政府和阿萨德政府能达成政治协议，就愿意接受政府军的指挥。然而，伊朗却更希望能够对叙利亚境内大量的非正规军继续拥有把控能力，与俄罗斯希望整合叙利亚各派武装并统一管理和指挥的想法产生了分歧。这些非正规军长期得到伊朗的资金支持，某些军队对伊朗的忠诚度甚至超过了叙利亚政府。③

另外，为恢复俄罗斯在中东地区的地位，实现"中东地区危机后局势正常化"，④俄罗斯自2005年以来不断加强与中东多个国家尤其是

① 《美以趁乱连续对伊开火，以称伊朗损失超过300亿美元，200士兵死亡》，https://www.sohu.com/a/404678383_563497。

② 同①。

③ Anton Lavrov, "Armed Forces: An Analysis of Russian Assistance", https://carnegie-mec.org/2020/03/26/efficiency-of-syrian-armed-forces-analysis-of-russian-assistance-pub-81150.

④ "Foreign Policy Concept of the Russian Federation", https://fas.org/nuke/guide/russia/doctrine/econcept.html.

与沙特的接触，招致伊朗方面的警惕和反感。普京先后访问了埃及、以色列、沙特、约旦、卡塔尔、土耳其和阿联酋，并通过协调获得伊斯兰合作组织的观察员地位。[①] 在伊朗看来，俄罗斯不分宗教派别地缓和与诸多中东国家之间的关系，将会缓和什叶派和逊尼派之间的矛盾，进而降低伊朗在什叶派穆斯林中的权威。

3. 美国、叙利亚政府和伊拉克政府多次对库尔德武装采取抛弃态度

无论是在叙利亚还是在伊拉克，美国方面均采取了对库尔德武装"需要时依赖，不需要时抛弃"的功利主义立场。在"伊斯兰国"极端组织侵占叙利亚和伊拉克大片领土、具备极大破坏力的时期，美国积极联合库尔德武装进行战斗。但从 2017 年下半年至 2019 年 3 月"伊斯兰国"极端组织的主体实力被击溃后，库尔德武装在美国、叙利亚和伊拉克政府眼中的作用随之下降。在叙利亚，美国认为"伊斯兰国"极端组织不可能在短期内反扑后，马上宣布撤军计划并放任土耳其对叙利亚北部地区的军事行动。拜登政府于 2019 年 10 月 10 日的公开讲话中批评特朗普"抛弃了库尔德武装叙利亚民主军，他在反恐行动中背叛了最重要的盟友"。但拜登显然对叙利亚库尔德武装的立场也并不坚定，如 2016 年拜登还在担任副总统时，为了支持埃尔多安政府维持统治而不惜牺牲叙利亚民主军的利益，迫使其听取土耳其的指令，马上从幼发拉底河东岸撤离。[②]

曾经在伊拉克战争中为美国立下显赫战功的库尔德武装，在萨达姆政权倒台后便遭到抛弃。2017 年 9 月 25 日，伊拉克库尔德地区进行独立公投，遭到美国的强烈反对；同年 10 月，当库尔德武装在打击"伊斯兰国"极端组织过程中占领的领土，如基尔库克、迪亚拉和尼尼

---

① 侯翔宇、李圣辉：《俄美在叙利亚问题上的博弈及其新发展》，载《俄罗斯东欧中亚研究》，2021 年第 4 期，第 33 页。

② Karwan Faidhi Dri, "What Can Syrian Kurds Expects from Biden?", https://www.rudaw.net/english/analysis/12112020.

微的部分地区，陆续被伊拉克政府军掌控时，美国方面也采取了默许和纵容的态度。[①] 诚然，防止伊拉克库尔德武装壮大确实能够帮助伊拉克实现统一，更好地维护地区稳定，但美国在伊拉克战争、打击"伊斯兰国"极端组织前后对库尔德武装迅速"翻脸"，让库尔德武装的反美情绪再度被点燃，双方信任基础再次瓦解，因此库尔德武装更倾向于选择与伊朗为伍。

（二）土耳其兼具国际反恐联盟"贡献者"与"破坏者"角色

在击溃"伊斯兰国"极端组织的主力后，土耳其借助与俄罗斯和美国的沟通，利用美国、俄罗斯、叙利亚政府、叙利亚反对派多方之间的矛盾关系，频繁使用军事手段实现自身利益目标。无论是与美国"最低限度卷入叙利亚事务"的战略风格相比，还是与俄罗斯"全力支持叙利亚政府获得国家领土的掌控权"的目标相比，土耳其对叙伊两国事务的"进攻性"愈发明显。在伊拉克，土耳其对伊拉克库尔德地区持续不断地发动军事进攻。有专家指出，自 2018 年以来，土耳其已形成了更具野心的新地区战略。它一方面直接干涉叙利亚和利比亚内政，另一方面与穆兄会和哈马斯保持友好关系，同时也与埃及和其他海湾国家缓和关系。而土耳其对库尔德地区持续不断的军事行动表明，这不再是一个简单的军事行动，而是新战略的一部分。[②] 2022 年 4 月 18 日，土耳其对伊拉克库尔德地区派出空袭和地面部队进行打击，理由是为了打击库尔德武装。事实上，土耳其自 2018 年起就在此建立了多个永久性军事基地和哨所，打击库尔德工人党的借口显然站不住脚。

土耳其对库尔德地区的进攻态势表明，它在该地区的目标不仅仅

---

① 李睿恒：《美国对伊拉克库尔德问题政策的演变》，载《美国研究》，2018 年第 5 期，第 83—90 页。

② Yousif Ismael, "Turkey's Growing Military Presence in the Kurdish", https://www.washingtoninstitute. org/policy-analysis/turkeys-growing-military-presence-kurdish-region-iraq.

是维护地区的安全和稳定，还要获得对该地区天然气能源的掌控权。另外，土耳其还试图扩张在伊拉克逊尼派中的影响力。2015 年，在和美国没有任何沟通的情况下，土耳其在伊拉克巴希卡（Bashiqa）地区的尼尼微建立了一支逊尼派武装。在基尔库克，土耳其还训练了一支由土耳其族人组成的武装，他们都以打击"伊斯兰国"极端组织的名义不断打击伊拉克境内的库尔德势力。目前，伊拉克已经基本清除了境内的极端主义势力，美国也有意协助伊拉克"向民主国家转型"，① 但土耳其扩大在伊拉克逊尼派中的影响，以及鼓动土耳其族人打击库尔德人的行为，将给伊拉克的未来带来许多不确定性。

近年来，无论是对叙利亚北部地区还是对伊拉克库尔德地区，土耳其的军事行动偏好已经表露无遗。土耳其用军事行动实现自身利益，甚至得到一些欧洲国家的默许。欧洲方面甚至开始认为："即使土耳其在叙伊两国频繁地采用军事手段，也并未见其行动受阻或引发大规模军事冲突……在遏制俄罗斯的军事行为时，可以考虑用同样的军事手段进行干扰和阻挠。"② 土耳其的做法可能刺激其他国家效仿，国际反恐联盟的凝聚力将大打折扣。

三、国际反恐联盟成员的反恐利益遭其他利益压制，联盟合作的可信度遭破坏

根据联盟理论的观点，联盟成员之间的利益汇合程度和外交决策的一致性，是衡量联盟实力和可信度的重要指标。对于实力强大和可信度较高的联盟，潜在的挑战者对其发动攻击的可能性就比较低，反

① Dalia Dassa Kaye, et al. "Reimagining U. S. Strategy in the Middle East", https://www. rand. org/pubs/research_reports/RRA958-1. html.

② Emma Beals, "How the Lessons of the Syria War May Safeguard Lives in Ukraine", https://carnegie-mec. org/2022/04/27/how - lessons - of - syria - war - may - safeguard - lives - in - ukraine - pub - 87005.

之亦然。① 在打击"伊斯兰国"极端组织的过程中，虽然有关行为体能够暂时抛弃曾经的矛盾联合打击"伊斯兰国"极端组织，但共同的反恐利益长期被各个行为体的核心利益甚至一般利益所压制，反恐行动的一致性因此遭到了破坏。

（一）遏制伊朗影响力的扩张始终是美国的重要战略利益所在

除了奥巴马政府试图与伊朗改变敌对关系，美国政府在绝大多数时期都与伊朗站在对立面。2021 年 1 月 15 日，位于伊拉克北部的以美国为首的联军基地遭到多枚火箭的攻击；同年 2 月 26 日，美军对叙利亚东部的民兵组织发动了空袭，摧毁了多个军事设施，22 名亲伊朗战斗人员丧生。美国表示，这是对此前以美国为首的联军基地遭受袭击的回应。显然，美军此举试图"敲打"伊朗的不妥协立场。② 这说明，在"伊斯兰国"极端组织的军事行动能力已被有效遏制、暴恐威胁不再是美国和伊拉克面临的最大安全威胁时，美国与伊朗的关系随时有再次交恶的可能。

（二）土耳其始终以打击库尔德武装为首要目标

库尔德工人党成立于 1979 年，多年来寻求在土耳其、伊拉克、伊朗与叙利亚交界处的库尔德人聚居区独立建国，但被土耳其政府列为恐怖组织，是土耳其长期警惕和打击的重要目标。虽然在"伊斯兰国"极端组织不断侵扰叙利亚北部地区时期，土耳其与该地区的库尔德武装均对"伊斯兰国"极端组织进行过军事打击，但土耳其一直对叙利亚北部地区库尔德势力的壮大，以及他们可能与土耳其南部地区库尔德人联合的情况保持高度警惕。

事实证明，土耳其对叙利亚北部地区库尔德武装的军事行动力度，

① Jesse C. Johnson, "Power Changes, Alliance Credibility and Extended Deterrence", *Conflict Management and Peace Science*, Vol. 38, No. 2, 2021, pp. 178-199.

② 丁工：《拜登首站"落子"叙利亚是何用意》，载《军事文摘》，2021 年第 7 期，第 41—42 页。

远远大于其对"伊斯兰国"极端组织的打击力度。2022年4月15日，伊拉克库尔德自治区总理巴尔扎尼（Nechirvan Barzani）前往伊斯坦布尔与埃尔多安进行了会面。根据库尔德地区政府的声明，会谈后双方决定要努力"加强合作以促进安全与稳定"，也拟定了将要对伊拉克库尔德地区库尔德工人党进行军事行动的计划。4月18日，土耳其发动了代号为"爪锁行动"（Operation Claw Lock）的越境空中与地面攻势，对伊拉克北部的库尔德工人党武装目标发动攻击。事实上，土耳其定期对伊拉克境内的库尔德工人党目标进行空袭，此前已经采取过"虎爪"和"鹰爪"的军事行动。① 自埃尔多安总统在2020年2月29日宣布开放土耳其和欧盟边境后，数万名叙利亚等国的难民就迅速通过土耳其涌向希腊等欧盟国家边境。而美军从叙利亚撤离，以及土耳其不断加强对库尔德武装的军事打击，更是让整个中东地区的库尔德人深陷焦虑之中，欧洲由此也面临着与日俱增的难民压力。②

（三）伊朗试图以西方国家在《伊朗核协议》上的让步来换取其反恐努力

多年来，伊朗一直将落实《伊朗核协议》作为扩大自身在伊斯兰世界影响力的重要抓手。而在伊朗与美国、俄罗斯等国家在打击"伊斯兰国"极端组织的过程中，伊朗用配合打击"伊斯兰国"极端组织行动作为筹码，试图换取美国等国家对其推进铀浓缩计划的支持。伊朗高级官员曾在2014年9月的一次媒体采访中表示，伊朗愿意与美国和盟国共同打击"伊斯兰国"极端组织，但是希望西方国家能够让伊朗在铀浓缩计划上拥有更大的灵活性。然而，美国多次表达了不愿意让"伊斯兰国"问题与伊朗核计划挂钩，排斥伊朗在核问题谈判时提

---

① 《"9·11"事件20周年纪念日当晚 美军在伊拉克的基地遭无人机袭击》，https：//www. guancha. cn/international/2021_09_12_606785. shtml。

② 《同观·德国 | 欧洲再次面临难民潮，或也是默克尔最后"大考"》，https：//www. thepaper. cn/newsDetail_forward_6453434。

到"伊斯兰国"问题。2015年2月26日,欧盟外交和安全政策高级代表莫盖里尼表示,在经过10余年的外交斡旋后,伊朗与六国的核谈判终于取得进展,接近达成协议阶段。这是自2012年欧盟就核问题对伊朗实施石油禁运等制裁,导致双边关系受挫以来的首次"缓和"迹象。莫盖里尼还表示,如果能够敦促包括联合国在内的有关各方成立统一管治机构,欧盟则愿意提供支持,共同打击"伊斯兰国"极端组织。① 这是一种用联合反恐行动换取《伊朗核协议》的"政治交易"。

(四) 俄罗斯的反恐意愿受制于地缘政治经济利益

在实现总体地缘政治经济利益目标的进程中,俄罗斯和伊朗多次表明,它们都需要一个"健康有力"而又"忠诚"的叙利亚政府。② 俄罗斯不遗余力地在"伊斯兰国"极端组织兴起后为叙利亚政府提供军事支持,其终极目的是让叙利亚政府与其保持一致。在打击"伊斯兰国"极端组织的军事行动中,俄罗斯并未刻意地将其行动聚焦于叙利亚"伊斯兰天然气管道线"的附近地带,但俄罗斯对叙利亚的大力支持却兑换成了巨大的能源利益。2019年4月,叙利亚议会与俄罗斯两大能源公司(Mercury LLC 和 Velada LLC)签署了有关原油和天然气方面的贸易协定。协议给予了俄罗斯在多个能源项目中的"最惠国待遇",规定俄罗斯可租借塔尔图斯港(Port Tartus)49年用作经济方面使用,且结束后可再延长25年。对此,叙利亚原油和矿产资源部长加尼姆(Ali Ghanem)宣称:"与这两家俄罗斯能源公司签署的协议,与促进叙利亚、伊朗和俄罗斯的友好关系高度一致。"③ 不难看

---

① 《伊朗与六国核谈判将达成协议,与西方共同打击 ISIS》,https://news.ifeng.com/20150228/43237009_0.shtml。

② Lina Khatib and Lina Sinjab, "Syria's Transactional State: How the Conflict Changed the Syrian State's Experience of Power", Lodon: Chatham House, 2018, pp. 10–15.

③ "Syria Hands Oil Exploration Contracts to TWO Russian Firms", https://www.reuters.com/articles/us-syria-oil-russia/syria-hands-oil-exploration-contracts-to-two-russian-firms-idUSKBN1YL0VK.

出，俄罗斯始终对叙利亚有着强烈的能源利益诉求，协助打击"伊斯兰国"极端组织只是其实现利益目标的途径之一。

四、中东新旧冲突的交织与外溢严重干扰了国际反恐联盟的努力

从整体氛围来看，自 2023 年巴以冲突再次爆发以来，各大冲突的交织和外溢让国际反恐联盟的行动再次受阻；从局部矛盾来看，作为中东地区影响最深远的国家间关系，沙特与伊朗在和解过程中还是存在一些矛盾的困扰与利益的冲突。

（一）整体氛围恶化：新旧冲突的交织与外溢不断恶化反恐合作生态

2023 年下半年以来中东地区安全局势骤然恶化，具体表现为中东国家和非国家行为体之间轮番互相轰炸，使得中东政治和安全局势如同一团乱麻：美国、以色列与黎巴嫩真主党、叙利亚、伊拉克什叶派武装、也门胡塞武装之间的狂轰滥炸，土耳其对伊拉克和叙利亚的库尔德地区进行轰炸，伊朗对叙利亚和伊拉克库尔德地区以及巴基斯坦极端组织"正义军"进行轰炸，巴基斯坦对伊朗境内的俾路支民族分离主义力量的轰炸，约旦以打击毒品组织为由对叙利亚南部进行的轰炸。① 这些密集轰炸行为可谓让中东该地区再次成为"火药桶"。

2023 年年底至 2024 年年初，反恐成为该地区国家对其他国家进行空袭的主要理由，严重侵蚀了国家主权原则。例如，土耳其对叙利亚、伊拉克的轰炸，伊朗对叙利亚、伊拉克和巴基斯坦的轰炸，皆以反恐为名。而巴基斯坦又对伊朗以反恐为名的空袭实施报复，则意味着中东冲突外溢到南亚地区的风险也在随之上升。与此同时，美国再次采取了"9·11"事件后随意将某个组织定性为恐怖组织的做法。例如，胡塞武装被特朗普政府列入恐怖组织名单，到拜登政府时又被从名单

---

① 《中东局势升级！土耳其为何对两国发动空袭：一团乱麻背后的新旧矛盾》，https://kan.china.com/article/3940319.html。

中移除，红海危机后被拜登政府再次列为恐怖组织。显然，以反恐为功能化手段追逐地缘政治利益的做法将会再次盛行。[1]

此次中东安全局势的恶化，焦点在于巴以冲突的爆发和外溢。一方面，冲突本身与旧的热点问题和矛盾冲突有着密切的关系；另一方面，冲突的外溢又刺激了美国、以色列和伊朗之间的宿怨，伊朗对叙利亚和伊拉克库尔德地区的轰炸就是这种矛盾的直接体现。

（二）局部核心矛盾：沙特和伊朗在和解过程中依然存在利益冲突

2016 年 1 月，由于一名什叶派神职人员被沙特政府处决，伊朗发生了针对沙特的抗议示威游行，抗议者们冲击了沙特驻伊朗大使馆，随后沙特宣布与伊朗断交。沙特与伊朗分别作为伊斯兰教逊尼派和什叶派的代表，本来就存在复杂矛盾。多年来，宗教派系斗争、地区事务分歧、外交政策分歧等多种因素导致了沙特和伊朗长期处于矛盾关系中，在处理叙利亚、伊拉克和也门等问题上有较大分歧，两个国家与美国和其他西亚国家的关系上也存在差异，美国的中东战略和政策也加剧了沙特和伊朗的紧张关系。2021 年 6 月 21 日，伊朗总统莱希在新闻发布会上表示，美国应该解除对伊朗实施的所有压制性制裁。[2] 2023 年 3 月 10 日，中国、沙特和伊朗在北京发表三方联合声明，宣布沙特和伊朗达成了一份协议，包括同意恢复双方外交关系，在至多两个月内重开双方使馆和代表机构。此举被誉为沙特和伊朗两国关系的重大进展，也体现了中国外交的耐心和智慧。尽管如此，沙特和伊朗在和解进程中还是存在一些利益冲突之处，这对中东地区整体的宗教派别之争还是起到催化剂的作用。

第一，中东安全格局的恶化让沙特和伊朗这对核心矛盾关系难以

---

[1] 《中东局势升级！土耳其为何对两国发动空袭：一团乱麻背后的新旧矛盾》，https://mkan.China.com/article/3940319.html。

[2] 《沙特伊朗在北京和解，中国外交获多方肯定》，https://m.bjnews.com.cn/detail/167852284414305.html。

消解。虽然沙特与伊朗的宗派冲突可以追溯到 1979 年伊朗革命爆发之前，但以沙特为领袖的、"孤立"伊朗的地区内宗派主义联盟是在 2003 年伊拉克战争后才逐步成形的。当诸多海湾国家看到伊拉克逊尼派民众生存条件不断恶化，而伊拉克什叶派的实力却不断加强时，对伊朗影响力上升的忧惧也随之加剧。在这种紧张局势下，围绕教派冲突产生了两大地区联盟阵线，一方是以沙特为首的、包含巴林等多个海湾国家的支持逊尼派的阵线，另一方是伊朗、黎巴嫩和叙利亚等国组成的支持什叶派的阵线。① 两大阵线相互对立，并频繁干涉对方阵线国家境内的宗派冲突，中东地区的动荡局面进一步复杂化。

沙特和伊朗作为逊尼派和什叶派的代言国家，其矛盾不仅未能消除，且有异化为两大敌对阵营的风险。西方国家在该地区的能源利益冲突、沙特和伊朗寻求自身影响力提升的战略诉求、教派冲突的长期存在和深化，共同导致中东地区有引发全球性和地区性冲突的可能。

第二，沙特与伊朗在外交上的"你追我赶"，反映了各自扩大地区影响力的意图。从沙特方面来看，它是一个结合沙特家族统治与瓦哈比宗教领袖双重身份的国家。长期以来，沙特都自我界定为西亚地区安全的守护者、国家实力的绝对领导者和对邻国的长期援助者。一段时间以来，沙特进行了系列改革，试图推崇更为自由的伊斯兰教教义，同时进行了一系列社会和经济改革，社会经济取得了长足的进展。而美国从奥巴马政府时期对沙特拉拢与打压并用，到特朗普政府与拜登政府时期以拉拢为主，也让沙特的国际环境得到了很大的改善。从伊朗方面来看，2015 年《伊朗核协议》签署后，伊朗在该地区的影响力明显上升。随着特朗普政府宣布美国将不会继续承认该协议，伊朗对西方国家的信任受到冲击，进而对亚洲地区投入更多的外交关注。在美国一再宣称要对伊朗进行经济制裁和政治打压的背景下，欧洲诸多国家、中国和俄罗斯仍继续在伊朗投资并购买原油，又使美国的制裁

---

① Sanam Vakil, "The Saudi-Iran Standoff Is Not Really Sectarian", https://www.chathamhouse.org/2016/01/saudi-iran-standoff-not-really-sectarian.

效果大打折扣。

第三，沙特与伊朗两国关系的缓和与各自发展的困境，也让国际反恐联盟内部的协调配合受到牵制。即使深陷教派冲突之中，沙特与伊朗都无法逃避各自经济社会发展过程中遇到的其他问题。在沙特，虽然国家总体安全局势平衡，但其东部地区的什叶派群体因长期被边缘化，不断举行示威游行并引发暴力冲突。他们呼吁沙特政府推行更有效的经济和政治一体化改革。另外，随着油价的下跌，严重依赖石油出口的沙特经济问题更加突出，社会福利制度面临资金不足的严峻挑战。

伊朗也面临严峻的经济形势，其失业率长期保持在 40% 左右的高位。2013 年伊朗举行总统大选，温和保守派鲁哈尼成功当选为总统。由于鲁哈尼承诺要"同世界进行建设性互动"，其中包括争取解除严重损害伊朗经济的国际制裁等，一度给伊朗民众带来了希望，但强硬派与温和派之间的裂痕始终难以弥合。伊朗强硬派势力依然强烈反对向西方"低头"和恢复与邻国之间的关系等；而以鲁哈尼为代表的温和保守派则认为，伊朗应该务实地与西方世界打交道，并努力改善周边外交关系，从而打破伊朗在国际社会上的孤立局面，为解决各种问题创造一个良好的新生态。[①]

总之，一方面，"阿拉伯之春"爆发以来，沙特和伊朗之间的关系在建构新的地区安全结构进程中的影响力进一步凸显；另一方面，沙伊关系发展受到外来因素的影响也日益增强。而在该地区的外来干预势力中，美国与俄罗斯及其关系的走向，依然是影响沙伊关系走势、决定西亚安全格局的最大因素。

（三）中东两大联盟阵线矛盾的顽固性决定了代理人战争无法停止

两大联盟阵线关系的顽固性意味着国际反恐联盟的矛盾协调只是

---

① Sanam Vakil, "The Saudi-Iran Standoff Is Not Really Sectarian", https://www.chathamhouse.org/2016/01/saudi-iran-standoff-not-really-sectarian.

"昙花一现",虽然两大联盟阵线各自的核心国家之间如美国与俄罗斯、沙特与伊朗不会直接爆发大规模战争,但其矛盾关系依然可能随时通过支持代理人相互斗争甚至战争的方式投射而出。

2022年年初,尽管美国与伊朗没有发生直接军事冲突,但双方对峙越发紧张。美国的大批军舰在阿拉伯海北部地带徘徊,而伊朗则在波斯湾以及霍尔木兹海峡内进行了军事部署。虽然没有开启正式战争,但美国和伊朗所支持的代理人之间发生了交火。据卡塔尔半岛电视台报道,2022年3月25日,沙特西部海滨城市吉达(Jeddah)的北吉达油库遭到了袭击。该油库储存着柴油、汽油和航空煤油,供油量占全沙特供应量的四分之一以上。沙特认为这是也门胡塞武装所为,而随后胡塞武装管辖下的马西拉电视台(al-Masirah)也证实了这一消息。沙特对此次袭击事件立刻作出了回应,25日夜至26日晨立刻组建多国联军,对也门胡塞武装在首都萨那和西部港口城市荷台达(Hudaydah)的多处目标实施空中打击。①

第三节 后"伊斯兰国"极端组织时代国际反恐
联盟面临的全新生态

尽管至2019年3月,"伊斯兰国"极端组织的控制范围已经基本被叙利亚和伊拉克政府收回,但其威胁依然长期存在。国际社会普遍认为,随着以色列不断谋求在戈兰高地获得统治主权、伊朗和沙特为争夺地区主导权而争斗不断,中东地区的和平道路将会充满更多不确定因素。而特朗普政府的战略转变进一步加剧了这种不确定的局面,拜登政府的叙利亚政策调整也未能有效改变这种困境。可以说,国际反恐联盟的使命还远未完成。

---

① 《沙特油库遭袭 多国联军对也门胡塞武装发起打击》,https://m.gmw.cn/toutiao/2022-03/27/content_1302867528.htm。

一、全球恐怖主义的综合态势

2020 年 11 月，美国经济与和平研究所发布了《2020 年度全球恐怖主义指标》调查报告。报告显示，自 2014 年以来，全球因恐袭而丧生的人数达到最高峰，到 2020 年，这个伤亡人数已经下降至 13 826人。有 103 个国家的恐怖主义指标均出现了下降，该指标主要的衡量因素不仅包含了因恐袭而死亡的人数，还包括了恐袭事件数、受伤人员数和财产损失数等，计算周期为 5 年。[①]

《2020 年度全球恐怖主义指标》还指出，"伊斯兰国"极端组织的实力继续被削弱，2019 年在该组织制造的恐袭下丧生的人数下降到了942 人，而在 2018 年这个数字还有 1571 人之多。这也是自"伊斯兰国"极端组织出现以来，其恐袭活动造成的死亡人数首次跌入 1000 人以下。尽管恐袭造成的死亡人数在全球范围内有普遍下降的趋势，但是"伊斯兰国"极端组织的全球分支依然保持着活跃态势。尤其在非洲地区，该组织的分支十分活跃。全球前 10 个恐怖主义组织增加最多的国家中，有布基纳法索、莫桑比克、刚果（金）、喀麦隆和马里等 7个非洲国家。在非洲以外的地区，南亚地区依然是遭受恐怖主义威胁较为严重的区域，尤其是巴基斯坦和印度。2018 年和 2019 年，南亚地区连续两年成为全球因恐袭而丧生的人数最多的区域。[②]

美国经济与和平研究所发布的《2023 年度全球恐怖主义指标》指出，在 2022 年造成全球伤亡人数最多的 20 个极端组织排名中，"伊斯兰国"极端组织依然位居首位，"呼罗珊省"分支、西非分支和西奈分支则分别排在第 3 位、第 6 位和第 9 位。这充分说明，"伊斯兰国"极端组织依然对全球安全具有极大的破坏力。[③] 而根据该研究所最新发

---

① "Global Terrorism Index 2020：Measuring the Impact of Terrorism"，https：//www. economicsand peace. org/reports/.

② 同①。

③ "Global Terrorism Index 2023"，https：//www. economicsandpeace. org/wp – content/uploads/2023/12/GTI–2023–web. pdf.

布的《2024年度全球恐怖主义指标简报》，南亚、西亚、北非、撒哈拉沙漠以南等地区，依然是恐怖主义重灾区，恐怖主义造成的死亡总人数占据2023年度全球死亡总人数的94%。[①]

二、全球恐怖主义和极端主义可能出现的新态势

自2001年以来，国际社会动员了前所未有的力量来反对恐怖主义，但是结果却好坏参半。美国花费了数千亿美元资金用于反恐军事行动、情报搜集、执法行动，国内安全局势得到了很好的改善。然而，全球多个国家在应对圣战极端分子侵扰、新旧恐怖组织的壮大，以及恐怖组织全新行动模式等方面，显得力不从心。无论从全球范围内来观察暴恐势力演绎的新趋势，还是从叙利亚和伊拉克这个恐怖主义重灾区面临的紧迫现实来看，国际反恐联盟的任务依然非常艰巨。

（一）国际极端主义与恐怖主义势力的演绎出现新特征

1. 恐怖主义"主流势力"以外的新力量正在兴起

纵观全球，圣战极端主义和各类恐怖主义的威胁依然不容小觑，而且有衍生出新发展模式的迹象。无疑，在后"伊斯兰国"极端组织时代，中东地区的地方极端主义形态将更为复杂。除了依然保持活跃的基地组织和"伊斯兰国"极端组织残余势力以外，在狭隘民族主义煽动下的极端主义势力也蠢蠢欲动。一些极端组织如征服沙姆阵线（Jabhat Fateh al-Sham）、哈马自由军（Ahrar al-Sham）等，就属于典型的崇尚"国家第一"的圣战极端组织。虽然对民族主义的狂热程度不一，但其渗透能力却非常强劲。[②]它们不仅在当地社区进行渗透，还在社区外部以及国外建立网络组织。因此，在狭隘民族主义的煽动下，

---

① "Global Terrorism Index 2024: Briefing", https://www.economicsandpeace.org/wp-content/uploads/2024/02/GTI-2024-Briefing-web.pdf.

② "Global Terrorism Index 2020: Measuring the Impact of Terrorism", https://www.economicsandpeace.org/reports/.

逊尼派社区可能投向圣战极端分子的怀抱，大大增加打击极端主义势力的难度。

2. 圣战极端主义势力的"拼凑化"重组

另外一种变化形式是不同圣战极端组织的"拼凑化"重组。地区民族主义驱动的圣战极端组织和全球圣战极端主义运动之间，保持了高度联动的关系。而其关系的重组大多出于战略、后勤提供或资金支持方面考虑，纯粹出于意识形态因素而发生关系重组的情况却比较少见。总体来说，除了"伊斯兰国"极端组织和基地组织以外，国际极端主义和恐怖主义极有可能进一步扩张并渗透到伊斯兰国家的社区之中。传统反恐方法面临严峻的挑战，基于民族主义身份认同的界限也需要被重新定义。①

3. 基地组织有重拾势头的趋势

一段时间来看，基地组织经受住了2011年本·拉登被击毙和2014年"伊斯兰国"极端组织兴起的冲击，显示出对新环境的适应能力，与其所在国家、地方正规军以及国际反恐势力的周旋能力也得到了提升。基地组织与以往相比的一个巨大反差在于，它越来越依赖地方盟友和分支进行活动。基地组织在其分支机构活动的目标国家投资了大量的人力和物力，还渗透到了当地的伊斯兰运动中，并从当地的暴动和叛乱中获取人力资源支持。同时，有关国家在去激进化和反极端化过程中无法制定出真正有效的长期策略，也没有开展有效的国际合作，这也是导致基地组织在被打击后重新扩大势力范围的重要原因。

从表面上看，由于打击"伊斯兰国"极端组织耗费了有关国家和国际组织的大量反恐资源，才给了基地组织等极端势力死灰复燃的机会。但究其根本，由于有关国家在去激进化和反极端化方面的合作效率不高，对军事反恐手段过度依赖，国际反恐合作日益陷入"顾此失彼"的困境之中。

---

① Robin Wright and Daveed Gartenstein, "The Jihad Threat: ISIS, Al-Qaeda and Beyond", http://www.usip.org/publications/2016/12/12/the-jihadi-threat-isis-al-qaeda-and-beyond.

在未来,基地组织有可能成长为比"伊斯兰国"极端组织更加可怕的威胁。叙利亚的努斯拉阵线是基地组织这种模式的成功验证。自2012年以来,该组织模仿了基地组织在与其他武装组织结盟时采取的"克制战略"。2016年该组织更名为征服沙姆阵线,标志着基地组织开始执行"有指导的转型"战略。基地组织批准了其更名的请求,有效地缓解了叙利亚反政府武装分子由于叙利亚的基地组织活动而产生的焦虑情绪。①

(二)"伊斯兰国"极端组织依然有卷土重来的现实基础

2022年1月22日,"伊斯兰国"极端组织对叙利亚北部哈赛卡格伟兰监狱(Hasakah's Ghwayran Prison)发动了恐怖袭击。这里关押着自从2019年3月以来被抓捕的"伊斯兰国"极端组织武装分子。他们占据了男孩囚犯的宿舍,用该组织成员的孩子作为人质,以抵抗叙利亚民主军的进攻。这也是"伊斯兰国"极端组织大溃败后首次在叙利亚本土对重要关押地点发动袭击。据美国方面的情报信息,自2019年3月以来"伊斯兰国"极端组织一直在积蓄力量,以便发动大规模军事袭击活动。因为只有通过制造具有轰动效应的袭击活动,该组织才能补充已经枯竭的队伍和恢复势头。

2022年2月3日,在美国军方侦查了数月后,"伊斯兰国"极端组织头目库莱希(Abu Ibrahim Al-Hashemi Al-Qurashi)在美国于叙利亚西北部的军事行动中被击毙。在他负责领导该组织的两年半期间,为了避免暴露,他一直没有发表任何广播或者电视讲话,导致其发号施令的效率大打折扣。毫无疑问,他被击毙对"伊斯兰国"极端组织造成了巨大打击。随后,该监狱重新被叙利亚民主军控制。②

---

① Robin Wright and Daveed Gartenstein, "The Jihad Threat: ISIS, Al-Qaeda and Beyond", http://www.usip.org/publications/2016/12/12/the-jihadi-threat-isis-al-qaeda-and-beyond.

② Charlie Winter and Abdullah Alrhmoun, "A Prison Attack and the Death of its Leader: Weighing up the Islamic State's Trajectory in Syria", *Combating Terrorism Centre*, Vol. 15, No. 2, 2022, p. 80.

自 2019 年年底将"伊斯兰国"极端组织发动恐袭的势头有效遏制到低水平,到 2022 年 1 月初该组织再次疯狂发动各种恐袭活动,仅维持了不到两年的时间。[①] 这表明,虽然"伊斯兰国"极端组织依托的领土在 2019 年 3 月大多重新回归到政府掌控之下,但其有生力量还远未被彻底剿灭。

(三)"伊斯兰国"极端组织向叙伊以外地区外溢的势头从未停止

1. "伊斯兰国"极端组织在南亚、东南亚和非洲等地开辟新空间

"伊斯兰国"极端组织在军事上遭到连续的挫败之后,无法再发动大规模作战,迫使其不得不回归到传统恐怖组织的活动方式。为获得更多战果,该组织开始尝试向叙利亚、伊拉克以外的国家和地区进行转移和渗透。为此,该组织开始调适生存和活动策略。一方面,该组织试图努力维持在组织上的独立性;另一方面,该组织不排斥与其他暴恐组织的临时性合作,结成被族群关系掩盖的恐怖团伙或者家庭式的恐怖小组。2017 年 3 月,一名疑似来自中国新疆的男子宣称要回到国内发动恐袭;同年下半年,叙利亚的"伊斯兰国"极端组织成员开始聚集在阿富汗北部地区,招募了多名妇女与未成年人。

在东南亚,"伊斯兰国"极端组织的渗透也推进得较为顺利。2017 年 5 月 23 日,菲律宾棉兰老岛的马拉维(Marawi)军警准备搜捕"伊斯兰国"极端组织东南亚地区头目哈皮隆(Isnilon Hapilon),此举马上引来极端分子的疯狂报复。6 月 10 日,美军特种部队介入菲律宾反恐行动中,为其提供技术支援和情报支持。[②] 10 月 16 日,菲律宾在马拉维的反恐战事中成功击毙哈皮隆,以及效忠该组织的穆特(Omar Khayyam Mutt)等人。尽管此次战事给棉兰老岛地区的"伊斯兰国"

---

① Charlie Winter and Abdullah Alrhmoun, "A Prison Attack and the Death of its Leader: Weighing Up the Islamic Weighing Up the Islamic State's Trajectory in Syria", *Combating Terrorism Centre*, Vol. 15, No. 2, 2022, p. 80.

② 《美军介入菲律宾反恐 马拉维战事升级》,https://www.guancha.cn/military-affairs/2017_06_11_412721.shtml。

极端组织带来了象征性的重大打击，但该地区的"伊斯兰国"极端组织和其他好战分子的威胁并未全部解除。① 2020年8月初，"伊斯兰国"极端组织20多名暴恐分子在棉兰老岛附近再次发动恐袭，向菲律宾步兵师发动疯狂袭击。此次袭击让菲律宾军方2人牺牲和13人受伤，可谓损失惨重。2023年12月3日，"伊斯兰国"极端组织对马拉维一所高校发动爆炸恐袭，造成11人死亡和50人受伤。长期以来，"伊斯兰国"极端组织在东南亚得到了其他极端组织的大力支持，"阿布沙耶夫""穆特组织""伊斯兰祈祷团""神权游击队"等当地恐怖组织陆续宣布效忠该极端组织，使得菲律宾棉兰老岛和缅甸若开邦等地区沦为恐怖主义的重灾区。②

在南亚地区，"伊斯兰国"借助该地区穆斯林人口众多、宗教氛围浓厚、经济社会发展滞后、多国长期动乱等条件，不断加大渗透力度，达到了"稳扎稳打、根基牢固"的生存状态。③ 一是在阿富汗地区的"伊斯兰国"极端组织势力已经自成体系，规模庞大。"呼罗珊省"分支建立后，还与塔利班和基地组织进行了密切接触，并与多个部族达成了"备忘录"，破解了活动道路上的诸多障碍。2018年9月，根据美国公布的《2017年恐怖主义国别报告》，"呼罗珊省"分支的武装分子为1500—3000名。二是在巴基斯坦的活动空间不断拓展。此前与本土恐怖组织之间有着长期意识形态分歧的外来恐怖分子，趁机投靠"伊斯兰国"极端组织；"伊斯兰国"极端组织也刻意对其进行煽动，使巴基斯坦本土恐怖组织出现一定程度的分裂。"伊斯兰国"极端组织同时还与巴基斯坦的"虔诚军""简戈维军"勾结，最大程度地为自己在巴基斯坦站稳脚跟增加助力。三是在孟加拉国建立分支。"伊斯兰

---

① 《IS东南亚头目据传毙命 专家警告威胁未解》，https://m. huanqiu. com/article/9CaKrnK5wXm。

② 《极端组织"伊斯兰国"宣称对菲律宾爆炸事件负责》，https://baijiahao. baidu. com/s? id=1784303808497704353&wfr=spider&for=pc。

③ 周维方、周永：《地缘视角下我国应对"伊斯兰国"恐怖组织威胁的策略研究》，载《新疆社会科学》，2019年第5期，第91—94页。

国"极端组织曾组建专门机构（ENMI），将孟加拉国和菲律宾视为渗透对象国，① 并向印控克什米尔地区的穆斯林群体继续渗透。

2. 塔利班重新执政可能给"伊斯兰国"极端组织提供新的生存机会

随着塔利班在 2021 年获得对阿富汗的军事控制权，叙利亚、伊拉克和美国、俄罗斯、土耳其以及欧洲均需要面临新的反恐形势。尽管在 2020 年 2 月，美国与塔利班曾经谈判并且签署和平协议，但美国依然认为，阿富汗境内的基地组织有着强大的"重建和重新积蓄力量"的可能。在政治混乱与权力真空态势下，驻扎在阿富汗的"呼罗珊省"分支也开始蠢蠢欲动。8 月 26 日，该组织对喀布尔机场发动恐袭，造成了 13 名军人和 90 多名阿富汗平民死亡。②

在塔利班争夺对阿富汗国家控制权的过程中，阿富汗的动乱局势与低迷的经济发展水平，给"呼罗珊省"分支提供了绝佳的活动空间，其民众支持度也日益上升。因此，"呼罗珊省"分支不仅更容易招募到新成员，还能择优吸收教育水平更高的极端分子。据美国方面统计，阿富汗境内大约有 10 000 名外国战斗人员，其中有 2000 人为"呼罗珊省"分支的成员。据美国观察员在 2021 年 6 月的调查报告，目前在叙利亚境内的"伊斯兰国"极端组织残余势力依然保持"低烈度"和"组织有序"的行动能力。同时，在黎凡特解放组织（HTS）控制下的伊德利卜，为塔利班获得主导地位而受到鼓舞。③ 阿富汗局势在 2021 年的剧变，是否会带来阿富汗、巴基斯坦、叙利亚、伊拉克和伊朗等国家圣战分子的进一步联合，成为未来国际反恐合作需要考虑的重要议题。

因此，结合图 9 可见，"伊斯兰国"极端组织即使在主要兵力被挫败击溃后，在全球范围内依然算是杀伤力突出的一个组织，而且远超出其他恐怖组织。

---

① 傅小强主编：《国际恐怖主义与反恐怖斗争年鉴(2017)》，北京：时事出版社，2018 年版，第 6 页。

② "Are Syria Jihadis Ready to Take the Fight to Afghanistan?"，https://www. al-monitor. com/originals/2021/08/are-syrian-jihadis-ready-take-fight-afghanistan.

③ 同①。

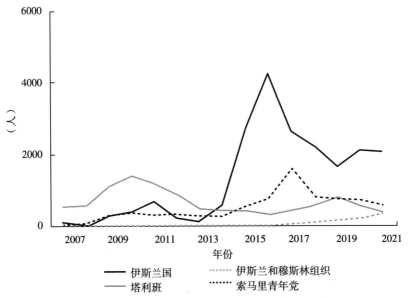

图9:2021年四大恐怖组织导致的死亡人数对比情况

资料来源："Global Terrorism Index 2022：Measuring the Impact of Terrorism"，https://www.visionofhumanity.org/wp-content/uploads/2022/03/GTI-2022-web_110522-1.pdf。

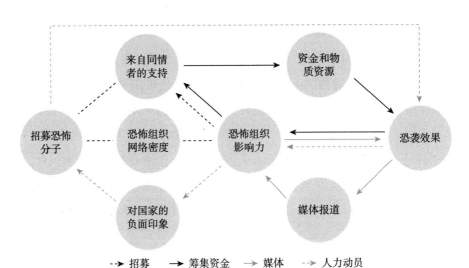

图10：恐怖组织的"内部能量循环"示意图（2022年3月）

资料来源："Global Terrorism Index 2022：Measuring the Impact of Terrorism"，https://www.visionofhumanity.org/wp-content/uploads/2022/03/GTI-2022-web_110522-1.pdf。

　　另外, 从全球恐怖主义新态势来看, 各个恐怖组织逐步完善了其内部能量系统, 在招募、资金和物质支持、媒体报道、恐怖组织密度和影响力等方面, 形成了一个如图 10 所示的 "内部能量循环" 体系, 极端主义和恐怖主义势力的全球化蔓延又将这种能量体系扩散。因此, 未来的国际反恐合作要面临的局面更为复杂, 任务也更加艰巨。

结　论

第一节　对前述疑问的回答

一、"伊斯兰国"极端组织："积累式效应"还是"突破性变异"?

"伊斯兰国"极端组织既体现了"9·11"事件以来国际反恐合作种种弊端与失误的"积累式效应",也代表着国际恐怖主义新生态在原有形式基础上的"突破性变异"。

(一) 美国长期执行双重反恐标准而导致的"越反越恐"困局,让"伊斯兰国"极端组织的兴起成为必然的"积累式效应"

自 2001 年打响这场全球反恐战争以来,美国的双重反恐标准便暴露无遗。双重反恐标准借助打击恐怖主义的道德制高点,在经济和军事援助的分配、划分反恐打击行动的目标、确定反恐打击的强度,以及对反恐合作方"功绩"的评估上,屡屡体现出"美国利益优先""美国至上"的思维定式。① 其"积极反恐"和援助反恐合作伙伴的表象背后,暗含的却是只顾美国国家安全、不惜破坏他国安全与稳定的

① Andrew Boutton and David B. Carter, "Fair-Weather Allies? Terrorism and the Allocation of US Foreign Aid", *Journal of Conflict Resolution*, Vol. 58, No. 7, 2014, pp. 1144-1153.

原则。而这种标准下所指导的反恐合作，最后必然伤害伙伴国的经济社会发展与稳定，从而为恐怖主义的泛滥与跨国集结提供了生态。

美国对外援助分配模式鲜明地体现了美国的反恐双重标准。布通（Andrew Boutton）等学者曾开展了一项 1980—2010 年长达 30 年的、有关美国反恐援助模式的调研。[①] 这项调研将恐怖主义影响的议题分为：直接伤害美国国家利益的恐怖主义，伤害美国盟友如巴基斯坦等国家利益的恐怖主义，伤害非美国盟友国利益的恐怖主义；在变量方面对应选择的是美国公民的伤亡人数、美国盟友的伤亡人数和其他国家的伤亡人数。[②] 最后的研究结果直接验证了美国反恐双重标准对其对外援助分配模式的深刻影响：当美国认为某个反恐盟友境内有任何"直接威胁美国安全"的恐怖势力的时候，其经济和军事援助会大量地拨付给这个国家；然而，当美国认为其暴恐活动并不会直接伤害美国安全时，即使是在同一反恐盟友国境内，并且暴恐活动的破坏力极强，造成了大量人员伤亡，美国也不会根据其严重性相应地提高援助的份额。以"是否为美国安全利益服务"来给予盟友不同的反恐援助，是美国双重反恐标准的现实体现。在反恐决策中，美国安全和盟友安全的分量可谓天壤之别。

（二）"伊斯兰国"极端组织也是挣脱原有宗教对抗框架的"突破性变异"的结果

"伊斯兰国"极端组织在汲取此前"政治伊斯兰"理论成果的基础上，还在其圣战实践中确立了再建"哈里发国"和将圣战暴恐化演绎的理念。因此，该组织应该被视为国际极端主义与恐怖主义发生了"突破性变异"的结果。

---

① Andrew Boutton and David B. Carter, "Fair-Weather Allies? Terrorism and the Allocation of US Foreign Aid", *Journal of Conflict Resolution*, Vol. 58, No. 7, 2014, pp. 1144-1153.

② 在这次调研中，布通等学者发现美国的援助分配模式反映出其对恐怖主义威胁的定义极不合理，把直接将美国利益作为打击对象的恐怖主义——而不是威胁整个国际社会安全的所有恐怖主义——视为威胁。

第一,"伊斯兰国"极端组织的发端并非为了针对特定目标,而是"纯精神驱动"的结果。在"伊斯兰国"极端组织出现之前,其他恐怖组织都有特定的政治诉求或具体目标。例如,埃及的民族主义圣战极端组织是为了推翻本国统治者而行动,也门的胡塞武装也是长期从事与本国政府的斗争,基地组织的主要打击目标是以美国为代表的"邪恶西方世界"。"伊斯兰国"极端组织在创建之初就汲取了拉毛杜迪(Sayyid Abul Ala Mawdudi)和库特布(Sayyid Qutb)在其著作中阐释的建立"哈里发国"的理想。该组织竭力复兴这一建国理想,并试图开创一个新的纪元。因此,该组织在界定征战目标时,宗教、政治或族群等传统标准的价值被抹去,一切他们认定的有碍实现"哈里发国"建国理想的人、政体或事物,都应该被彻底摧毁。

第二,"伊斯兰国"极端组织的"宗教-社会-国家"三维叙事,为其提供了一种超然的"想象力"。恐怖组织研究专家古尔德(Jessica Gold)曾经对"伊斯兰国"极端组织超脱于现实的"想象力"特质作出了详细阐释。她指出,"伊斯兰国"极端组织关于"宗教-社会-国家"的三维叙事,不仅是对建立伊斯兰国家的期待,也是对建立伊斯兰国家的坚定信仰,因此该组织从一开始就被赋予了可以想象的时空特征。即使在未能实现建国理想的阶段,此种特殊叙事手段也为该组织构建了超越时空的"生命力""想象力"。[1] 这也是"伊斯兰国"极端组织在 2019 年 3 月遭到巨大挫败后,还能长期在中东地区保持"形灭而神不散"状态的一个重要精神基础。

第三,"伊斯兰国"极端组织是"深度嵌入"多个族群和教派冲突、地区大国博弈、外来势力干预组成的中东博弈格局中的。在"伊斯兰国"极端组织兴起之前,任何国际恐怖组织都未能实现与地区博

---

① Jessica Gold,"The Islamic State:The Manifestation of a Violently Intimate Utopian Imaginary", https://view. officeapps. live. com/op/view. aspx? src = https%3A%2F%2Fdukespace. lib. duke. edu%2Fserver%2Fapi%2Fcore%2Fbitstreams%2F8be50d51 − ea5b − 4e6b − b54b − c02057ace3e2%2Fcontent&wdOrigin=BROWSELINK.

弈格局的"深度嵌入"。而"伊斯兰国"极端组织则充分利用叙利亚、伊拉克的多重复杂局势，如内战和动荡不休、国家重建艰难、教派冲突不断、库尔德人跨境斗争、美国与俄罗斯在该地区频繁发动代理人战争等因素。

这种"深度嵌入"让"伊斯兰国"极端组织能够便利地进行招募和发动恐袭。在2015年俄罗斯军事援助叙利亚政府军前，"伊斯兰国"极端组织和叙利亚境内其他伊斯兰极端武装人员的总人数，一度超过了叙利亚政府军的总人数。可以说，中东地区的多个族群、宗教、意识形态和复杂地缘政治经济利益博弈，为"伊斯兰国"极端组织提供了发展壮大或死灰复燃的多渠道"资源"。从时间周期来看，中东地区的教派冲突问题、库尔德人问题的解决遥遥无期，"伊斯兰国"极端组织可利用的"冲突"资源可谓"绵延不绝"；从地理空间来看，什叶派与逊尼派的冲突几乎蔓延至中东每个角落，库尔德人问题在叙利亚、伊朗、伊拉克和土耳其的互相牵扯和外溢的风险，也意味着深嵌其中的"伊斯兰国"极端组织具备恢复势头的广阔生存空间。

二、美国在国际反恐联盟中的"领导力"出现实质性式微了吗？

美国在国际反恐联盟体系中的"领导力"的能量演变及其影响，是决定国际反恐联盟未来走向的重要变量之一。

（一）美国反恐"领导者"地位在"伊斯兰国"极端组织兴起之前已开始遭受质疑

在全球反恐战争开启的初期阶段，美国得到了众多国家的回应与支持，但随着阿富汗战争与伊拉克战争不断暴露出其合理性的缺失，诸多质疑其"帝国"（empire）地位的声音开始出现，连美国民众都对美国的"领导力"表现出怀疑和冷漠的态度。例如，加拿大学者海恩贝克（Paul Heinbecker）在研究中指出，尽管美国目前且在未来一段时间内仍然是世界上最强大的国家，但美国民众本身对"帝国"身份已经丧失了兴趣，何况美国也并没有从伊拉克战争中获得一个"帝国"应有的结果。基于这种认识，他向加拿大政府建议，在积极参与北约防务合作的同时，不应该再盲目地与美国外交决策保持一致，因为美国的行为正在撕裂它和世界其他国家的关系。① 英国历史学家弗格森（Nial Ferguson）也认为，在频频失望后，相当一部分美国民众不再热衷于谋求美国的"全球领导地位"，对管理与美国相隔遥远的阿拉伯国家更是缺乏兴趣。2004年的一次民意调研显示，大部分美国民众受访者认为美国应在对伊拉克问题上遵循联合国安理会决议，而不应该擅自行动。②

国际学界和政界普遍认为，美国的反恐行动不仅没有消除国际恐怖主义，反而在某种程度上助长了极端主义和恐怖主义的跨境活动。克尔法（Nouha Knelfa）曾指出，美国主导的全球反恐战争为"伊斯兰国"极端组织等恐怖组织的兴起提供了绝佳机遇。在小布什总统执政时期即2001—2009年，美国在反恐行动中沿用了"霸权主义"外交策略，强势发动阿富汗战争和伊拉克战争，使得极端主义圣战思潮在阿富汗、伊拉克、叙利亚和伊朗等国迅速蔓延。正是在这种混乱局势的掩护下，国际恐怖主义的跨境行动获得了巨大便利。多个极端组织迅速分散、重新洗牌和变形整合，最终创立了以"伊斯兰国"极端组织为代表的组织程度更高、行动能力更强的暴恐组织升级版。③ 美国在反恐战争中不断执行双重标准的做法，也屡次被多个国家抨击。

遗憾的是，美国对其反恐"领导地位"和形象的"自我感知"（self-perception）和"外界感知"（others' perception）之间长期存在着鸿沟。④ 无论是认知偏差还是刻意而为所致，美国对其发动战争合理性的

① Paul Heinbecker, "Multilateral Cooperation and Peace and Security", *International Journal*, Vol. 59, No. 4, 2004, pp. 755-784.

② 同①, p. 792。

③ Nouha Khelfa, "The War on Terror: The Neo-American Manifest Destiny", *Indonesia Journal of Counter Terrorism and National Security*, Vol. 2, No. 1, 2023, pp. 21-34.

④ 同①, pp. 790-792。

认识，都与世界其他国家的观点相距甚远。美国曾反复为自己借着反恐之名而肆意侵害他国利益的行为寻找合理依据。例如，小布什与其他高层官员就多次表达过美国发动海外军事行动的"无奈"。在"9·11"事件爆发数月前的一次发言中，小布什也为美国此前的战争行为辩解："只有对手让我们别无选择的时候，我们才会卷入战争之中。"① 克里也在 2004 年 7 月 29 日的一次会议中辩解道："我们（美国）只有在逼不得已的情况下，才会发动战争。"

可以说，美国反恐"领导者"的角色光环，在阿富汗战争和伊拉克战争后迅速化为泡影。无论政界还是学界，均认为美国在这两场战争中的表现既破坏了阿富汗和伊拉克的稳定，也伤害了美国自身的战略利益。施耐德（Robert S. Snyder）进一步指出，美国的战略失误不仅体现在发动阿富汗战争的行动上，还体现在撤离阿富汗的决策上。他还强调，从撤离阿富汗可以看出，美国并没有从其 2011 年撤离伊拉克的事情上吸取任何有价值的教训。事实上，伊拉克在美军撤离后再次沦为了恐怖分子的"天堂"，也损害了美国在伊拉克的战略利益。在阿富汗，美军驻扎阿富汗长达 20 年，也未能消除恐怖主义和极端主义的隐患。② 同样，国际社会普遍担忧阿富汗的恐怖主义将会愈加泛滥。虽然奥巴马政府像小布什政府时期一样将反恐事业置于极为重要的位置，但美国政府依然无法摆脱"军事干预催生更严重的恐怖浪潮"的行动轨迹。因此，即使奥巴马政府对伊斯兰世界的态度缓和了许多，却还是被诟病"在反恐战略上缺乏革新的内容"。③

---

① Paul Heinbecker, "Multilateral Cooperation and Peace and Security", *International Journal*, Vol. 59, No. 4, 2004, p. 794.

② Robert S. Snyder, "The Fall of Afghanistan: An American Tragedy", *Small Wars & Insurgencies*, Vol. 34, No. 4, 2023, pp. 747-758.

③ Karen A. Feste, "Terrorism Strategy Shifts from Bush to Obama, Presidential Leadership and National Security", in Richard S. Conley, ed. *Presidential Leadership and National Security*, New York: Routledge, 2017, pp. 43-73.

（二）美国的反恐"领导力"在与"伊斯兰国"极端组织斗争中进一步下滑

美国在打击"伊斯兰国"极端组织的国际反恐联盟中更是失去了往日的"风光"，是多种因素交织的结果，且对国际反恐合作产生了长期的负面影响。

第一，美国在中东战略上主动收缩和刻意逃避应有的国际反恐义务，叙利亚的反恐事业无法摆脱国际代理人战争的语境。美国对中东地区进行刻意的战略收缩，规避与中东国家陷入冲突和矛盾等做法，从奥巴马政府时期就开始逐步展现。这一政策转向，不仅冲击了美国与其传统盟友如以色列的战略互信，土耳其、沙特和阿联酋等国对美国的向心力也大大减弱。美国逐步在中东事务上追求行动和外交政策的独立性，地区盟友的"脱美化"行动加快。相反，伊朗则趁机充分利用有利条件扩张其地缘政治力量，并进一步密切与俄罗斯、黎巴嫩和叙利亚的合作关系。① 2023 年 12 月，拜登正式签署了"2024 财年国防授权法案"，美国将其总体国际安全战略调整归纳为三大版块，即争取早日从中东地区"脱身"、注意力重新回到俄乌战场，以及将战略重点置于亚太地区。②

美国对叙利亚安全事务上实行主动的战略收缩，也是基于美国对"伊斯兰国"极端组织威胁、叙利亚总体局势、中东未来发展总体趋势等作出综合判断的结果。美国方面认为，"伊斯兰国"极端组织的危害将会是持久而深远的，由于"伊斯兰国"极端组织所在的叙利亚与美国在二战中击败的德国或日本的情况截然不同，美国无法联同盟友击溃其反抗的意志、摧毁其所有作战能力和设备、清除其好战思想，再通过民主政治改革彻底更换新的环境。美国认为，如果继续留在叙利

---

① 唐志超：《失序的时代与中东权力新格局》，载《西亚非洲》，2018 年第 1 期，第 36 页。
② 《国防部批驳美"2024 财年国防授权法案"》，http://www.mod.gov.cn/gfbw/xwfyr/lhzb/lxjzhzb/2023njzh_244363/2023n12y_244364/16276613.html？tsrnnwbtzyb。

亚只会造成美军更多的伤亡；即使拥有强大的军事实力，美国也无法
歼灭"伊斯兰国"极端组织。要彻底打败该组织，需要一个没有腐败
的、社会秩序稳定的全新叙利亚。①

在这种战略考量下，特朗普于 2018 年 3 月 19 日在俄亥俄州的演
讲中表示："我们将会彻底剿灭'伊斯兰国'极端组织，我们马上就
可以离开叙利亚了。"第二天，他宣布终止为叙利亚提供 2 亿美元重建
援助计划。为了将更多的反恐压力分流给合作伙伴，特朗普不仅对摩
苏尔和拉卡打击"伊斯兰国"极端组织的成果表示赞赏，还希望沙特
能够参与叙利亚的重建工作，这样美国可以减少在叙利亚的存在，尤
其减少在叙利亚南部的军事存在。② 2023 年 10 月 7 日，巴以冲突的突
然爆发迫使拜登政府回到积极参与中东事务的轨道上来。这种"积极"
转变具体表现为：支持以色列的防卫体系和其对哈马斯的打击行动；
遏制地区冲突向更广泛区域扩散；保护贫民并对加沙地带的人道主义
危机提供及时的援助；与中东地区的合作伙伴协调与合作，构建战后
重建计划和实现地区事务常态化目标等。③ 然而，这仅仅表明美国对中
东战略进行了调整，依然缺乏全盘重新筹划的考量。其调整主要体现
在解决临时危机和解救战争中的人质等具体问题，明显缺乏全新综合
的战略框架的指引，是一种临时应激性的、被动反应式的"局部调
整"。因此，巴以冲突的再次爆发，不会从根本上改变美国在打击以
"伊斯兰国"极端组织为首的极端恐怖势力的行动轨迹。

第二，美国在反恐合作的操作中出现了明显失误，极大地打击了
其反恐盟友的积极性。在具体的操作过程中，美国的反恐"领导力"

---

① Arron David Miller, "Opinion: Leaving Syria is Far Less Risky than Staying", https://www. npr.
org/2019/01/19/686489841/opinion-leaving-syria-is-far-less-risky-than-staying.

② Seth J. Frantzman, *After ISIS: America, Iran and the Struggle for the Middle East*, Jerusalem: Gefen
Publishing House, 2019, pp. 356–365.

③ Brian Katulis, "The Biden Administration's Middle East Policy at a Time of War: An Assessment of
US Policy Six Months Into the Israel – Hamas War", https://www. mei. edu/publications/biden –
administrations-middle-east-policy-time-war-assessment-us-policy-six-months.

也因其频频出现的失误与不当行为而被削弱。从中东剧变到介入叙利亚事务和打击"伊斯兰国"极端组织，美国在中东地区的主导力尤其是"软实力"，因其不受欢迎的以色列政策而一再遭受质疑和诟病。作为美国对中东地区的重要政策支柱之一，美国对以色列政策在奥巴马政府时期有过短暂的变化，但大多数时期采取的是明显偏袒以色列的政策。在美国国家安全观中，保护以色列这个核心盟友的安全，可与保护美国本土不受中东恐怖主义和难民问题的影响相提并论。

美国的以色列政策直接决定了美国在以色列多次空袭叙利亚问题上采取纵容态度，叙利亚安全局势进一步恶化。2023年10月7日，巴以冲突突然爆发并直接蔓延到叙利亚。同年10月12日，以色列空袭叙利亚大马士革国际机场和阿勒颇机场，导致机场瘫痪。叙利亚方面谴责以色列通过制造更大范围的地区动乱，以转移人们对以色列在加沙地带行为的关注。在这种形势下，戈兰高地再次成为以色列和叙利亚矛盾的焦点。自1967年第三次中东战争后，以色列就占领了本属于叙利亚的戈兰高地。虽然国际社会普遍不承认该区域为以色列的领土，但以色列拒绝将其归还给叙利亚。2023年巴以冲突再次爆发后，以色列再次将叙利亚视为打击伊朗的重要中转站，并不断向戈兰高地增兵，叙以关系再度升级。① 可以说，美国这种默许态度，为叙利亚境内本已大大削弱的"伊斯兰国"极端组织势力提供了卷土重来的良机。

另外，在叙利亚内战爆发之初，美国就马上对叙利亚多位政界军界人士、经济实体组织和机构甚至阿萨德家族成员出台了严厉的制裁措施。无论是在叙利亚境内对"伊斯兰国"极端组织实施军事打击过程中，还是在宣布获得打击该组织的阶段性胜利后，美国从未停止对叙利亚的制裁，给本就举步维艰的叙利亚经济社会发展带来了严重的负面影响。2020年10月，国际红十字会相关人员指出，由于美国的

---

① Brian Katulis,"The Biden Administration's Middle East Policy at a Time of War: An Assessment of US Policy Six Months into the Israel - Hamas War", https://www. mei. edu/publications/biden - administrations-middle-east-policy-time-war-assessment-us-policy-six-months.

经济制裁，叙利亚的人道主义灾难已经到了最糟糕的地步。尽管美国方面辩称这不是美国对叙利亚实施制裁的初衷①，但其无视叙利亚主权和民众权益的做法遭到了众多国家的诟病。

第三，美国作为反恐"领导者"的声誉与行动能力开始备受质疑。美国在打击"伊斯兰国"极端组织过程中体现出的"领导力"式微现象，一方面来自主观上的战略收缩和具体操作上的失误，另一方面则是由于外部力量的挑战以及由此导致美国产生了强烈的"威胁感知"。在这种"威胁感知"的驱使下，美国在叙利亚的行动日益背离了协助叙利亚反恐的初衷。

其一，美国与俄罗斯在叙利亚的行动风格产生了强烈反差。由于俄罗斯将叙利亚视为它在中东地区的关键利益支点，其支持叙利亚打击"伊斯兰国"极端组织的立场显得十分坚定。与之相比，美国作为传统意义上的国际反恐合作"领导者"，则因其多次置叙利亚国家利益不顾的行为而遭到叙利亚部落势力、库尔德武装以及其他民兵组织的集体质疑。2020年5月底，美军和库尔德武装共同组成的军用车队在代尔祖尔遭到不明武装分子袭击。7月底，代尔祖尔的几名阿拉伯部落首领遭暗杀。8月11日，阿拉伯艾尔·尤凯达特（al-Uqaydat）部落长老在代尔祖尔会晤，指出以美国为首的联盟应该对此负责，认为这几位负责人是因为长期反对叙利亚与西方国家进行石油交易且反对美国驻军而被杀害。他们还强调，"要彻底清除该地区的库尔德武装，将阿拉伯地区留给阿拉伯人"，并开始着手组建当地军队来反抗美军和库尔德武装。随后，他们对美军杀害部落负责人的行为进行反击。同月，哈塞卡和代尔祖尔的阿拉伯部落成员炮击了阿什·沙达迪（ash Shaddadi）的美军基地。② 2023年8月27日，叙利亚民主军和代尔祖

---

① Mina Al-Oraibi and Brett McGurk："U. S. 's Going Back to Basics with Middle East Policy"，https：//www. thenationalnews. com/gulf-news/bahrain/2021/11/25/brett-mcgurk-us-going-back-to-basics-with-middle-east-policy/.

② 《美国在叙利亚东北部军事基地遭火箭弹袭击》，https：//baijiahao. baidu. com/s？id=1674237047045109653&wfr=spider&for=pc.

尔等地的阿拉伯部落再次爆发武装冲突。① 叙利亚民主军抓捕了代尔祖尔军事委员会负责人卡乌拉（Abu Khawla）。为实施反击，阿克达提（Akidat）部落负责人易卜拉欣（Ibrahim）随即率领由伊朗和叙利亚政府共同支持的武装组织对叙利亚民主军发起进攻。② 显然，叙利亚境内的部落势力不再支持美国政府和库尔德武装，转而采取了与阿萨德政府为盟的策略。

美国及其支持的库尔德武装、叙利亚政府军和叙利亚东部部落三派势力在代尔祖尔纷争不断，让该地区长期处于碎片化治理状态。2024年12月5日，叙利亚政府军和伊朗支持的武装开始逐步从代尔祖尔等地撤离，叙利亚民主军则声称为"防止'伊斯兰国'极端组织卷土重来和局势陷入混乱"，控制了该地区更大范围。同月7日，拜登政府明确表示将会继续支持叙利亚民主军，但特朗普表示，美国应该远离叙利亚纷争，因为"这不是我们的战争"。③

其二，美国不惜牺牲叙利亚的国家安全，来遏制伊朗以叙利亚为支点扩大影响力的意图。即使在实质性地打击"伊斯兰国"极端组织的有生力量之后，美国也无意为叙利亚保护来之不易的反恐成果，反而在对伊朗的忧惧情绪之下继续肆意干涉叙利亚的政治和安全事务。

伊朗以其在伊斯兰世界的影响力，对抵挡美国在此次反恐合作中的"领导力"起到了"屏障作用"。伊朗革命卫队的强硬作为，黎巴嫩真主党对叙利亚与伊朗的积极配合，都让美国不得不面对来自什叶派联盟阵线的巨大压力。

---

① "The Economic Undercurrents of the Confrontations Between the Tribes and SDF in Deir al-Zour", https://jusoor.co/en/details/the-economic-undercurrents-of-the-confrontations-between-the-tribes-and-sdf-in-deir-al-zour.

② "Eastern Syria After Assad", https://carnegieendowment.org/middle-east/diwan/2024/12/eastern-syria-after-assad? lang=en.

③ 同②。

三、应从立体的"多重联盟体系"而非平面视角去理解国际反恐联盟

打击"伊斯兰国"极端组织的国际反恐联盟被赋予了多重特殊含义,其联盟关系的构建、分化、重组和再构建,交织着多重利益的复杂博弈,与共同的反恐和安全利益存在既冲突又一致的双重关系。

第一,这些国家与非国家行为体,往往只是在打击"伊斯兰国"极端组织上呈现出了部分时段、部分行动上的"一致",这并不等于他们在战略利益考量上"一致"。换言之,即使在截然不同的战略考虑下,联盟成员也可能采取双边或多边的一致行动;狭义上关于联盟成员因"威胁感知"一致而促使成员采取一致行动的原则,不能完全适用于阐释打击"伊斯兰国"极端组织的合作实况。例如:土耳其虽然加入了打击"伊斯兰国"极端组织的联合军事行动,但是其首要目标是遏制叙利亚北部地区库尔德武装的壮大,打破库尔德工人党与土耳其境内勾结的现实基础。而俄罗斯虽然也及时对"伊斯兰国"极端组织进行军事打击,但其根本目标是通过维护阿萨德政府的稳定,实现以叙利亚为支点的中东战略,以最终获得在中东地区的把控地位。

第二,在这个过程中,在战略利益考量与实际行动之间,在"冲突"与"一致"关系的转化过程中,国际反恐联盟内部的关系突破了"冲突"与"一致"的二元角色关系,演化为 4 种不同组合,即"战略对立或差异+行动一致""战略一致+行动一致""战略对立或差异+行动对立""战略一致+行动冲突"。① 这就决定了联盟内关系频繁"分化"与"重组"的态势将会延续,国际反恐联盟的重构充满着极高的不确定性。以第一种关系即"战略对立或差异+行动一致"为例,土耳其支持叙利亚反对派武装在叙利亚北部获得控制地位,而俄罗斯则

---

① "战略对立或差异"指的是彼此利益冲突或者有不同的情况,利益差异不一定会导致利益冲突,甚至有弥合差异走向一致的可能,而利益冲突必定包含利益上的差异,弥合冲突走向合作的可能性也非常低;"战略一致"指的不仅是利益考量的内容全然相同,也有可能指的是利益内容的非对立或是利益的互补两种情况。

期待阿萨德政府获得全国大部分领域的主导权，更毋论伊德利卜这样的反恐重点地带。因此，在短暂地对"伊斯兰国"极端组织进行一致的军事打击后，土耳其和俄罗斯之间的矛盾并没有因此而消除。而"战略一致+行动冲突"则可以反映在部分时期的土耳其和美国的关系上，如土耳其和美国都支持叙利亚反对派武装，但是美国宣布从叙利亚撤军的行为却引起土耳其的焦虑，土耳其反复谴责美国不负责任地抛弃了自己和叙利亚反对派武装。

因此，这种立体化的联盟体系内的权力结构和关系模式，显示出较大的复杂性和多变性。把握该联盟体系的演变规律与趋势，也就需要从更加立体和多维角度去进行研究。

第二节　追寻曙光：国际反恐联盟如何实现积极重构

国际反恐联盟自"9·11"事件爆发以来已经发生了深刻的变革和调整。其中有些调整是有关合作方主动进行的探索，有些调整则是迫于暴恐紧急态势而作出的"反应式"变革。诚然，"伊斯兰国"极端组织成立以来，国际反恐联盟的积极重构产生了良好的效应，但"伊斯兰国"极端组织威胁的暂时褪去，又让诸多调整的成果回落到了"伊斯兰国"极端组织成立之前的态势。不断变化的"威胁感知"依然是影响国际反恐联盟变革的重要驱动力，实现积极重构依然缺乏稳固的制度基础；诸多新加入的力量并没有被囊括到长期的反恐阵线上来，其有效性只是在"伊斯兰国"极端组织被围剿的过程中"昙花一现"；"伊斯兰国"极端组织成立后的国际反恐联盟的某些消极反应甚至倒退行为，却有着长期存在的势头。因此，国际反恐联盟的积极重构，依然面临着艰巨而复杂的挑战。

一、审视国际反恐联盟中"俄进美退"新格局并作出应对

从事务参与度和干预效果来看，在叙利亚和伊拉克打击"伊斯兰

国"极端组织的国际反恐合作中出现了"俄进美退"的新格局。但是对俄罗斯与美国这两个最重要的外来干预力量，以及它们各自在未来中东地区的国际反恐联盟中的角色变迁，应该有一个全面而辩证的审视。

（一）握国际反恐联盟中"美退"的实质

美国在此次打击"伊斯兰国"极端组织的国际反恐联盟中"领导力"的大幅下降甚至"让位"，具有多重深刻含义，对未来的国际反恐合作将产生深远的影响。

第一，此次打击"伊斯兰国"极端组织的国际反恐联盟中美国"让出"其领导角色，并不意味着美国失去了对中东事务的巨大影响力。事实上，美国依然具备左右中东安全事务的"硬实力"和"软实力"。"硬实力"指的是美国长期以武器销售或者军事经济援助为其盟友提供安全保障，"软实力"指的是美国依然有着协调各方矛盾的能力，也有推动美国和中东盟友合作走向机制化的能力。显然，美国为沙特、卡塔尔等提供安全保障的做法在短期内不会改变。因此，尽管美国曾有意在中东事务上降低战略关注，但只要美国政府对某些矛盾展现出些许"调解的意愿"，马上就能产生回应。如在奥巴马的第二任期内，美国政府决定增加在中东的外交与军事援助力度。2013年9月，奥巴马在联合国大会上宣布，美国将会积极斡旋，推动巴以、叙利亚、伊朗核武器三大问题的和谈，并将这三大问题的和谈进程确定为美国中东政策的支撑。[1] 随后，美国国防部长哈格尔（Chuck Hagel）也多次强调，美国将会对海湾地区履行"长期而又能饱经考验"的安全承诺。2014年9月，美国海军作战部在其未来5年的发展规划中明确提出，要在2019年前把美国在中东的军舰数量提高到40艘。[2] 同年

---

[1]　龚正：《"伊斯兰国"冲击美国中东战略》，载《现代国际关系》，2014年第9期，第61页。

[2]　Ernesto Londoffo, "Visiting Service Members in Bahrain, Hagel Vows Continued U. S. Presence in Persian Gulf", *The Washington Post*, December 6, 2013.

7月到8月间，美国陆续宣布与沙特、土耳其和卡塔尔签署了总金额为130亿美元的军售合同。① 不难看出，美国依然可以在中东反恐安全合作中承担重要角色。

另外，在对美国影响力的认知上，中东民众尤其是年轻人认为美国的"领导力"依然存在。根据中东地区某知名咨询机构2023年年度调查报告，大量年轻人对中东的安全局势更为焦虑了。在谈到2023年突然再度爆发的巴以冲突时，受访的阿拉伯国家年轻人中有三分之二表示，这场冲突很难在短期内得到解决，也没有得到阿拉伯世界应有的重视。尽管大量的阿拉伯国家年轻人认为，土耳其和伊朗将会成为他们在阿拉伯世界以外最重要的盟友，但美国依然是对中东地区事务发挥主导性影响的重要国家。在影响力的排名上，33%的受访者认为美国是最大的影响因素，其次是阿联酋（11%）、沙特和以色列（均为10%），以及俄罗斯（8%）。② 美国依然会在恐怖主义的泛滥的国家和地区，尤其是中东地区，发挥举足轻重的作用，这也是相当一部分阿拉伯国家的共识。

第二，美国竭力分流反恐压力给盟友以及中东国家，并不意味着美国将摆脱中东安全事务。美国政府从奥巴马时期就开始考虑通过建构地区安全框架来减轻美国的全球反恐压力。如美国提出和沙特共建名为"伊斯兰力量"（Islamic Force）的组织，以及与埃及共建一个名为"阿拉伯力量"（Arab Force）的组织。美国还提议应该让阿拉伯国家联盟深度参与中东地区维和与人道主义行动，其本意就是要分担一

---

① "US Strikes ＄11bn Arms Deal with Qatar",http://www. aljazeera. com/news/middleeast/2014/07/us-strikes-11bn-arms-deal-with-qatar-20147714223825417442. html;Defense Security Cooperation Agency,Major Arms Sale,http://www. dsca. mil/major-arms-sales? page=3.

② 中东地区知名咨询机构"ASDA'A BCW 阿拉伯青年调查"在2023年对阿拉伯国家的大量青年人群体进行了调查访问，涉及18个国家的53个城市。调查从2023年3月27日延续到4月12日，被访问者为3600名18—24岁之间的阿拉伯国家年轻人，男女性别比例约各占一半。参见"Nearly Two Thirds of Young Arabs Say the Tensions Between Iran and Israel and the West will Lead to Military Conflict:15th Annual ASDA'A BCW Arab Youth Survey",https://www. prnewswire. com/ae/news-releases/nearly-two-thirds-of-young-arabs-say-the-tensions-between-iran-and-israel-and-the-west-will-lead-to-military-conflict-15th-annual-asdaa-bcw-arab-youth-survey-301854675. html.

部分反恐安全事务压力给中东盟友，一方面既不会让美国对中东地区彻底丧失影响力，另一方面又可以大大减少美国参与中东安全事务的经济和军事成本。[①] 后来特朗普政府时期提出的"中东战略联盟"——也被称为"阿拉伯版北约"——也基本与奥巴马政府时期的构想一致。

显然，美国虽然降低了在中东地区的利益目标，却不可能彻底从中东地区消失。

（二）国际反恐联盟中"俄进"的实质

在为叙伊两国境内打击"伊斯兰国"极端组织而开展的国际反恐合作中，俄罗斯的表现十分抢眼。无论从实际打击"伊斯兰国"极端组织的战果还是从俄叙两国政府的良好互动来看，俄罗斯在此次世界关注的国际反恐联盟行动中，收获了打击极端分子的积极国际形象。其积极与进取的行动姿态，在与美国"领导力"的"让位"形成明显反差的情形下显得更为惹眼。如何看待本次打击"伊斯兰国"极端组织的国际反恐联盟中"俄进"的态势变化，需要从以下几个方面厘清认识。

第一，俄罗斯在叙利亚打击"伊斯兰国"极端组织的"骄人战绩"，并不代表俄罗斯拥有和美国一样的主导该地区安全事务的综合实力。美国依然是影响叙伊两国安全的最大外部因素。叙利亚面临的外部国际环境的改善与否，并不完全取决于俄罗斯，而在很大程度上取决于美国与沙特和伊朗这两个阵营"领头羊"的关系状态、美俄互动博弈的态势，以及美国对叙伊两国政府的立场等。

事实上，在实际操作过程中，俄罗斯在叙利亚境内各方势力之间的协调能力是极为有限的。俄罗斯往往只能解决临时性的冲突，不能有效铲除产生各方冲突和矛盾的社会根源。如在 2018 年 6 月，叙利亚

---

① Andrew Miller and Richard Sokolsky, "Arab NATO: An Idea Whose Time Has Not (And May Never) Come", https://carnegieendowment.org/2018/08/21/arab-nato-idea-whose-time-has-not-and-may-never-come-pub-77086.

政府与反对派在俄罗斯的斡旋下达成《和解协议》，这种局面 3 年后便被打破。2021 年 6 月，叙利亚政府军的第 4 纵队包围了叙利亚南部包括德拉·巴拉德（Daraa al-Balad）镇在内的德拉省，并与此地的反对派武装交火。这是自 2018 年《和解协议》签署以来，从叙利亚南部到西部发生的最为严重的交火事件。这一事件打破了 2018 年以来的政府与反对派势力之间的短暂和平。

虽然从 2018 年到 2021 年间，俄罗斯致力于落实 2018 年《和解协议》，但 2021 年 6 月发生的这场大规模交火事件却没有得到俄罗斯的迅速干预。有调查显示，一系列的因素导致德拉省的形势失控。一是大量活跃的反对派分子和势力潜入中央协商委员会，试图破坏叙俄两国对话。该委员会是为了确保 2018 年《和解协议》条款得到落实而设立的地方组织，主要负责协调俄罗斯和阿萨德政府的关系。二是伊朗在叙利亚的影响力日益上升。三是叙利亚当局强势要求德拉地区接受安全管控触发反对派的不满情绪等。① 德拉动荡局势不断恶化，迫使俄罗斯开始重新思考在叙的行动策略。

第二，俄罗斯在此次打击"伊斯兰国"极端组织行动中的亮眼表现，并不意味着俄罗斯具有长期参与全球反恐合作、引领国际反恐联盟的意愿。俄罗斯在叙利亚的反恐行动，归根结底是服务于其重新赢得世界大国地位的总目标的。诚然，俄罗斯在叙利亚有着重要的安全考量，对其反恐事业也高度关注。但俄罗斯在叙利亚境内联合打击"伊斯兰国"极端组织的行动，基于俄罗斯将叙利亚视为中东地区最重要的战略据点这个前提。

参与全球反恐合作需要坚实的经济和军事实力作为支撑，但俄罗斯的经济发展情况并不乐观。从俄罗斯的经济发展状况来看，一方面，俄罗斯对外国投资者的投资吸引力大幅度下降；另一方面，由于能源价格下滑而导致能源销售收入减少，国家储备资金日益竭少。由于严

---

① Abudullah Al-Jabassini, "Russia Rethinks the Status Quo in Southern Syria", https://www.mei.edu/publications/russia-rethinks-status-quo-southern-syria.

重受制于国际能源价格的波动，俄罗斯经济结构的不稳定性逐年上升，资本外流情况也非常严重。仅在 2017 年的前 4 个月，俄罗斯资本外流达到 210 亿美元，是 2016 年的 2 倍。由于经济发展乏力，国家要承受的养恤基金负担也日益沉重。① 从 2009 年到 2018 年，俄罗斯年均国内生产总值增长仅为 0.9%，2020 年连续 4 个季度同比负增长，② 俄罗斯联邦国家统计局在 2024 年 2 月公布的数据显示，俄罗斯经济在 2023 年已经 "度过了最困难时期，进入了全面反弹"，2023 年国内生产总值同比增长 3.6%，但由于卢布贬值，俄罗斯 2023 年国内生产总值跌破了 2 万亿美元大关。③ 俄乌冲突爆发后，俄罗斯遭遇了极为广泛的经济制裁，脆弱的经济基础更是限制了俄罗斯引领全球范围内的反恐合作。

　　另外，从军事实力来看，即使在叙利亚境内，俄罗斯影响力扩张也不及伊朗，土耳其频繁对叙利亚的军事打击行动也让俄罗斯无力一一应对。从外交斡旋的战略目标来看，俄罗斯期待的是叙利亚早日实现稳定，以及阿萨德政府尽早成功推动国家重建工作。但伊朗的战略目标要复杂得多，伊朗将叙利亚视为对伊斯兰世界施加影响力的跳板。它联合黎巴嫩真主党和哈马斯等组织在叙利亚和伊拉克两国不断渗透，合力对抗以色列和沙特。④ 而以色列也并不示弱，频频对伊朗在叙利亚境内的据点发动军事打击。叙利亚的军事冲突局面短期内难以结束，为恐怖主义势力滋长壮大提供条件。因此，仅在叙利亚一个国家的反恐工作就已经面临复杂局面，俄罗斯的综合实力难以支撑其未来成为

① 陶丽:《俄罗斯经济现状、问题以及未来发展趋势研究》，载《现代交际》，2019 年第 16 期，第 53—54 页。

② 侯宇翔、李圣辉:《俄美在叙利亚问题上的博弈及其新发展》，载《俄罗斯东欧中亚研究》，2021 年第 4 期，第 46 页。

③ 《俄罗斯 2023 年经济成绩单:3.6% 的增速，但 GDP 却跌破 2 万亿美元大关》，https://finance.sina.com.cn/wm/2024-02-16/doc-inaifqye1686061.shtml。

④ Eugene Rumer, "Russia in the Middle East: Jack of All Trades, Master of None", https://carnegieendowment.org/2019/10/31/russia-in-middle-east-jack-of-all-trades-master-of-none-pub-80233.

国际反恐联盟的"领导"国家。

二、推动对国际反恐联盟的"威胁感知"实现从"外"到"内"的拓展

传统的安全联盟研究对"威胁感知"的定义基本上聚焦于分析联盟外部的安全威胁性质,即威胁的地理距离、综合实力、进攻意图等。梳理从"伊斯兰国"极端组织组建以来的国际反恐合作可以看出,阻碍国际反恐合作朝着机制化和高效化方向发展的因素有很多,既有极端主义与恐怖主义全球蔓延造成的外部环境恶化,也有联盟内部自身各种矛盾的影响。从某种程度上来说,国际反恐联盟自身的"硬伤"可能比恐怖主义带来的挑战要更为严峻,甚至会成为恐怖主义蔓延的"刺激因素"(provocation)。

(一)在教派冲突掩盖下的中东两大阵线斗争实质上是为了扩大势力范围

国际反恐联盟的"威胁感知",不仅仅是要对外部的恐怖主义和极端主义的新形势、新形态、新组织模式有全新认识,还要厘清造成国际反恐联盟凝聚力低下、反恐合作机制化较低等问题的内部因素。此次打击"伊斯兰国"极端组织形成的国际反恐联盟,直接脱胎于原有中东两大阵线联盟关系结构,因而深受其影响。而在贯穿中东地区多年的两大阵线联盟之间的对抗,表面上是逊尼派与什叶派两大宗教派别势力的斗争,但在美国、俄罗斯、土耳其等多个势力的干预下,各个行为体追求扩大各自的势力范围才是其斗争的本质。以沙特与伊朗的矛盾关系为例,长期以来对两者矛盾的分析总是从什叶派和逊尼派的教派冲突的视角出发,但这并不能深层次阐释两国关系演变的全貌。事实上,争夺势力范围才是伊朗与沙特"终极对决"的目标,宗教派

别冲突只是充当了彼此进行利益博弈的"正义标签"而已。①

在两大联盟阵线的对抗中，以美国为首的西方势力动辄制裁打压对手，严重背离了反恐合作的初衷。在回归到对伊朗的强势打压立场后，美国政府毫不顾忌的制裁措施可能引发伊朗国内局势的变化。2021年9月21日，在联合国高级别公开辩论会上，伊朗总统莱希要求联合国说服美国结束制裁，并称这种制裁为"美国风格的战争行为"。他强调，在新冠疫情持续蔓延的情况下，美国的各种制裁，尤其是对药品的制裁，不亚于对伊朗发动一场残酷的战争。② 在谈到恐怖主义时，他也发表了非常悲观的看法："我认为，'伊斯兰国'极端组织绝不可能是最后一波极端主义，恐怖主义是身份认同困境与经济危机的双重产物……现代世界的人们已经逐步失去了精神上的寄托与身份认同感……恐怖主义很容易在贫困、歧视和压迫的共同刺激下不断滋生与蔓延。"③

（二）国际反恐联盟中的合作无法弥合固有矛盾和分歧

虽然俄罗斯作为叙利亚反恐事务的主导角色，在协调各方关系上取得了一定的成效，如协调叙利亚政府和反对派共同打击"伊斯兰国"极端组织，以及协调以色列与伊朗关系，说服库尔德各派武装共同参加歼灭"伊斯兰国"极端组织的军事行动，协调俄罗斯、美国、叙利亚和土耳其多组关系并促成停火协议等，但对于地区内长期以来根深蒂固的矛盾却依然束手无策。这些矛盾久而未决甚至更加固化，会大大降低国际反恐联盟未来的表现效果。

1. 美国与土耳其共同消磨了库尔德势力的反恐热情

美国对库尔德人的态度从支持转为抛弃，让库尔德人进一步倒向

---

① Sanam Vakil, "The Saudi-Iran Standoff is Not Really Sectarian", https://www.chathamhouse.org/2016/01/saudi-iran-standoff-not-really-sectarian.

② "Sanctions Are 'US Way of War', Iranian President at UN", https://news.un.org/en/story/2021/09/1100572.

③ 同②。

了伊朗，几乎失去了对美国的基本信任；而土耳其以打击库尔德工人党势力为借口，持续不断地对叙利亚境内尤其是北部地区的库尔德势力进行军事打压，则加剧了库尔德势力内部的分裂。

美国在对"伊斯兰国"极端组织进行军事打击期间，支持以库尔德人为主的叙利亚民主军和叙利亚人民保卫军作战。2012年11月11日，美国正式宣布支持叙利亚反对派，美国国务院发言人唐纳（Mark Toner）在一份声明中说，美国方面支持"叙利亚全国委员会"推翻阿萨德统治，开创和平、公正、民主的叙利亚全体人民所应拥有的未来。2014年9月26日，美军参谋长联席会议主席邓普西（Martin Dempsey）称，需要帮助培训约1.2万到1.5万叙利亚反对派武装人员，夺回被极端组织控制的叙利亚东部地区。在与"伊斯兰国"极端组织作战时，美国为叙利亚民主军提供大量资金和武器支持。叙利亚民主军是一个库尔德和阿拉伯民兵组成的联盟，他们和美国特种部队进行合作，在幼发拉底河东岸占据了主动地位。在代尔祖尔，叙利亚民主军和叙利亚政府军共同对"伊斯兰国"极端组织进行了作战。① 但在特朗普于2019年宣布从叙利亚撤军后，库尔德武装深感被美国抛弃。在这种强烈的焦虑情绪的驱使下，大量库尔德人离开叙利亚和伊拉克，前往欧洲各地。

叙利亚人民保卫军作为美国支持的库尔德武装，长期受到土耳其的敌视和军事打压。在土耳其看来，叙利亚人民保卫军是与库尔德工人党狼狈为奸、寻求独立建国的恐怖组织。应该予以坚决打击。而在土耳其发动"和平之泉"和"爪锁行动"之后，美国几乎弃叙利亚北部的库尔德武装于不顾。库尔德民族委员会对外关系办公室工作人员伯罗（Ibrahim Biro）在谈到拜登是否会阻止土耳其进一步打击西库尔德斯坦罗贾瓦（Rojava）地区时表示："美国不可能为了库尔德武装叙

---

① 《美国拟大量扶植叙利亚反对派 共同打击 IS 势力》，https://news. sohu. com/20140928/n404708197. shtml。

利亚民主军和叙利亚人民保卫军而牺牲美国和土耳其的友好关系。"① 因此，土耳其和美国的种种做法挫伤了库尔德武装协助政府歼灭伊斯兰极端主义的积极性，在未来的国际反恐合作中，库尔德武装再次投入斗争的意愿将会大大降低。

2. 俄罗斯在以色列和伊朗之间难以施展"超级斡旋"功能

长期以来，以色列因为核问题而与伊朗尖锐对立，而伊朗则在本国官方语言中用"犹太复国主义"来指代以色列。以色列本就和伊朗分属于中东两大阵线中的敌对方，但是在打击"伊斯兰国"极端组织期间，俄罗斯试图发挥"超级斡旋"作用，以弥合可能破坏国际反恐合作的分歧。在"伊斯兰国"极端组织兴起之前，以色列与俄罗斯的关系本已走上了缓和的轨道。但在俄罗斯进入叙利亚反恐战场后，以色列频频对伊朗在叙利亚境内的目标进行军事打击的行为，会波及伊朗与俄罗斯的合作关系。2018 年 5 月 9 日，内塔尼亚胡访问莫斯科，他回国后表示，普京不会将 S-300 防空导弹销售给伊朗，② 这是双方主动协调的重要标志。然而，同一天，以色列遭到了来自叙利亚境内的伊朗火箭弹的袭击。5 月 10 日，以色列空军部队进行了回击。以色列国防部长利博彦（Avigdor Lieberman）称，以色列的这次打击行动几乎摧毁了伊朗在叙利亚的所有设施。对此，叙利亚方面则努力为伊朗"辟谣"，强调叙利亚境内没有伊朗地面部队，"那些都是以色列的谎言"。尽管俄罗斯呼吁以色列和伊朗双方保持冷静和克制，但双方都对其劝诫置之不理。③

2019 年 1 月，俄罗斯再次发表声明表示高度关切以色列的安全，

---

① Karwan Faidhi Dri, "What Can Syrian Kurds Expect from Biden?", https://www. rudaw. net/english/analysis/12112020.

② "'Известия': Россия не ведет переговоры о поставках Сирии С-300", https://tass. ru/armiya-i-opk/5191507.

③ 《担心以色列与伊朗开战 三方给以色列"败火"》，http://www. xinhuanet. com/world/2018-06/04/c_129885793. htm。

强调这是俄罗斯最关心的事务之一。① 俄罗斯联邦安全会议秘书帕特鲁舍夫（Nikolai Patrushev）也表示："我们愿意为保护以色列而付出努力，因为以色列在联合国对我们提供了支持，在以色列境内还居住着我们 200 万的同胞。"但是俄罗斯又拒绝对伊朗在叙利亚的军事存在提出批评，而这恰恰是以色列最关切的问题。2019 年 9 月，普京与内塔尼亚胡和哈梅内伊分别进行了会晤。② 这两次会晤中，俄罗斯均表达了和对方保持友好关系的立场。可以说，俄罗斯一直竭力在俄罗斯、伊朗和以色列的三角关系中扮演"超级斡旋"者的角色，但最终却收效甚微。

三、在国际反恐联盟内部寻求新的力量支撑点

打破原有的两大中东联盟阵线的对立关系的桎梏，寻求新的联盟支撑点，可以从以下几个方面入手。

（一）支持联合国在多边主义反恐合作中发挥更大作用

1. 在合法性基础上灵活协调多方反恐合作

自冷战以来，联合国安理会不断扩大反恐决议的内容和范畴，但是这些决议的实际效果却不相同。③ 例如：联合国安理会对苏丹的制裁并没有有效打击恐怖主义的势头；而联合国安理会对利比亚的制裁决议在与其他措施共同执行后，成功地让利比亚政府放弃了对恐怖主义的支持。虽然最终结果不尽相同，但联合国安理会能够对所有的国家制定具有相当约束力的反恐条款。从这一点来说，联合国安理会对反

---

① "Russia: Israel Behind Syria Strikes, Threatens Regional Stability", https://www. timesofisrael. com/russia-israel-behind-syria-strikes-threatens-regional-stability.

② "A Meeting with Israel's PM Benjamin Netanyahu", http://kremlin. ru/events/president/news/61517.

③ Chantal de Jonge Oudraat, "The Role of the Security Council", in Jane Boulden and Thomas G. Weiss, eds. *Terrorism and the UN: Before and After September 11*, Bloomington & Indianapolis: Indiana University Press, 2004, pp. 151-172.

恐问题决议权的合法性超过了绝大多数国际组织。

当然，联合国在打击跨境恐怖主义流动的能力上还有提升空间。联合国安理会虽然能够制裁支持恐怖主义的政府，协调国际反恐联盟成员之间的矛盾，但对非国家行为体如反对派势力和国际恐怖组织等，还缺乏有效的制裁和约束措施。随着国际恐怖主义的跨境流动日益频繁，联合国还需要敦促和协调各方就反恐立法和情报交流进一步作出行动，其具体的操作也面临着诸多困难。① 未来，联合国相关机构不仅要协调对各种恐怖分子和组织，以及支持恐怖主义的国家执行严厉打击和制裁，还要推动会员国完善长效反恐机制，通过一种"管理式的服从战略"（Managerial Compliance Strategy）——争取获得各会员国对联合国反恐决议的共同服从——来有力推动反恐规则的成功执行。②

2. 合理管控反恐合作中的维和军事行动

另外还应该注意的是，在一定情况下，联合国的综合干预甚至维和行动，对消除内战中的暴力冲突及恐怖主义泛滥等问题的效力有限。一是维和行动本身平息冲突和遏制暴力的效力有限，二是联合国维和部队在内战中极有可能被视为政府和反对派势力以外的"第三方势力"，被各方势力视为冲突的"参与者"而不是"平息者"。如塞尔瓦托（Jessica Di Salvatore）等学者在研究后发现，对联合国维和行动的预期，可能让反对派组织反而更倾向于恐怖主义行为，尤其当他们在军事上具有较为强大的实力时更容易"恐怖主义化"。具有强大军事能力的反对派组织往往认为，这样的行为可以增加与政府在后续谈判中的砝码。事实上，自20世纪90年代以来，联合国维和行动次数与诸多国家的反对派势力采取恐怖主义行为的频率之间，的确呈现出了一定的正相关联系。相比之下，那些实力稍弱的组织则由于自身局限而

---

① Monika Heupel,"The UN Security Council's Evolving Approach to Terrorism", *Security Dialogue*, Vol. 38,No. 4,2007,p. 479.

② Monika Heupel, "Adapting to Transnational Terrorism: The UN Security Council's Evolving Approach to Terrorism", *Security Dialogue*, Vol. 38,No. 4,2007,pp. 476-482.

不太可能发动恐袭。①

对此，联合国和平行动高级独立小组工作人员曾提出，联合国不应该轻易使用维和军事行动来反恐。但是联合国常务副秘书长埃利亚松（Jan Eliasson）在 2016 年的一次安理会会议上提出了不同看法，他强调："恐怖主义和暴力极端主义是很多当代国家内战中的普遍现象，联合国不得不用军事行动加以解决。"② 可见联合国内部对维和行动能否平息内战国家的恐怖主义的问题，本身也存在较大的意见分歧。当然，联合国的综合干预或维和行动等，是否会导致内战中的某些势力诉诸恐怖主义，还要具体研判当时的战略环境。战略环境由内外两类因素所构成，从内部来看指的是政府与反对派之间的实力对比与权力关系、国家拥有各项能够遏制冲突的资源情况；③ 从外部来看指的是外部势力对国内各种势力提供支持的情况，以及支持力度的对比情况等。④

3. 为主权国家难以解决的跨境宗教和族群问题提供解决路径

联合国是开展多边反恐合作的最重要的国际组织，在其他方面的协调职能也可以为未来的反恐合作提供有力的支撑。早在 2004 年，联合国已经通过了有关保护妇女权益的多份文件；同时，联合国也是维护核不扩散机制的核心组织；联合国系统，特别是世界卫生组织在控制传染病和其他重要疾病如艾滋病和"非典"方面发挥关键作用；国际货币基金组织、世界银行等联合国机构长期进行国际援助开发、国

---

① Virginia Page Fortna, "Do Terrorists Win? Rebel's Use of Terrorism and Civil War Outcomes", *International Organization*, Vol. 69, No. 3, 2015, pp. 519-536; James Thomas, "Rewarding Bad Behavior: How Governments Respond to Terrorism in Civil War", *American Journal of Political Science*, Vol. 58, No. 4, 2014, pp. 804-818.

② United Nations, *High-Level Independent Panel on United Nations Peace Operations*, New York: United Nations, 2015, pp. 2-8.

③ Hultman H. Fjelde and SL Bromley, "Offsetting Losses: Bargaining Power and Rebel Attacks on Peacekeepers", *International Studies Quarterly*, Vol. 60, No. 1, 2016, pp. 611-623.

④ Reed M. Wood, Jacob D. Kathman and Stephen E. Gent, et al. "Armed Intervention and Civilian Victimization in Intrastate Conflict", *Journal of Peace Research*, Vol. 49, No. 5, 2012, pp. 647-660.

际贸易和投资的协调与立法工作等。①

鉴于中东地区是一个涉及多层次、多领域的跨宗教、族群和意识形态类别的复杂利益博弈地带，单个主权国家在面临国内问题"外溢"时，常常会显得束手无策。例如中东地区的库尔德人问题，就受到 4 个国家，即土耳其、伊拉克、伊朗和叙利亚之间的互动效果的影响。随着美国宣布从叙利亚东北部撤军，土耳其趁机不断对叙利亚北部地区库尔德武装发动军事打击，库尔德人对美国战略撤离中东后的形势感到极为焦虑。在这种不确定性的焦虑情绪影响下，仅在 2020 年，就有几千名库尔德人在慌乱中逃离了中东地区，逃往波兰和白俄罗斯等国家。②

尽管美国中东事务高级协调员麦格克（Brett McGurk）在 2021 年 11 月 6 日的讲话中强调美国绝不会抛弃中东盟友的立场，库尔德人的焦虑情绪并没有得到很好的安抚。显然，这些库尔德人逃离中东地区，将会给欧洲有关国家带来安全隐患，还可能引发欧盟与白俄罗斯之间的冲突。要真正停止库尔德人外逃，以及协助流落在他国的库尔德难民回国，需要联合国的积极斡旋。联合国安理会曾在 1991 年通过了第 688 号决议，成功地保护了受到严重压迫的伊拉克难民，并协助其平安回到伊拉克境内。③ 第 688 号决议的内容可以作为解决目前大量库尔德难民问题的重要参考。

（二）促使伊斯兰国家与穆斯林群体真正成为国际反恐联盟的主角

伊斯兰国家应该成为未来解决中东地区，乃至全世界伊斯兰极端主义威胁的主角。促使伊斯兰国家成为反恐主力，可以从以下几个方

---

① Paul Heinbecker, "Multilateral Cooperation and Peace and Security", *International Journal*, 2004, p. 797.

② Yerevan Saeed, "Kurds Are Fleeing Iraq in the Face of Uncertainty", https://www.washingtoninstitute. org/policy-analysis/kurds-are-fleeing-iraq-face-uncertainty.

③ 同①。

面入手。

1. 防止教派冲突在国际恐怖主义的泛滥中进一步复杂化

宗派冲突一直是中东地区政治生态的核心特征，伊拉克战争和 "阿拉伯之春" 民主浪潮爆发以来尤为如此，外来势力的干预则进一步加剧了这种局面。基辛格在描述 "阿拉伯之春" 爆发后的中东局势时称："外部大国势力介入了这个地区的冲突……它们纷纷对叙利亚输送武器、资金和各种物资……它们在叙利亚分别代表两个教派，沙特和一些海湾国家支持逊尼派，伊朗和真主党则支持以什叶派为主的阿萨德政府"。① 宗派冲突在叙利亚以及其他中东国家成为被高度 "功能化" 的工具，即通过不断渲染逊尼派和什叶派之间的矛盾是切实存在的、具有巨大威胁且能左右国家政治走向，从而为执行者获得政治合法性，协助其开展政治动员。②

2013 年 4 月，黎巴嫩真主党领导人纳斯鲁拉（Sayyed Hassan Nasrallah）两次飞往德黑兰与霍梅尼会面，正式宣布介入叙利亚内战。黎巴嫩对叙利亚内战的军事干预，遭到了逊尼派为主的叙利亚反对派的强烈抵制。2015 年，叙利亚反对派势力在霍姆斯街头的游行中打出了 "不要伊朗""不要真主党" 的口号。③ 而 "伊斯兰国" 极端组织的出现，使宗派对立一方面被煽动得更为严重，另一方面又成为各派势力实施战斗动员的重要手段。

2014 年 1 月 25 日，"伊斯兰国" 极端组织和努斯拉阵线宣布结束敌对关系对付共同的敌人真主党。同年 7 月起，黎巴嫩武装部队（LAF）和内部安全部队（ISF）开始频繁遭到 "伊斯兰国" 极端组织和努斯拉阵线等组织袭击。"伊斯兰国" 极端组织还通过宣传试图进一

① Hadi Wahab, "Syria's Sect-Coded Conflict: From Hezbollah's Top-Down Instrumentalization of Sectarian Identity to Its Candid Geopolitical Confrontation", *Contemporary Review of the Middle East*, Vol. 8, No. 2, 2021, p. 157.

② 同①, pp. 154-156。

③ Marc Andre Siegrist, "Lebanon—Can the Islamic State Set the Cedar Country Aflame?", *Counter Terrorist Trends and Analysis*, Vol. 7, No. 2, 2015, pp. 17-18.

步煽动黎巴嫩社会的教派冲突，试图抹杀黎巴嫩政府和黎巴嫩武装部队存在的合法性。[1] 2014 年 6 月 4 日，美国国务卿克里访问黎巴嫩，承诺为黎巴嫩提供 5100 万美元以协助其接收叙利亚难民。黎巴嫩与美国在随后的反恐斗争中保持了一致的目标，双方都将逊尼派极端分子而不是什叶派或真主党视为主要威胁。同时，真主党与黎巴嫩政府以及内部安全部队合作打击境内的努斯拉阵线和"伊斯兰国"极端组织，不仅提升了真主党的政治军事地位，也改善了黎巴嫩安全形势。然而，黎巴嫩内部安全部队与什叶派武装一起打击逊尼派武装分子的行为，显然会在一定程度上破坏其宗教中立形象。[2] 2015 年 12 月，伊拉克总理马利基对安巴尔的"伊斯兰国"极端分子发动军事行动，且将此次行动命名为"我们在这里为你战斗，侯赛因"，后来被迫更名为"我们在这里战斗，伊拉克"。此前真主党镇压叙利亚的逊尼派叛乱分子时也使用过向什叶派领袖侯赛因致敬的口号。毫无疑问，类似的宗教口号会不断刺激黎巴嫩逊尼派群体的反什叶派情绪。

另外，多年来阿拉伯世界多个国家以反恐为名打压穆兄会，不仅让穆兄会内部产生了新矛盾，也让政府和民众之间产生了撕裂。例如在埃及，政府打压伊斯兰组织和穆兄会的行为，不仅未能缓和国内极端暴力态势，还刺激了温和穆斯林群体走向了极端化，主流穆兄会成员参与政治的渠道被彻底封锁。在叙利亚，穆兄会的发展势头已经远远不如其他的叛乱组织，处于被政府打压之中。约旦的穆兄会已经彻底分裂，而也门的"艾丝拉"（ISLAH）运动，则在政府的重压下挣扎，艰难地维持"伊斯兰共和主义"的势头。[3]

从身份界定来看，若将基地组织、"伊斯兰国"极端组织和穆兄会

---

① Marc Andre Siegrist, "Lebanon—Can the Islamic State Set the Cedar Country Aflame?", *Counter Terrorist Trends and Analyses*, Vol. 7, No. 2, 2015, pp. 13-18.

② David Schenker, "Lebanon Unstable and Insecure", https://www.washingtoninstitute.org/policy-analysis/lebanon-unstable-and-insecure.

③ Robin Wright and Daveed Gartenstein, "The Jihad Threat: ISIS, Al-Qaeda and Beyond", http://www.usip.org/publications/2016/12/12/the-jihadi-threat-isis-al-qaeda-and-beyond.

混为一谈，进一步刺激极端势力的复仇欲望。因此，将所有穆兄会定义为恐怖组织是一种战略短视行为。事实上，穆兄会中有相当一部分成员一直守卫着自身在伊斯兰政治中的地位和角色，积极对抗基地组织等极端势力。[①] 因此，避免教派冲突在国际恐怖主义的泛滥中进一步复杂化，是伊斯兰国家参与反恐的重要任务。

2. 以伊斯兰国家作为主体力量解决具体的矛盾与分歧

可以从解决沙特和伊朗这对核心矛盾入手，让也门、叙利亚、伊拉克、黎巴嫩等国家真正成为处理自身安全问题的主角。推动伊斯兰国家成为国际反恐合作的新主角，不仅是由于该地区教派冲突长期存在，极端主义和恐怖主义不断兴风作浪，更重要的是这些国家的其他治理问题与之纠缠交错，密不可分。例如，叙利亚围绕争夺水资源等自然资源的斗争，已经在教派矛盾的推动下异化成了"生态-教派冲突"（eco-sectarianism conflict）。这种复合型冲突在"伊斯兰国"极端组织出现之前就存在。2006—2010 年叙利亚发生严重旱灾。仅 2009年一年期间，就有多达 4—6 万个家庭饱受旱灾的冲击，大量的难民被迫离开受灾的居住地，[②] 一些组织或群体对政府的一些政策产生不满。这些本土产生的复合型矛盾极有可能引发新一轮极端暴恐浪潮，仅靠外来干预势力是无法解决的。

3. 巩固伊斯兰国家反对极端主义和激进主义的社会基础

伊斯兰国家对民主和伊斯兰教之间关系的看法，产生过三大思想阵营。一种是强烈反对民主和世俗主义的，视其为西方文明的代表并与伊斯兰教鲜明对立的；一种是认为伊斯兰教本身就包含了民主理念，因而穆斯林需要寻求更加符合伊斯兰教教义的民主实践模式；还有一种是希望重新定义伊斯兰教教义，使其与时俱进地吸收更多民主实践

---

① Robin Wright and Daveed Gartenstein, "The Jihad Threat: ISIS, Al-Qaeda and Beyond", http://www. usip. org/publications/2016/12/12/the-jihadi-threat-isis-al-qaeda-and-beyond.

② "Tackling the Drought in Syria", https://www. natureasia. com/en/nmiddleeast/article/10. 1038/nmiddleeast. 2010. 206.

理念。① 第一种理念的代表是塔利班、"伊斯兰国"极端组织等恐怖组织，他们强烈抵制来自西方的政治霸权和新帝国主义。来自阿拉伯世界的民意调查表明，大部分支持基地组织的穆斯林，都是在希望与西方世界对抗的前提下才接受各种极端主义思想和行为。② 皮亚扎（James Piazza）曾经于 2017 年对包括黎巴嫩在内的 6 个伊斯兰国家进行了民意调查，其结果也验证了这一观点。调查结果显示，伊斯兰政府治理下的民众对"民主"一词含义的理解，以及它是否与伊斯兰教义和治理原则统一的看法，决定了他们是否会支持"伊斯兰国"极端组织和基地组织等恐怖组织。因此，着力提升穆斯林对于民主和伊斯兰教之间关系的认知，是可以有效挤压奉行第一种理念的势力的生存空间的。

事实上，并不是所有来自伊斯兰国家的、支持伊斯兰政府的民众，都会选择支持"伊斯兰国"极端组织等恐怖组织。只有当穆斯林在判定本国伊斯兰治理原则不应该与西方倡导的"民主"理念一致，并转而对本国政府和统治集团感到失望时，他们才会选择支持"伊斯兰国"极端组织，反之亦然。参加这些极端组织的穆斯林也因此被称为"非民主的伊斯兰分子"。自"9·11"事件以来，小布什发动的全球反恐战争和"自由议程"，就被认为是"西方民主"的代表。在这些支持或参加极端组织的穆斯林看来，"民主"是一种野蛮的外来入侵势力、一种外部强行施加的力量，更具体地说，是以美国为首的西方势力对伊斯兰世界的野蛮入侵。如果他们认为本国的政治体制不应该屈服于"西方民主"原则，但统治集团却对西方世界作出屈服的姿态时，他们就会采取极端暴力方式予以反抗。

① James Piazza,"'Nondemocratic Islamists' and Support for ISIS in the Arab World", *Behavioral Sciences of Terrorism and Political Aggression*, Vol. 328, No. 1, 2020, p. 7.

② Melissa M. Cyrill, *The World Through Arab Eyes: Arab Public Opinion and the Reshaping of the Middle East*, New York: Basic Books (AZ), 2013, p. 55.

（三）以改善沙特和伊朗关系为突破口，避免"西亚新冷战"进一步固化中东两大联盟阵线的对抗

长期以来，沙特一直谨慎避免与其敌对国家产生正面冲突。然而2015年以来的沙特外交政策转向明显。作为对特朗普政府"美国优先"外交战略的回应，沙特开始日益采取进取的外交态势，诉诸武力实现其外交目标的意愿也明显增强。随后，沙特支持特朗普对伊朗"极限施压"，并对卡塔尔进行全面封锁，强势干预也门内战等。但是这些行动均遭受了不同程度的挫折。[1]沙特这一系列的外交行为，让国际社会对沙特外交的支持度降低。因此，为了修复受损的国际形象，沙特开始回归到审慎的外交路线上来。这些新的外交举措包括，与卡塔尔签署和解协议，与也门的胡塞武装停火，与伊拉克发展友好关系，与叙利亚和伊朗恢复友好对话。

沙特也开始着手与其宿敌伊朗改善关系。2021年4月，沙特和伊朗在沙特卫星电视台（al-Arabiya）新闻频道中对话时，沙特王子对伊朗表达出了友好的态度。此次伊朗与沙特的高级领导人对话，是自2016年两国外交关系中断以来的首次对话。2022年4月30日，伊拉克总理卡迪米在接受媒体采访时称，伊朗与沙特经过多轮谈话后已经"接近和解"。[2]在中方的积极斡旋下，沙特与伊朗于2023年3月6日至10日在北京举行对话。3月10日，中国、沙特、伊朗在北京发表三方联合声明，宣布沙特和伊朗达成一份协议，同意恢复双方外交关系。沙伊关系的破冰之举不仅为实现中东和平打开了道路，也为通过对话协商化解国家间矛盾树立了典范。[3]

---

[1] 《特朗普与沙特王储通话 磋商"极限施压"伊朗》，http://www.xinhuanet.com/world/2019-04/11/c_1210104834.htm。

[2] 《伊拉克总理称伊朗与沙特"接近和解"》，https://www.guancha.cn/internation/2022_05_01_637717.shtml。

[3] 《沙特伊朗在北京和解，中国外交获多方肯定》，https://www.bjnews.com.cn/detail/167852284414305.html。

（四）扭转欧盟在中东反恐事务上的"无为"局面

"伊斯兰国"极端组织在以叙伊两国为主的地区迅速崛起并带来的巨大破坏力，是法国、德国和其他欧洲国家进一步提升在中东的军事安全合作的重要原因。[①] 近年来，法国和德国为主的欧洲国家为推动欧洲防务合作作出了新的探索。2014 年，北约提出建立"框架国家概念"组织，以更加有效地部署多国共同军事行动。该计划由德国主导，涵盖了来自北约内外共计 21 个国家。该组织虽然是以补充北约功能为名而成立，但德国在 2018 年的一份文件中声称，该组织将会有助于实现欧盟的防务理想。另外，英国也在 2012 年主导创建了"联合远征军"组织（JEF）。2018 年 6 月，英国等 9 个国家签署了《全面谅解备忘录》。该组织承诺"随时为伙伴国提供军事和人道主义援助"，能够向军事或者人道主义危机地区部署一万兵力。[②] 2017 年 5 月，法国政府向欧盟各国提出要组建"欧洲干预倡议"组织。2018 年 11 月 7 日，法国、德国和英国等 10 个签署国召开首次部长级工作会议。该倡议的目的是要在成员国之间缔造一种"共同的战略文化"，确保在特定的制度框架内维护欧洲各国的安全利益。2018 年 11 月，欧盟以 23 国"永久结构性合作"协议为标志，欧盟防务一体化再次提速。[③] 事实上，目前欧洲已经成立了多个类似的小型军事合作组织。

然而，欧盟内部在防务合作中的重心与力度依然存在分歧，地缘政治考量是造成分歧的主要原因。例如，对于法国及其西南欧伙伴，欧盟目前面临的最迫切威胁是中东地区；而波兰和波罗的海等国家则认为俄罗斯是最危险的；匈牙利和斯洛伐克等国家则因为无须面对战

[①] Dick Zandee and Kimberley Kruijver, "Another Solution with Added Value? The European Intervention Initiative as a New Kid on the Block of Multinational Defence Cooperation", https://www.clingendael.org/sites/default/files/2019-12/Policy_Brief_The_European_Intervention_Initiative_Dec_2019.pdf.

[②] Willem van Eekelen, "Too Many Ways of European Defense Cooperation", *Atlantic Perspective*, Vol. 42, No. 6, 2018, pp. 24-25.

[③] 同①。

乱威胁，对防务合作的心态并不急切。另外，尽管法德两国是推动欧盟防务合作的"双引擎"，它们在防务合作的具体方式和程度上也意见不一。德国倡导政治和战略合作，巩固英国"脱欧"后的欧洲团结；而法国则希望通过"欧洲干预倡议"等框架，直接建立一支装备和文化统一的欧洲联合部队。① 显然，再次强调要实现欧洲的"防务战略自主"，需要欧洲在中东安全事务上承担更大的责任。

当然，要改变欧盟在叙伊两国打击"伊斯兰国"极端组织时的被动与低效局面，片面强调军事合作无法根本性解决问题。欧盟内部弥合彼此间的分歧，提升总体战略自主能力，才能切实改变欧盟在叙伊两国问题上的"无为"局面。

需要指出的是，欧盟对叙利亚继续提供了高额人道主义援助，在一定程度上缓解了叙利亚民众和外逃的难民的严峻生存状态。2022年5月10日，欧盟外交与安全政策高级代表博雷利表示，欧盟承诺将当年对叙利亚的人道主义援助增加到15亿欧元，2023年将会提供15.6亿欧元。在当天于布鲁塞尔召开的"支持叙利亚和地区未来"的会议上，博雷利在记者会上提出，俄罗斯与乌克兰的冲突会加剧叙利亚人道主义危机，并且推高食品和能源价格。② 自2017年起，欧盟委员会和联合国每年共同举办一次主题为"支持叙利亚和地区未来"的会议，旨在为叙利亚危机寻求解决方案。③

四、在打击恐怖主义有生力量和提升安全治理水平之间实现平衡

（一）在反恐手段上努力实现"军事打击+安全治理"的平衡

早在伊拉克战争仅仅爆发一年之际，加拿大学者海恩贝克就作出

---

① 《欧盟防务合作：又一场同床异梦?》，http://www.81.cn/gfbmap/content/2018-04/09/content_203351.htm。

② 《欧盟承诺今年向叙利亚提供15亿欧元人道主义援助》，http://www.news.cn/world/2022-05/11/c_1128638429.htm。

③ 同②。

了判断：“最重要的是我们要认识到，军事手段甚至军事综合实力并不是解决所有安全问题，尤其是恐怖主义的可靠力量。从某种程度上来说，美国在打击基地组织和发动伊拉克战争时滥用军事手段后，不但未能平息极端主义势力引发的暴力，还对反恐斗争起到了反作用……要有效地抗击恐怖主义，需要反恐合作各方能够进行高效的情报分享、警务合作和外交斡旋等；在预防恐怖主义滋生方面，则需要各国打破恐怖主义的民意支持网络。无论在哪个环节，多边主义合作都是成功的必要条件。”①

1. 切断恐怖组织的财政资金支持体系

在 2019 年 3 月左右，“伊斯兰国”极端组织已经基本上从其在伊拉克、叙利亚两个国家的控制区域被驱逐出去，但这并不意味着“伊斯兰国”极端组织的消亡。真正要遏制“伊斯兰国”极端组织卷土重来的各种可能，首先需要了解的就是其资金运作情况，并采取各种措施进行严厉防范和打击。和巅峰状态时的高额开支相比，军事溃败后的“伊斯兰国”极端组织需要的各类维护运转的成本也大幅度下降，但目前“伊斯兰国”极端组织所掌控的财富总量依然非常可观。因此，全球各个国家依然需要积极参加到各项打击“伊斯兰国”极端组织的活动中，尤其要注重打击其筹措资金的能力和军事行动能力。为此，美国兰德公司的史密斯·理查德逊基金会在兰德公司下属的国际安全和防务政策研究中心（兰德国家安全研究部）进行了一项详细调查，并且出具了详细的调查报告。该报告也是和美国国防部、参谋长联席会议、海军、陆军、海岸警卫队等多个情报机构共同合作完成。

---

① Paul Heikbecker, "Multilateral Cooperation and Peace and Security", *International Journal*, Vol. 59, No. 4, 2004, pp. 790-792.

表8:2014—2017年"伊斯兰国"极端组织收入情况

（单位:百万美元）

年份	最低财产额	中等财产额	最高财产额
2014	970	1890	2900
2015	1035	1700	2400
2016	520	870	870
2017	192	192	192

资料来源:Patrick B. Johnston,Mona Alamo and Colin P. Clarke,et al. *Return and Expand?*
The Finances and Prospects of the Islamic State After the Caliphate, Rand,2019,pp. 10-11。

注:本表格中"伊斯兰国"极端组织的资金数据,取自2014—2017年间各种权威媒体和智库,如《金融时报》《纽约时报》、兰德公司和多个学术研究成果,其中"最低""中等""最高"分别是在这些可靠信息源中得到的最低、中等和最高数额。

从表8中可以见,"伊斯兰国"极端组织收入在最高峰时期接近每年30亿美元。其创收主要有两个方式:一是主要从地方强行收取资金,而不是通过外部流入;二是多元化创收,当控制某片区域时,"伊斯兰国"极端组织会从该地区的石油和天然气生产基地攫取财富,也从当地人那里收取税收、在交通要道收取费用等。在其没有控制的地区,"伊斯兰国"极端组织主要采取非法犯罪手段创收,如强行收取保护费、偷盗、绑架等。到2014年,在其进行大片领土扩张之前,获取了大约8.75亿美元的资产。

要防止"伊斯兰国"极端组织卷土重来甚至继续扩张,必须重点从切断其资金来源入手。有效切断其资金筹集的"血脉",进一步加大国内和国际情报搜集合作力度,细化与防范恐怖组织相关的金融立法和执法工作。马德里恐袭事件之后,2004年欧洲理事会上通过的《反恐怖主义的团结宣言》特别强调,要打击"恐怖分子获得资金支持的能力,截断所有对恐怖分子和组织提供支持的人员和物资"。这种切断恐怖组织资金来源的合作已经有了初步的探索,但是还需要更深入地推进。

2. 要加强有关国家民众，尤其是青年群体媒体素养的提升

真正地让激进化和极端化失去吸收再生力量的土壤，还需要大力加强对青年群体的媒体素养和认知能力的教育。显然，"伊斯兰国"极端组织与以往任何恐怖组织相比，都能够更加娴熟地运用新媒体技术，因此，未来的反恐行动还需要将媒体素养教育纳入工作重点。2017年2月13日，多位会员国代表在联合国纽约总部召开会议，集中讨论了如何预防与消除暴力恐怖主义的战略问题。来自联合国文明联盟的高级代表艾尔纳赛尔（Nassir Abdulaziz Al-Nasser）提出，各个国家需要重视媒体认知教育，这对于建立更加具有包容性和民主的社会至关重要，从而协助各国防止暴力极端主义的产生；要充分研究"伊斯兰国"极端组织等暴力极端组织如何通过各类社交媒体释放的信息、心理暗示和利益关切等内容，来吸引大量年轻人参与到它的恐怖主义活动之中。① 只有通过进行媒体认知教育，有效提升青少年对网络和社交媒体信息真伪的辨析能力，抵抗其心理和情感攻势的能力，才能有效抗击"伊斯兰国"极端组织等的宣传攻势。

3. 要给予恐怖主义受害者更多的精神和物质关怀，防止复仇新暴力的泛滥

2017年12月，联合国大会在其通过的第72/165（2017）号决议中，将每年的8月21日设立为"纪念和悼念恐怖主义受害者国际日"，以表达对恐怖主义受害者和幸存者的悼念和支持，并推动保护其人权和基本自由。2019年6月，联合国大会通过了第73/305号决议，号召所有会员国为恐怖主义受害者提供长期支持和救助。另外，新冠疫情的暴发，让国际反恐合作的形势变得更为复杂。2019年8月21日，在纪念和悼念恐怖主义受害者国际日的演讲中，联合国秘书长古特雷斯提出："新冠疫情新闻也许会占据今天的新闻媒体头条，但是恐怖主义

---

① "Standing in Solidarity with Victims and Survivors of Terrorism in the Era of COVID-19", August 21, 2019, https://www.un.org/en/un-chronicle/standing-solidarity-victims-and-survivors-terrorism-era-covid-19.

的挑战依然会伤害大量无辜人士的生命。"他还表示，新冠疫情在全球的蔓延，必然会让全球反恐合作增添诸多复杂因素，如很多国家会把以前用于反恐的资源转移到抗击新冠疫情的斗争中去。这些行为无疑会削弱对恐怖主义受害者的司法、财政和精神方面的支持。① 因此，在军事打击极端暴恐势力的同时，应对恐怖主义的受害者和无辜牺牲者的家庭，给予更多的支持和关怀。只有这样，才能防止在受到暴恐势力袭击后的民众陷入盲目的情绪化"报复"行动中。

4. 加大有关恐怖主义犯罪的国际法律合作力度

欧美反恐合作之所以长期效率低下，与司法合作的长期停滞不前有着密切的关系。通过司法和法治合作来共同抗击恐怖主义，仅靠制定相关法律还远远不够，还需要设置一系列的特定机构和程序，并监管这些法律法规的执行情况。通过法治方面的合作共同打击恐怖主义还需要其他辅助条件给予支撑：一是各种反恐机构应该参与到具体的监控程序中来，如对反恐机构工作人员进行国际人道主义法、国际人权法和各国宪法等专业培训，建立机构间的工作报告机制等；二是反恐机构应该具备更广泛的权限，如对反恐活动的监督权，以及对反恐资金的调配、专业人员的人事安排等活动拥有一定管理权；三是各种司法机构应监管反恐特权如监视和审问犯罪分子的权力的使用情况；四是社会团体和组织可以为反恐建言献策，对政府机构的失职行为提出质疑。②

（二）实现反恐合作上"重点+全面"的平衡

要实现反恐合作上"重点+全面"的战略平衡，一方面需要进一步

---

① "Standing in Solidarity with Victims and Survivors of Terrorism in the Era of COVID-19", https://www.un.org/en/un-chronicle/standing-solidarity-victims-and-survivors-terrorism-era-covid-19.

② Thorsten Wetzling and Philip Alston, "What Role for What Rule of Law in EU-US Counterterrorism Cooperation?", in Patryk Pawlak, ed. *The EU-US Security and Justice Agenda in Action*, Paris: EU Institute for Security Studies, 2011, pp. 31-32.

发挥有关国家在反恐中的独特优势，有针对性地对恐怖组织进行有效打击，同时兼顾对全球恐怖主义极端势力的总体遏制能力；另一方面，则需要在打击恐怖主义有生力量时，协助受恐怖主义荼毒的国家提高综合治理能力，真正地让恐怖主义失去生存的土壤。

显然，不同的国家和国际组织在反恐斗争中，其反恐优势、目标定位与行动模式各不相同，需要在客观研判的基础上作出准确定位。在美国看来，应继续从军事上协助叙利亚政府军打击暴恐势力，直至其国家重建走上正轨。在欧盟看来，特朗普政府宣布要从叙利亚撤出部队是一个严重的战略失误。美军如果从叙利亚撤军，不仅会严重削弱欧洲调节该地区紧张关系的能力，还会导致更多的难民离开叙利亚前往欧洲。事实证明，欧洲国家影响力的发挥很大程度上离不开美国军队的存在。

而欧盟的反恐优势则在非军事领域。欧盟在叙利亚行动的"无为"，已经直接导致了2015年到2016年间的叙利亚难民潮危机。2016年3月，欧盟不得不与土耳其进行谈判，暂时遏制了从叙利亚经过土耳其到达欧洲的难民潮。但在欧盟看来，开放或者封锁叙土边境已经成为土耳其在与俄罗斯、叙利亚和美国进行博弈时的政策工具，欧盟的安全利益也随时可能因此而受损；而特朗普政府试图降低在叙利亚的军事存在的政策转变，也会导致"伊斯兰国"极端组织的卷土重来。① 另外，伊拉克也可以考虑与欧洲国家合作来共同打击"伊斯兰国"极端组织，而一些欧洲国家的法律体系与伊拉克有相似之处，这种相似能够帮助伊拉克更好地处理"伊斯兰国"极端组织犯罪分子的法律程序问题。②

在这场特殊的战斗中，长期处于动乱中的黎巴嫩也发挥了非常重

① Judy Dempsey, "Judy Asks: Is Europe Endangered by Its Impotence in Syria?", https://carnegieeurope. eu/strategiceurope/80176.

② Anthony H. Cordesman and Grace Hwang, "Iraq's Real Security Needs and Its 'Ghost - like' Security Posture", in Anthorry H. Cordesman, ed. *Strategic Dialogue: Shaping the Iraq - U. S. Relationship*, Washington, D. C. : Center for Strategic and International Studies, 2020, pp. 21-24.

要的补充作用。2014年8月2日,"伊斯兰国"极端组织和努斯拉阵线派出数百名武装分子袭击了黎巴嫩武装部队在西北部城市阿萨尔(Arsal)的据点,双方于交火5天后缔结停火协议。[1] 2015年6月9日,黎巴嫩内部真主党旗下的"灯塔"电视台报道称,在真主党对叙黎边境武装分子聚集地的火箭弹袭击活动中,"伊斯兰国"极端组织的一个头目被击毙。[2] 2017年年初,黎巴嫩内部安全部队为打击"伊斯兰国"极端组织等组织装备了一个新的防卫基地。在与叙利亚接壤的东侧,真主党武装、叙利亚阿拉伯军(SAA)和其他武装共同抗击"伊斯兰国"极端组织。2017年8月4日,真主党领导人纳斯鲁拉声称,黎巴嫩内部安全部队将会领导打击"伊斯兰国"极端组织的行动,而真主党则会担当支持者的角色。

"伊斯兰国"极端组织约600名武装分子分布在阿萨尔西北部地区和拉斯·巴尔贝克(Ras Baalbek)的基督教聚居村的东部。同月14日,黎巴嫩内部安全部队突然攻击"伊斯兰国"极端分子所在地,一周后又发起"郊区黎明行动"(Operation Dawn of the Outskirts),正式对黎巴嫩境内"伊斯兰国"极端组织宣战,随后该部队的空军发动了140多轮空中打击,极大地挫败了"伊斯兰国"极端组织在黎巴嫩境内的行动能力。[3]

难能可贵的是,在意识到"伊斯兰国"极端组织给地区安全带来的巨大破坏力后,美国、欧盟、沙特、伊朗、叙利亚、什叶派政党真主党和逊尼派政党"未来阵线"(Future Movement)等,能够搁置部分利益分歧,加入打击"伊斯兰国"极端组织的行动,有关行为体间不仅共享重要情报,还在各自区域内采取切实措施,团结逊尼派和什叶

---

① Nicholas Blanford,"The United States—Lebanese Armed Forces Partnership: Challenges, Risks, and Rewards", https://www.jstor.org/stable/pdf/resrep20717.pdf? refreqid=fastly-default%3A0eed5 21f896d1055a0a4e4bb77a1f9f6&ab_segments=&initiator=&acceptTC=1.

② 《黎巴嫩真主党称击毙"伊斯兰国"头目》,http://www.xinhuanet.com/world/2015-06/10/c_127897168.htm。

③ 同①。

派以缓解宗派冲突。真主党多次强调，黎巴嫩需要更为温和、宽容和务实的领导人，带领黎巴嫩的逊尼派民众加入这场打击"伊斯兰国"极端组织的斗争。"未来阵线"和真主党之间就打击该极端组织问题曾多次会晤，克服以往的冲突和分歧，为其他饱受宗派冲突困扰的国家打击极端势力提供了典范。①

第三节　结　语

"阿拉伯之春"爆发至今已有 10 余年，中东地区经历了国家转型困难、域外大国博弈维度增加、热点问题层出不穷且悬而难决等一系列遭遇，风险不断叠加，矛盾不断涌现，中东地区格局与地区秩序依然杂乱无章。中东人民并没有等到"阿拉伯之春"爆发时所期待的民主与和平生活。正如刘中民于 2021 年在《环球》发表的评论文章所言，中东乃至世界人民所共同期待的中东博弈格局与地区秩序的新拐点远未到来，核心原因在于 10 余年来主导中东地区发展态势的结构性因素并未发生改变，即"阿拉伯之春"爆发至今，美国作为霸权国家主导能力下降与地区局势长期动荡之间的矛盾尚未改变。

无疑，越来越复杂国际环境将会成为国际反恐合作不得不面对的事实。俄乌冲突、新冠疫情、大国博弈加剧等事件交织在一起，它们所引发的能源价格剧烈波动、粮食危机、公共卫生危机、全球经贸受阻等，将会成为进一步激化极端主义与恐怖主义的导火索。2022 年 2 月，第 58 届慕尼黑安全会议发布了 2022 年慕尼黑安全报告，主题为"摆脱无助感"。这种"无助感"几乎涉及全球面临的所有挑战，大国竞争和地区冲突，尤其是俄乌冲突反映出来的俄罗斯与西方世界的尖锐矛盾，成为会议的讨论热点。联合国秘书长古特雷斯则指出，当前全球安全的威胁比冷战时期更为复杂、更为庞大。慕尼黑安全会议年

---

① Marc Andre Siegrist, "Lebanon—Can the Islamic State Set the Cedar Country Aflame?", *Counter Terrorist Trends and Analysis*, Vol. 7, No. 2, 2015, pp. 17–18.

度报告的主题从 2018 年的 "危机边缘，悬崖勒马?" 到 2019 年的 "全球拼图：谁来拼起碎片"，再到 2020 年和 2021 年聚焦 "西方缺失"，再到 2022 年的 "摆脱无助感"，慕尼黑安全会议集中反映了国际社会尤其是西方国家对现状的深度困惑和对前景的普遍担忧。

面对这种全新 "全球脆弱性" 带来的普遍焦虑情绪，中国国务委员兼外交部长王毅在慕尼黑安全会议视频讲话中指出，我们应该在多边主义旗帜下加强团结合作，在命运与共的大船上一起划桨而非相互掣肘。① 令人欣慰的是，希望的曙光在困境中闪现，照耀着未来的国际反恐合作之路。如伊拉克外交部长在 2019 年 1 月 30 日与俄罗斯外交部长拉夫罗夫会谈时提出，应大力支持叙利亚返回阿拉伯国家联盟。叙利亚是在 2011 年爆发内战后被阿拉伯国家联盟逐出该组织的，导致了大部分阿拉伯国家与叙利亚关系的倒退。随着叙利亚反恐战事的步步推进，伊拉克认为叙利亚应该重新回到阿拉伯国家联盟的怀抱，阿拉伯国家也应对叙利亚表示支持。

另外，沙特作为伊斯兰世界的重要国家，近年来表现出了与中东敌对国家和解的势头，什叶派与逊尼派的教派冲突有了缓和迹象。2021 年 6 月，华盛顿近东政策研究所在沙特进行了一次民意调查。调查涵盖了外交政策、社会改革和地区政治多个议题，尤其就沙特对于温和伊斯兰的态度进行了调查。数据显示，支持温和伊斯兰的人口占沙特总人口的比例从 2017 年的 27% 已经上升到了 2021 年的 39%；调查还显示，大部分沙特民众珍视与阿拉伯伙伴国家的关系，约半数民众认为沙特和世界大国的关系非常重要；绝大多数受访者认为，美国和伊朗应该继续就核协议展开谈判。另外，沙特民众中渴望实现和平稳定的人数也在增加。73% 的受访者认为，黎巴嫩、伊拉克、叙利亚

---

① 《慕尼黑安全会议无果而终 西方力不从心》，http://www.news.cn/world/2022-02/21/c_1128403769.htm。

等国家民众应停止示威游行或暴动行为。① 2023 年 3 月，沙特和伊朗在北京达成和解，宣布恢复外交关系。此外，沙特与叙利亚的关系也在走向缓和。2021 年 6 月 8 日，沙特政府与叙利亚政府就关系正常化达成了协议。

毫无疑问，俄美之间的互动将会继续深刻左右国际反恐斗争的主线。与此形成鲜明对比的是，俄罗斯同期选择了"向东看"的战略，向亚太国家抛出了橄榄枝，向金砖国家表达了合作的意愿。俄罗斯也将积极与上合组织成员国开展安全和经贸合作。俄中新时代全面战略协作伙伴关系自 2019 年以来不断发展，中俄两国有望在国际反恐合作上发挥更大作用。

总而言之，打击以"伊斯兰国"极端组织为代表的国际极端主义和恐怖主义的道路依然任重道远，国际反恐联盟虽然行动频频受阻，内部利益关系错综复杂，但其短暂出现的利益协调和折中，通过美俄两国与联合国调解的部分次级联盟之间和次级联盟内部成员间的矛盾，反恐联盟的合作机制化获得的些许艰难进展等，都应被视为国际反恐联盟走向积极重构的宝贵资产。中东的反恐事业不只是中东的安全治理问题，更是世界和平与安全的重要支柱。摆脱地缘政治经济利益博弈对反恐核心利益的重重压制，尤其是进一步发挥联合国等国际组织推动多边主义安全合作的功能，协助中东深受恐怖主义荼毒的国家进行重建，摒弃教派冲突"工具化"对中东两大阵线矛盾的固化作用，都是未来的国际反恐联盟得以成功运行的重要条件。

---

① David Pollck and Austin Corona, "Recent Saudi Poll: Increased Support for Moderate Islam, Hamas, and Ties with Arab Partners", https://www.washingtoninstitute.org/policy-analysis/recent-saudi-poll-increased-support-moderate-islam-hamas-and-ties-arab-partners.

参考文献

一、中文文献

[1]车效梅.中东中世纪城市的产生、发展与嬗变[M].北京：中国社会科学出版社,2004.

[2]陈双庆.叙利亚动荡政局及其走势[J].国际资料信息,2011(6):31-35.

[3]陈怡铎.叙利亚内战的宗教族群派别冲突状况分析[J].阿拉伯世界研究,2013(6):53-65.

[4]东方晓.北非中东政治变局原因初探[J].现代国际关系,2011(3):1-2.

[5]东方晓.伊斯兰与冷战后的世界[M].北京：社会科学文献出版社,1999.

[6][俄]李太龙."大国认同"因素对俄罗斯外交决策的影响分析——以俄罗斯叙利亚行动为例[J].俄罗斯学刊,2021,11(1):61-83.

[7]富育红."伊斯兰国"在阿富汗的渗透及其各方的应对[J].新疆社会科学,2017(5):94-105.

[8]李光钰.后"伊斯兰国"时期秘密网络恐怖活动模式研究[J].山东警察学院学报,2020,32(4):109-115.

[9]刘莹.叙利亚危机中的中美俄竞合关系[J].国际论坛,2019,21(4):60-73.

[10]刘中民,俞海杰."伊斯兰国"的极端意识形态探析[J].西亚非洲,2016(3):41-61.

[11]刘中民,赵跃晨."伊斯兰国"在撒哈拉以南非洲地区的渗透及其影响因素[J].国际展望,2018,10(2):112-133.

[12]马陇平.后"伊斯兰国"背景下完善我国反恐怖主义法治研究[J].兰州大学学报(社会科学版),2019,47(2):191-200.

[13]牛新春."伊斯兰国"折射出国际政治最黑暗的一面[J].现代国际关系,2014(9):54-61.

[14]任华.后"伊斯兰国"背景下东南亚反恐态势与反恐合作[J].印度洋经济体研究,2018(1):74-89.

[15]宛程."伊斯兰国"核心意识形态的渊源和实践[J].国际安全研究,2019,37(4):76-107.

[16]万婧."伊斯兰国"的宣传[J].新闻与传播研究,2015,22(10):96-110.

[17]王波,冯康,李琦.中东北非百姓深受动荡之苦[N].环球时报,2011-03-03.

[18]汪波,伍睿."以色列优先"与特朗普中东政策的内在逻辑[J].阿拉伯世界研究,2021(3):15-31.

[19]王雷."伊斯兰国"极端组织兴起与中东政治变迁[J].亚非纵横,2014(6).

[20]王鸣鸣."伊斯兰国"对美国全球战略的影响[J].当代世界,2014(11):39-42.

[21]魏熊生,汪宁.俄罗斯对叙利亚政策中的东正教因素[J].俄罗斯研究,2020(1):63-88.

[22]吴江,张小劲.极端宗教意识形态研究——以《达比克》为对象的分析[J].政治学研究,2016(6):81-93.

[23]谢许潭.国际反恐新战场应对伊斯兰国媒体宣传的挑战[J].外交评论,2016,33(1):82-103.

[24]闫伟.美俄博弈下的叙利亚问题及其前景[J].国际论坛,2020,22(4):60-74.

[25]姚全.美俄在叙利亚危机中的懦夫博弈论析——建伦中国的战略选择方案[J].世界经济与政治论坛,2018(5):57-76.

[26]曾向红."帝国怀旧"、地缘政治机会与土耳其外交的转折[J].外交评论,2022,39(2):55-86.

[27]张建.大国博弈背景下的俄罗斯中东政策[J].和平与发展,2020(3):77-95.

[28]张永仃.中东北非动荡凸显青年问题[N].中国教育报,2011-09-12.

[29]朱长生.俄罗斯中东战略的新动向及其影响[J].当代世界,2020(3):26-30.

二、英文文献

[1]ALTFELD M F,DE MESQUITA B B. Choosing side in war[J]. International studies quarterly,1979,23(1).

[2]AL-RIBAKI H. Competing perspectives on countering ISIS[J]. Perspectives on terrorism,2016,10(2).

[3]BURNS W J,Ambassador William J. Burns on a world in transition[EB/OL]. (2018-06-06)[2024-03-05]. https://carnegietsinghua.org/2018/06/06/ambassador-william-j.-burns-on-world-in-transition-pub-76539.

[4]DE JONGE OUDRAAT C. The role of the Security Council[J]//BOULDEN J,WEISS T. Terrorism and the UN：before and after September 11. Bloomington & Indianapolis,IN：Indiana University Press,2004.

[5]Defense Security Cooperation Agency,Major arms sale[EB/OL]. http://www.dsca.mil/major-arms-sales? page=3.

[6]HEUPEL M. Adapting to transnational terrorism：the UN Security Council's evolving approach to terrorism[J]. Security dialogue,2007,38(4).

[7]HUANG R, TABAAR M A. We are all coethnics：state identities and foreign interventions in violent conflict[J]. Journal of global security studies, 2020, 6(3).

[8]HUANG R. Religious institutionalism in violent conflict[J]. Ethnopolitics,2020,19 (4)：1-12.

[9]KHATIB L,SINJAB L. Syria's Transactional state：how the conflict chnged the Syrian state's experience of power[M]. London：Chatham House,2018 .

[10]LISKA G. Nations in alliance：the limits of interdependence[M]. Baltimore,MD：Johns Hopkins University Press,1962.

[11]MILLER A,SOKOLSKY R. Arab NATO：an idea whose time has not（and may never）come[EB/OL]. (2018-08-18)[2024-03-05]. https://carnegieendowment.org/2018/08/21/arab-nato-idea-whose-time-has-not-and-may-never-come-pub-77086.

[12]RICKER W H. The theory of political coalition[M]. New Haven,CT：Yale University Press,1962.

[13]ROBINSON J. West still cherry picks policy Islamist terrorism[EB/OL]. (2021-

09−22）［2024−03−05］. https：//www. chathamhouse. org/2021/09/west−still−cherry−picks−policy−islamist−terrorism.

［14］SAEED Y. Kurds are fleeing Iraq in the face of uncertainty［EB/OL］. （2021−12−07）［2024−03−08］. https：//www. washingtoninstitute. org/policy−analysis/kurds−are−fleeing−iraq−face−uncertainty.

［15］TAMBIAH S J. Buddhism betrayed? Religion, politics, and violence in Sri Lanka［M］. Chicago：The University of Chicago Press, 1992.

［16］US Strikes $11bn Arms Deal with Qatar, Aljazeera［EB/OL］. （2014−07−15）［2024−03−08］. http：//www. aljazeera. com/news/middleeast/2014/07/us−strikes−11bn−arms−deal−with−qatar−2014714223825417442. html.

［17］VRUSHAL T G. Saudi Arabia−Iran contention and the role of foreign actors［J］. Strategic analysis, 2019, 43（1）.

［18］WALT S M. The origins of alliances［M］. Ithaca：Cornell University, 1987.

［19］WALTER B F. The extremist's advantage in civil wars［J］. International security, 2017, 42（2）：7−39.

［20］WILHELMSEN J. Between a rock and a hard place：the islamisation of the chechen separatist movement［J］. Europe−Asia studies, 2005, 57（1）：35−59.